인터넷 난중일기

인터넷 난중일기

ⓒ원목, 2015

초 판 1쇄   2015년 9월   1일
개정판 1쇄   2017년 4월 12일
(Ver 1.3)

지은이 : 이판정
펴낸이 : 이판정
펴낸곳 : 도서출판 원목
교열/디자인 : 참글과디자인
표지사진 : 김경모

누리집 : www.onemog.com
한글도메인네임 : 원목

등록 : 2015년 7월 16일 제300-2015-107호
주소 : 서울시 마포구 매봉산로 37 DMC산학협력연구센터 1304호 ⓦ 03909
전화 : 02-3665-0123 · 팩스 : 02-2671-5613

ISBN   979-11-955840-1-7(03320)
값 15,000원

인터넷 난중일기

이판정 지음

도서출판 원목

　이 책은 믿기 어려운 인터넷의 대서사시다. 이 책은 인터넷에서 자신의 모국어를 사용하기 위해 비전을 지니고 싸우고 있는 기업인의 생생한 이야기를 담고 있다. 그는 자신의 꿈을 실현하기 위해 기만적인 정의, DNS(도메인네임 체계)의 결함을 이용하는 약탈자들 그리고 초국가적인 독점 세력들과의 싸움을 견뎌내야만 했다. 이 책을 꼭 읽어 보길 바란다. 이 책에는 그 어떤 실용서보다 더 많은 배울 거리가 담겨 있기 때문이다.

This book is a marvelous odyssey of the Internet. This is a real story, a visionary entrepreneur fighting for the use of his national language in the Internet. He had to survive devious justice, predators exploiting DNS flaws, and transnational monopolies to make his dream come alive. Don't miss this book. There's much more to learn than in a usual how-to.

루이 푸장(Louis Pouzin)
– 인터넷의 아버지
– 데이터그램과 인터넷 TCP/IP의 개발에 영감을 준 Cyclades의 개발자이며 디자이너
– Internet Society Hall of Fame(인터넷 명예의 전당)에 기록됨
– 엔지니어 분야 퀸 엘리자베스 상 수상
– NLIC(Native Language Internet Consortium) 의장 역임

마하트마 간디는 "당신은 신사적인 방법으로 세상을 바꿀 수 있다."라고 말했죠. 그 말처럼 이판정 대표는 그의 책을 통해 세상을 바꾸고 있습니다. 그것은 내가 이해하고 있는 것처럼 우리가 사는 시대와 그가 말하는 4차 산업을 이해하는 데 핵심적인 부분이며 미래와 현재를 바르게 이해하는 데 핵심이 된다고 생각합니다. 이 책은 인터넷 대기업에 대하여 눈을 뜨게 해주는 책이며 (부당한) 대기업에 대한 도전입니다. 그리 머지않은 미래에 인터넷 대기업들은 세상을 소유하게 되겠죠. 나는 그렇게 되지 않기를 바랍니다.

Mahatma Gandhi said: "In a gentle way you can change the world." This is what Mr. P.J. Lee is doing with his book. It is a key to understanding the era we live in and his Quaternary Industry is, as I see it, the right way to understand the future and the present. The book is also a challenge — an eye-opener to the big companies. Will they own the world in some not too distant future? I hope not.

롤프 옌센(Rolf Jensen)
- 덴마크 미래학자
- 베스트셀러 『드림 소사이어티』의 저자

인터넷사업을 한 지 어느덧 20년…

그동안 나는 틈틈이 시간을 내어 써온 글들을 주변의 몇몇 지인하고만
공유하고 있었는데 2015년 넷피아가 창립 20주년을 맞이한 것을 계기로
이를 다시 다듬고 정리하여 '인터넷 난중일기'라는 제목의 책으로 출간하
게 되었다.

인터넷 사업 20년.
돌이켜보면 지난 20년은 시기상으로는 20세기가 막을 내리고 새로운
21세기가 시작된 시간이었고, 세계사적으로는 전 세계가 인터넷이라는
새로운 패러다임의 출현으로 말미암아 그 속에서 새로운 질서를 만들고
자 몸부림친 세월이었으며, 원인 모를 경제위기가 전 세계를 덮친 어두
운 시간이기도 했다.

또한, 필자가 보낸 지난 20년은 인터넷이라는 사이버 세계를 구성하는 주체들을 쉽게 구별할 수 있도록 하는 영문도메인네임이 만들어지고 보급된 시기이며, 영문도메인네임 다음의 인터넷도메인네임 체계인 기업명, 상표명 그 자체를 새로운 식별체계로 만들려고 고군분투한 시간이었으며, 아이들이 자라 성년이 되어간 시간이었다.

인터넷 IP주소로 불리는 인터넷도메인과 인터넷도메인네임은 인터넷 속에서의 영역을 구분 짓는 도메인(영역)이지만 전문 지식이 필요한 영역이다 보니 대다수 사람이 잘 모르거나 잘못 이해하는 것 같다. 이에 이 책에서는 도메인과 도메인네임이 정보통신 기술과 함께 각 영역을 구분 짓고 각 영역의 소유 권리가 되는 구조를 소개하고자 한다. 그리고 그 속에서 일어나는 영역 전쟁은 무엇이며 그것이 경제에 미치는 영향이 무엇인지, 왜 그런 일이 일어나는지를 밝히고자 한다.

'일자리', 그것은 고객이 만든다. 모든 기업은 21세기 생활도구인 인터넷에서 고객을 창출하고 유지하고자 끊임없이 노력한다. 21세기 인류에게 가장 큰 영향을 미치는 생활도구는 인터넷이다. 모든 인터넷 사용자는 하루 중 전화를 거는 것보다 더 많이 기업명이나 키워드로 검색하고 원하는 목적지(기업/기관)에 접속한다. 경제에 미치는 영향력으로 보면 이미 전화보다 인터넷의 영향력이 비교할 수 없을 정도로 커졌다. 사용자(고객)가 기업을 만나는 방법 중 전화보다 더 빈도수가 많은 것이 키워드(기업명/상표명/일반명사) 검색이다. 이는 하루 중 기업에 전화를 거는 횟수와 키워드로 인터넷에서 검색하는 횟수를 비교하면 쉽게 알 수 있다.

　인터넷 구조가 왜곡되면 그것이 경제에 얼마나 치명적인지 전화의 경우로 보면 좀 더 명확히 알 수 있다. 만약 전화를 걸었는데 직접 연결되지 않고 매번 114로 가면 어떻게 되겠는가? 정확히 전화번호를 입력하여 전화를 걸었는데도 매번 114가 나와 돈을 내면 연결해주고 돈을 내지 않으면 경쟁사로 보내거나 심지어 짝퉁에 연결하면 전화에 의한 경제의 공정성, 경제정의 및 전화의 효율성은 금방 엉망이 될 수밖에 없다. 이때 가장 큰 피해를 보는 건 중소기업이다.* 경제정의는 무너지고 선량한 기업들은 점차 피해를 보게 된다. 전화로 말미암아 고객을 114에 잃기 때문이다. 편리한 전화가 경제구조를 왜곡하고 악화가 양화를 구축하게 하는 도구가 된다. 경제의 필수 도구인 전화는 이제 막 자신의 브랜드를 알리기 시작하는 작은 중소기업에는 치명적인 도구가 된다. 기업이 자신의 제품과 기업명을 알리면 알릴수록 (고객이 전화를 걸어올 때) 고객이 바로 연결되지 않고 모두 114로만 간다면 경제가 온전할 리 없다.

　마찬가지로 전화보다 이용 빈도수가 많은 인터넷은 더 심각하다. 기업이 자신의 이름을 알리면 그 기업의 기존 고객이거나 예비 고객인 사용

---

* 중소기업청의 통계 자료에 따르면, 2014년 현재 국내 중소기업 수는 3,542,350개 (99.9%), 대기업 수는 3,123개(0.1%). 중소기업 종사자 수는 14,027,636명(87.9%), 대기업 종사자 수는 1,935,109명(12.1%)으로 집계되었다.

자는 그 이름을 인터넷(주소창)에 입력하게 되는데, 이때 예비 고객뿐 아니라 기존 고객조차도 직접 연결되지 않고 전화번호안내센터(114) 같은 인터넷안내센터(포털)로만 연결된다. 이곳 포털에서 위에서 예를 든 전화의 114에서처럼 돈을 내면 직접 연결되고 돈을 내지 않으면 경쟁자나 짝퉁으로 연결된다면 경제의 공정성과 경제정의, 인터넷의 효율성은 어떻게 되겠는가? 대부분 기업(중소기업)은 어떤 원리로 그렇게 되는지 잘 모른다. 중소기업은 각국에서 전체 고용의 50~90%를 차지한다(개도국의 경우는 80~90%). 중소기업에 종사하는 사람들은 또한 다수 소비자이기도 하다. 다수 소비자 그룹인 그들이 자신이 속한 기업이 이유도 모르게 고객을 빼앗기게 된다면 그것은 그들의 수입을 줄이는 원인이 된다. 줄어든 수입은 소비축소로 이어지고 소비축소는 전체 경제구조에 상상하지도 못할 경제위기를 동반한다. 유효수요의 부족은 정부의 재정정책을 더 왜곡하는 결과를 낳을 수 있다. 유효수요의 부족은 정부가 돈을 풀면 풀수록 그 돈은 가야 할 곳은 가지 않고 가지 말아야 할 곳에 더 몰리는 모순을 만들고, 정부는 갈수록 힘이 약해지고 거대 자본가는 갈수록 힘이 강해지는 구조를 만든다. 100여 년 전 새로운 패러다임의 재편기에 미국 시어도어 루스벨트 대통령이 금융대기업 JP모건의 회장을 불렀을 때 그 회장이 바쁘다며 자신의 비서를 보낸 일화는 21세기 인터넷 시대 패러다임 전환기인 지금 되새겨보아야 할 사례다.

필자는 지난 20여 년간 인터넷 사업을 해오면서 직접 겪은 일들이 사실 그대로 전달돼야 이 책이 목표하는 바에 다가갈 수 있다고 보았다. 그런 이유로 하는 수 없이 관계된 사람들의 실명은 물론이고 기업들의 실명까지도 일부 거론하지 않을 수 없음을 미리 밝혀둔다. 그동안은 명예 훼손의 위험이 있을 수 있다는 변호인들의 의견도 있어서 모든 기록을 공개하지는 않았다. 그러나 계속되는 인터넷 시장의 모순으로 국내 중소기업들이 볼 피해를 줄이고 일부이기는 하겠지만 경제 악화의 위기를 효율적으로 막고 경제 활성화를 위한 실마리를 찾기 희망하며 출간을 결심하게 되었다. 더욱이 이렇게 마음을 굳히게 한 결정적 계기는 세월호 사건이었다. 이 어처구니없고 참담하기 이루 말할 수 없는 비극을 지켜보면서 우리 세대가 극복해야 할 비상식과 비겁함이라는 빚을 더는 우리 아이들 세대에게 넘겨줘서는 안 되겠다는 각오를 하게 되어 공개를 결심하게 되었다. 혹시라도 이 글로 선의의 피해를 볼지 모를 모든 분께 먼저 양해를 구하고 사과의 말씀을 드린다. 아울러 만일 이 책을 통해 명예훼손이나 기타 법적인 책임을 질 부분이 생긴다면 필자는 이를 결코 피하지 않겠다.

필자는 이 책이 전 세계의 왜곡된 인터넷 시장 구조를 개선하는 데 보탬이 되길 바라며, 영문도 모른 채 인터넷 시장 구조의 모순 때문에 아직도 피해를 지속적으로 보고 있는 수많은 중소기업이 더는 없기를 희망한다. 부디 이 책이 중소기업을 운영하는 많은 분에게 알려져 현재의 비정상적인 인터넷 시장 구조를 정상적으로 작동하게 하는 데 기여하였으면 하는 마음 간절하다.

끝으로 이순신 장군이 쓴 『난중일기』라는 숭고한 이름을 책 이름으로 빌린 것을 송구하게 생각한다. 비록 이 책이 장군의 일기에는 감히 비할 바 못 되겠지만 왜곡된 인터넷 시장 구조 속에서 전 세계의 중소기업이 고통을 당하는 현실을 지켜보면서 장군과 같은 절박한 마음으로 21세기 왜곡된 인터넷으로 시작된 이 시대의 숙제를 풀겠다는 의지로 쓰인 만큼 제목의 비슷함을 독자 여러분께서 널리 이해해 주시리라 믿는다.

개화산 자락에서

2017년 3월

이판정

| **차례** |

추천사 / 4
머리말 / 6

제1장 _ 절망의 터널을 지나 새로운 길을 발견하다

절망 끝에서의 새 출발 / 17
꿈과 행복은 비례한다 / 23
막다른 골목에서의 반전 / 26
가난한 촌놈의 꿈과 도전 / 30
빛의 속도에서 희망을 / 34

제2장 _ 초심 경영으로 끊임없이 성장하라

초심으로 돌아가니 길이 보였다 / 41
호기심과 모험심에서 기회는 탄생하고 / 45
발상의 전환이 신기술을 창조한다 / 50
셰르파 전길남 박사를 만나다 / 54
눈물은 쓰렸지만 그 열매는 달았다 / 63
고비에서 만난 동지 / 67
꿈 그리고 도전 / 85

제3장 _ 시련을 이기며 자존심을 지키다

자국어실명도메인네임 루트를 확보하라! / 95
성공적 출발 / 113

왜곡과 음해를 이겨내며 전 세계에 진출하다 / 131
목표가 확실하니 길이 보였다 / 142
빼앗길 수 없는 꿈 / 169
4차 산업을 리드하자 (사이버 공간과 청년 일자리) / 172
한글인터넷주소 왜 팔지 않았나? / 188
유엔에서 인정하고 초청한 자국어인터넷주소 / 199
과거에 대한 성찰과 선진국으로 가는 길 / 205
인터넷 포털의 남의 고객 가로채기, 이대로 둬도 괜찮은가? / 213

제4장 _ 원목적 회복으로 미래로 가자

관폐 해결이 곧 선진국으로 가는 첫걸음 / 239
직원 스스로 성공을 만드는 조직 / 256
신뢰의 힘 그리고 고마운 분들 / 261
방심과 위기 속에서 다시 피어난 '넷피아' / 265
위기의 칼날 위에 서다 / 288
살려고 하면 죽고, 죽기를 각오하고 싸우면 반드시 산다 / 290
한글인터넷주소는 반드시 지키리라 / 295
우리 모두가 지켜야 할 공공의 자산 / 308

글을 정리하며 / 343
맺음말 / 353

제1장

절망의 터널을 지나
새로운 길을 발견하다

우리가 벌이고 있는 일이 무엇인지 이해하지 못하는 사람들이
많았음에도 우리에게는 조금씩 신대륙의 희망이 보이기 시작했다.
인터넷 사업에 첫발을 내디뎠다는 자부심도 가득했다.
창문도 없는 좁디좁은 사무실에서 허술하기 짝이 없는
모양새로 출발한 사업이었다.

절망 끝에서의 새 출발

2005년 9월 29일, '제1회 자국어인터넷주소 세계대회'가 성공리에 열렸다. 이 행사는 넷피아가 창립 후 주최한 행사 중에서 가장 큰 규모의 국제행사로서 세계 15개국에서 온 관련 업계 종사자 300여 명이 참석하였다.

나는 이 행사를 무사히 마치고 나서 약 한 달 후 경희대 의료원에서 신장 치료를 위해 스테로이드 주사를 맞았다. 그리고 그 길로 강원도의 한 산장에서 요양생활을 시작하게 되었다.

강원도로 요양을 간 첫날 한 직원이 내게 다급히 전화를 걸어왔다.

"의장님, 갑자기 검찰에서 들이닥쳤어요. PC 하드 50여 대를 가져가 버리고 지금 회사는 난리가 났습니다."

"뭐라고? 검찰이 압수를? 그게 무슨 소린가?"

"모르겠습니다. 갑자기 당한 일이라 저희도 영문을 알 수가 없습니다. 의장님께서 건강이 안 좋아 쉬셔야 하는 건 알고 있지만 워낙 다급한 일이다 보니 이렇게 연락을 드렸습니다. 어떻게 하죠?"

어찌 된 영문인지 몰라 말문이 막혀버렸다. 갑자기 무슨 날벼락이란 말인가? 뉴스로만 전해 듣던 압수수색이 우리 회사에서도 벌어졌다니 도저히 믿기지 않았다.

그동안 행사 준비를 하느라 미루어 두었던, 신장 치료를 위한 마지막 단계인 스테로이드 주사를 맞고 요양을 시작한 날인데……. 실명의 위험까지 감수하면서 맞았던 주사였는데 도대체 무슨 운명의 장난인지 하필 그날 그

2005 자국어인터넷주소 세계대회 기념사진
좌로부터 이참(방송인), 서정수 박사(한세본 회장), 김석득(전 연세대 부총장), 박종국 회장
(전 세종대왕기념사업회장), 김계곤(전 학글학회장), 남궁석(전 정통부 장관), 박영수 회장,
Khaled Fattal(MINC 최고 책임자), Nii N.Quaynor(ICANN 이사회 맴버), Louis Henri Pouzin
(Eurolinc 창립자 및 대표), Koray Kocagoncu(터키법인장), Bechir Raddaoui(튀니지 대사관),
이병훈(넷피아 국제부문 대표), 이판정(넷피아 이사회 의장), 최기호(상명대 총장), 이금룡(넷
피아 국내부문 대표)

일이 터지고 만 것이다.

'제1회 자국어인터넷주소 세계대회'는 우리나라가 자국어인터넷주소 종주국이 되는 데 매우 중요한 행사였기에 '혹시 그것을 막으려는 이들의 공격이 있지는 않을까?' 하는 걱정도 있었는데 '혹시 검찰이?' 순간 별의별 생각이 나의 머릿속을 스치고 지나갔다.

당장 요양을 취소하고 서울로 향했다.

'대체 지금 회사에 무슨 일이 벌어지고 있는 걸까?'

한참을 달리는 차 안에서 나는 깊은 생각에 빠져들기 시작했다. 창밖 늦가을 풍경은 더욱 스산하기 그지없었다. '어디쯤 온 걸까? 서울과는 가까워지고 있는 거겠지?' 이런저런 생각을 하며 서울로 향하던 중 나는 문득 8년 전의 일이 떠올랐다.

그날도 창밖은 스산하기만 했고, 나는 앙상한 겨울 풍경에 지친 마음을 달래며 서울 한강변 올림픽대로를 달리고 있었다.

당시 인터넷 사업을 시작한 지 채 2년이 되지 않았지만 아시아 금융위기의 여파로 회사는 망하기 일보 직전에 처해 있었다. 상황은 죽음을 떠올릴 만큼 최악이었다. 죽고 싶다는 생각이 간절할 때마다 나 자신이 너무 비참해서 눈물을 흘린 적이 한두 번이 아니었다.

1997년 초만 해도 나는 얼마나 커다란 꿈에 부풀어 있었는지 모른다. 그동안 겪은 갖은 고생을 보상받을 수 있으리라는 기대에 가득 차 있었다. 1995년, 인터넷 사업을 시작할 때만 해도 황무지 같았던 인터넷 시장이 1997년에 접어들면서부터는 하루가 다르게 달라지고 있었기 때문이다.

우리 회사는 7월에 '컴덱스 코리아' 행사에 참여하면서 '넷피아'라는 이름을 세상에 알리기 시작했다. 의욕적인 한 해가 시작되었고 모든 것은 순조롭기만 했다.

또한, 우리는 그 무렵 새로운 사업을 시작했는데 그것은 바로 인터넷 PC방 사업이었다. 이 사업은 본사에 인터넷 지원센터를 구축하고 전국에 지점망을 갖춘, 일종의 프랜차이즈 사업이었다. 당시 전국에 30여 곳의 프랜차이즈 지점이 모집되었다. 각 지점은 1,000만 원가량의 가맹비와 보증금을 본사에 냈고, 본사에서는 지점마다 인터넷 교육 서비스와 컴퓨터 기자재를 제공하였다.

지금은 이미 스마트 시대가 되었지만, 당시만 해도 인터넷 사용은 그리 자유롭지 않아 인터넷 PC방은 첨단 업종의 블루오션이었다. 당연히 기대도 컸던지라 고생도 이젠 끝이구나 싶었다. 정보화의 물결이 거세지면서 지점 확보도 수월해 지점을 잘 관리하고 이끌어 가기만 하면 수익은 안정될 것이 분명했다.

하지만 그러한 기대는 그해 연말, 보란 듯이 어긋나고 말았다. 인터넷 PC방에 대한 장밋빛 꿈은 일장춘몽에 지나지 않았고, 예기치 못했던 복병까지 만났으니 바로 IMF 외환위기였다. 갑작스러운 국가적 위기는 모든 기업에 어려움과 시련을 주었지만, 우리처럼 이제 막 걸음마를 시작한 벤처기업에겐 너무나도 견디기 어려운 고통이었다.

각 지점은 모두 아우성이었다. 대기업도 하루아침에 무너지는 판에 무슨 인터넷 PC방이냐며 사업을 포기하겠다는 사람들이 줄줄이 등장했고, 결국은 사달이 나고야 말았다. 30여 곳의 지점에서 사업을 철회한다며 보증금 반환과 계약 파기를 요구해 온 것이다. 사실 각 지점에서 받은 보증금은 모두 운영자금에 사용돼 회사에 남아 있는 돈이라고는 한 푼도 없었다. 회사는 직원들에게 월급도 한 번 제때에 주지 못한 채 적자 운영을 해오고 있었다. 지점에서 받은 보증금과 가맹비는 직원들의 밀린 월급과 회사 운영비를 충당하기에도 턱없이 부족했다. 그야말로 진퇴양난의 상황이었다.

그런데 갑자기 보증금을 돌려달라고 하니 도무지 해결할 방법을 찾을 수가 없었다. 은행에서 돈을 빌려줄 리도 만무하고 하루하루 지점들의 독촉은 이어지는데 내가 할 수 있는 일이라곤 조금만 더 참아달라고 사정하는 것뿐이었다. 결국, 나는 지사의 독촉에 견디다 못해 하는 수 없이 영등포 뒷골목에 있는 속칭 카드깡을 하는 회사를 찾아갔다. 카드로 500만 원짜리 영수증을 끊으니 수수료로 200만 원을 떼고 300만 원이 수중에 들어왔다. 터무니없는 액수였지만 그마저도 사정을 봐준 것이라는 말을 들으며 나는 급전을 마련할 수밖에 없었다. 그렇게 어렵사리 일부 보증금을 돌려주었지만, 사무실 보증금조차 남아 있지 않아 당장 쫓겨날 판이 되고 보니 정말로 허탈하기 그지없었다. 한 마디로 자포자기의 심정뿐이었다.

몇 년의 고생이 가져온 결과가 빚뿐이란 현실을 도저히 받아들일 수가 없었다. 급전까지 동원해 지점들에 보증금은 일부 돌려줬지만, 급전을 막아야 하는 사태가 이어지다 보니 문제가 계속 끊이질 않았다. 아침을 빚쟁이들의 육두문자 섞인 빚 독촉으로 시작해 저녁을 빚 독촉으로 마감하기가 일쑤였다. 그 때문에 어렵게 구한 경리직원마저도 하루를 못 버티고 회사를 그만두었고, 나는 나대로 더욱더 벼랑 끝으로 내몰리고 말았다.

검찰의 압수수색이 들이닥쳤다는 전화에 불안했던 마음은 그날의 일을 떠오르게 했다. 8년 전 절망의 순간에 내가 깨달았던 것이 무엇이었던가?

절망은 죽음으로 사라지는 것이 아니라 죽음으로 인해 시작되는 것 아니었던가.

　그동안 자국어 인터넷주소라는 세계 최초의 사업을 하면서 외국 기업의 방해와 공격을 수도 없이 겪었다. 하지만 이번에는 검찰까지 나섰으니 혹시 그들이 검찰을 동원하였다면 이건 그냥 전쟁이 아닐 수 있다는 생각이 들었다. 만약 그들이 제1회 자국어 인터넷주소 세계대회를 보면서 위기감으로 검찰까지 동원했다면 1998년경 미국 정부가 도메인 루트(root) 권한을 확보하려고 존 포스텔 박사와 인터넷도메인네임 루트 확보 전쟁을 벌였을 때보다 사태는 더 심각해질 것이라는 직감이 머리를 스쳐 지나갔다. 그동안 우리 사업의 특수한 부분을 한국 정부는 잘 몰랐다. 아니 알아도 그것을 끝까지 단행할 용기 있는 공무원과 정치인이 없었다. 하지만 그들은 자국어인터넷주소의 사업성과 그 구조의 중요성을 명확히 알고 있었다. 설마 했는데 그것은 현실이 되는 것 같았다.

　'이대로 무너져 버리면 내게 남는 건 무엇인가? 실패자라는 오명뿐이다. 넘어야 할 산일 뿐이다. 할 수 있는 데까지는 해봐야 하지 않겠는가.'

　나는 서울로 향하는 차 안에서 또 한 번 그 날처럼 커다란 심호흡을 했다. '죽기 아니면 까무러치기다!'라고 다짐하면서.

꿈과 행복은 비례한다

나는 서른 줄에 접어들 때까지는 먹고사는 것에만 몰두했다. 좋은 학벌도 이렇다 할 배경도 없이 가난한 시골 마을에서 어린 시절을 보낸 탓인지 그저 먹고살며 앞가림하기에만 골몰하였다.

하지만 성실함이 몸에 배어 있었고 나름 수완이 좋아 고생스럽긴 해도 어느 곳에서든 남들 이상으로 일을 해냈다. 군대 가기 전에는 아르바이트로 공사장의 막일은 물론 각종 영업, 판매까지 안 해 본 일이 없었다. 그렇게 고생하며 성실히 일한 덕에 그럭저럭 생활도 안정을 찾을 수가 있었다.

그런데 어찌 된 일인지 먹고사는 일에서 안정을 찾게 되자 그것만으로는 만족할 수가 없었다. 아니 만족하기에는 내 나이가 너무 젊다는 생각이 들었다. 10대에 이미 나름의 인생 계획을 세워 두었다. 20대에는 많은 경험을 쌓고, 30대에는 한 분야의 프로가 되고, 40대에는 널찍한 인생의 집을 짓고, 50대에는 많은 사람에게 도움이 되는 삶을 살며, 60대에는 인생의 철학을 정리해 전 세계에 나누고, 70대 이후에는 죽기 전에 할 수 있는 가장 소중한 것들을 위해 살겠다며 다짐하곤 했던 것이다.

그러던 어느 날 나는 문득 마음속에 담아온 그 꿈을 이루고 싶다는 생각이 들기 시작했다. 20대는 본의 아니게 이곳저곳을 방황하며 살았지만, 나이 서른을 눈앞에 두고서는 더 나은 인생을 살아야겠다는 생각이 머릿속을 가득 채웠고 그래서 떠올린 것이 오래전에 접어 두었던 대학 진학이었다. 등록금 마련이 어려워 포기했던 10여 년 전의 꿈이 늘 가슴에 남아 있었다. 한 분야에서 프로가 되려면 전공이 있어야겠다는 생각이 간절했다.

사실 나는 진학 운이 좋았던 편이다. 중학교에서 고등학교로 진학할 당시 내가 다니는 중학교는 전교생이 180여 명이었고 그중 연합고사 합격생은 겨우 다섯 명밖에 안 되는 시골 학교였다. 그런 학교에 다니던 내가 전국에서 합격선이 두 번째로 높다던 마산연합고사에 합격했으니 운이 좋다 하지 않을 수 없었다. 그러나 나는 남들이 모두 부러워하는 합격증을 받고서도 입학금 29,500원이 없어서 진학을 접고 말았다. 큰형수님이 병석에 누워 계셨고 작은형님도 군 복무 중이었던 터라 경제력이 거의 없으셨던 칠순이 넘은 부모님에게 내 고등학교 진학은 너무도 커다란 부담이었다. 물론 등록금 정도는 어떻게든 마련해볼 수 있었겠지만, 문제는 그것만이 아니었기 때문이다. 마산에 있는 고등학교에 진학한다면 자취를 해야 했다. 우리 집 형편에 자취비를 댈 수도 없거니와 연로하신 부모님을 모실 사람이 없었다. 그래서 나는 할 수 없이 시골집 인근의 고등학교로 진학할 수밖에 없었다. 하지만 고등학교 진학 후 나름으로 열심히 공부한 결과 부산 동아대학교 법학과에 합격할 수 있었다. 당시의 열악한 환경에서 이뤄낸 합격 소식에 주변에서는 축하해 주었지만, 그때에도 나는 학업을 계속할 수가 없었다. 여전히 우리 집안 형편은 학비를 마련할 수 있을 정도로 나아지지 않았기 때문이다. 큰형님은 학비 걱정은 말라 하셨지만 이미 성인이 된 나는 큰형님에게까지 짐이 되고 싶지 않았다.

그런데 문득 나이 서른에 이르게 되자 학업을 포기할 수밖에 없었던 학창시절을 보상받고 싶다는 생각이 들었다. 그래서 시작한 것이 한국방송통신대학교 입학이었다. 내 한계를 뛰어넘으려면 전문성이 필요했고 지식을 넓히다 보면 지금은 알지 못하는 새로운 세상을 만날 수 있으리라 생각했다. 등록금이 없어 대학을 포기한 뒤로 대학 진학에 대한 생각은 아예 잊고 살았지만, 방송통신대학이라는 좋은 제도를 접하고 나서 진학의 꿈이 다시 가슴을 채우기 시작했다. 방송통신대학은 나에겐 큰 행운이었던 것이다.

뒤늦게 학창 시절에 대한 긴장감과 지식에 대한 목마름으로 배움의 즐거움에 눈을 뜨게 되니 그 묘미는 어린 시절과는 전혀 다른 것으로 다가왔다. 그리고 정말로 새로운 길이 보였다. 방송통신대학에 입학하기 전에는 생각지도 못했던 변리사라는 목표가 생긴 것이다.

법학과에 진학한 나는 변리사를 꿈꾸었다. 변리사가 되면 지금까지 살아왔던 내 인생에 커다란 변화가 올 것이라고 확신했다. 정말 열심히만 한다면 나도 전문 분야에서 안정된 직업을 가질 수 있을 테니까 말이다.

당시 나는 동숭동 방송통신대학 주변에 있던 사법시험 동우회에 가입하여 아주 적극적으로 시험 준비를 하였다. 단번에는 아니더라도 변리사 시험에 꼭 합격해서 확실한 전문직을 가질 수 있으리라는 희망을 품으니 공부도 일하는 것도 모두 다 즐겁기만 했다. 비로소 내 인생의 목표를 찾았다는 안도감으로 하루하루가 마냥 행복하기만 했다.

막다른 골목에서의 반전

서초동에 있는 국립중앙도서관을 내 집 삼아 3년 동안 변리사 시험을 준비하며 학원에 다니던 어느 날이었다. 우연히 학원 강사와 수험생들이 함께 식사하는 자리가 이어졌는데 여흥의 분위기가 무르익을 즈음, 평소 나를 눈여겨본 강사가 내 교재를 살피기 시작했다. 그리곤 이리저리 책장을 뒤척거리다가 한동안 생각에 잠기더니 내게 문득 이런 말을 했다. "이렇게 꼼꼼하고 끈기 있는 사람이 사업을 한번 해 보지 그래요?"

전혀 예상치 못했던 강사의 말에 나는 순간 어안이 벙벙해졌다. '누구보다 열의를 가지고 수강을 해 왔는데 내게 사업을 해 보라니.' 나는 그게 좋은 얘기인지 나쁜 얘기인지 도통 분간할 수가 없었다. 변리사로서는 별 가능성이 안 보이니 빨리 다른 길을 알아보라는 조언인지, 아니면 사업에 재주 있는 사람이 이렇게 변리사 시험을 보겠다고 들어선 게 안타깝다는 것인지 도무지 알 수가 없었다.

그날 이후 나는 강사의 이야기를 곰곰이 되새겨 보았다. 물론 변리사 시험의 어려움을 누구보다도 잘 아는 선배로서 해 준 조언임을 이해할 수 있었다. 당시에는 연간 30명을 뽑는데 응시자 수만 5,000명이 넘을 정도로 경쟁이 치열했으니 말이다. 나는 강사의 말을 한 젊은이를 어려운 고시공부에서 미리 탈출시켜 다른 방법으로 이 사회에 이바지하게 하려는 당부의 말로 여겼다.

하지만 한편으로는 무척 실망스러움을 감출 수 없었다. '이 길도 내 길이 아닌 걸까? 처음으로 열정을 갖게 된 꿈이었고 목표였는데 정말 안 되는가? 하는 생각이 들었기 때문이다.

그런데 다시 한 번 깊게 생각해 보니 강사의 이야기에는 분명 희망적인 메시지가 들어 있었다. 변리사 공부를 포기하는 것에 못내 아쉬움이 들면서 머릿속은 또다시 혼란으로 가득 차기 시작했다.

'사업이라! 과연 나에게 어울리는 사업은 무엇일까?'

그때였다. 불현듯 변리사 공부를 하면서 알게 된 '인터넷'이 떠올랐다. 당시는 PC 통신이 유행이라 인터넷은 잘 알려지지 않았던 시기였다. 학원에서도 컴퓨터 강의 때 인터넷주소를 IP주소로 가르쳤던 시기로, 컴퓨터 책자에는 인터넷주소로 IP주소가 대부분이었다. 특히, 영문 알파벳과 숫자를 이용해 만든 인터넷주소인 도메인네임이 1995년 7월부터 .com, .net, .org 같은 방식의 유료 등록 서비스가 되면서 이미 외국 기업들 사이에서는 매우 중요한 자산으로 등장하기 시작했다. 하지만 그때까지 우리나라에서는 아직 인식조차 없어 그 점에 의문을 품고 있던 차였다.

'맞다! 바로 이거야.' 나는 몇 날 며칠을 곰곰이 생각한 끝에 강사의 조언을 따르기로 했다. 그동안의 공부는 서초동 국립중앙도서관에서 변리사 공부에 집중이 잘되지 않을 때 읽은 정보통신 관련 신문 기사와 서적이었는데 그것은 내게 정보통신의 세계를 알려준 통로라 생각하고 사업에 도전해 보기로 결심하였다. 아무래도 나 같은 촌놈은 자갈밭을 일궈서 옥토를 만드는 일이 더 잘 어울린다고 생각했기 때문이었다.

큰맘 먹고 3년이나 준비한 변리사 시험을 접어야 했지만, 전혀 아쉽지가 않았다. 변리사 시험을 치르기 위해 공부한 특허법, 상표법, 민법 등에서 상당한 전문적 지식을 갖추었기 때문이다. 변리사 공부를 한 세월은 나에게 새로운 길을 찾게 해 준 고마운 시간이 되었던 것이다.

'그래! 보란 듯이 내 사업을 시작해 보자! 난 할 수 있어! 수업료 없는 깨달음은 없는 법이니, 나도 드디어 운명적인 꿈을 찾게 된 거야!'라고 확신하며 사업을 하기로 결심하였다. 드디어 나에게도 인생을 걸고 도전해 볼 새로운 꿈이 생긴 것이다.

나는 그 길로 빚을 내어 대치동 은마아파트 상가에 조그만 사무실 하나를 마련했다. 비록 서너 평 남짓한 조그만 공간이었지만 야전침대를 들여놓고 집에 가는 시간도 줄여가며 그곳에서 사업 준비를 하기 시작했다. 사실 돌아갈 집도 변변치 않은 실정이라 사무실을 집 삼아 생활했던 것이기도 했다. 그런데 처음부터 너무 무리해서인지 덜컥 급성신장염에 걸려 병원 신세를 지게 되었다. 몸이 아픈 건 둘째 치고 막 새 출발을 하려는 찰나에 그런 일이 벌어졌으니 맘이 편할 리는 만무했다. 초췌한 모습으로 홀로 병상에 누워 호사 아닌 호사를 부렸지만 머릿속에서는 빌린 돈 걱정이 떠나질 않았다.

그러던 어느 날, 병문안을 온 고등학교 동창인 문기득이 나의 그런 모습을 지켜보다가 "너 이러다가는 정말 죽겠다."면서 아무런 조건 없이 내게 2,000만 원을 내밀었다. 그 친구는 모 은행의 대리로 있었는데 집에도 알리지 않고 다른 은행에서 대출을 받아 그 돈을 내게 주었던 것이다. 친구가 어렵게 마련한 돈이라 받기가 쉽지 않았지만 나는 염치불구하고 덥석 받고야 말았다. 그만큼 나는 절박했고 그 친구가 준 2,000만 원은 사업을 위한 소중한 종잣돈이 되어 주었다.

그런데 그렇게 친구가 건네준 돈을 받아들고 나니 아픈 것이 모두 싹 낫는 것만 같았다. 퇴원하자마자 나는 그 돈으로 사무실을 얻을 때 빌린 돈을 모두 갚고 사무용 집기를 샀다. 이 때문에 돈은 곧 바닥이 났지만, 그 덕에 나는 그럴듯하게 사업 준비를 할 수 있었고 내 사업은 그렇게 시작되었다. 친구가 빌려준 돈은 훗날에도 나에게 큰 힘이 되었다. 사업이 극한을 달리고 절망이 온몸을 엄습해 나를 벼랑 끝에 내모는 순간에도 내가 절대 포기할 수 없었던 이유는 바로 '기득이의 돈만큼은 반드시 갚고 죽자.'라는 각오 때문이었다. 어려운 상황에서도 나를 위해 애써 준 친구의 정성에 결코 누가 되고 싶지 않았다. 내가 오늘도 그날을 아름답게 회고할 수 있는 건 삶을 절대로 포기하지 않게 해준 친구의 마음 덕분이리라. 내 사업은 그렇게 막다른 골목에서 찾은 반전으로 시작되었다.

가난한 촌놈의 꿈과 도전

가난은 지긋지긋한 것이라 하지만 나에게는 그만한 스승도 없는 것 같다. 모든 결실은 항상 가난에서 비롯되었기 때문이다. 가난을 극복하려고 뛰다가 들어서게 된 사업의 길이 그러했고, 학업의 빈곤을 극복하려고 뒤늦게 대학생이 된 것도 그러했다. 가난을 겪었기 때문에 나는 어려움을 견뎌낼 배짱과 오기를 배울 수 있었다. 어쩌면 그게 사람들이 흔히 말하는 촌놈의 근성이리라.

사람들은 지금도 나를 두고 촌놈 근성이 오늘의 나를 있게 했다고 한다. 가난한 삶 속에서 굳건한 생활력이 자연스럽게 길러지면서 그 속에 자란 근성이 숱한 고비 속에서도 사업을 일궈내는 뒷심이 되었다는 것이다. 혹자는 촌놈이라는 표현이 거슬리지는 않을까 걱정하지만 나는 촌스런 기질이 그리 나쁘다고 생각하지 않는다. 촌놈 근성으로 지금까지 왔다는 말도 물론 인정한다. 사실 가난한 어린 시절이 없었다면 오늘의 나도 없었을 것이다. 어려움과 가난을 극복하는 방법을 배울 수 없었을 테니까 말이다.

우리 또래의 시골 출신이 대부분 그랬듯이 시골에서의 가난은 그냥 생활이었다. 어리기만 했던 나는 특별히 부족함도 몰랐다. 아니 풍요로운 것에 대한 개념조차 없었다고 하는 게 맞을지도 모른다. 나이 쉰이 넘어 막내인 나를 낳으신 아버지는 연로하신 데다 경제적으로 힘드셨다. 누나들은 막내둥이였던 나와 나이가 엇비슷한 자신의 아이들을 돌보기에 급급했다. 나는 늘 나보다 나이가 많거나 비슷한 조카들 앞에서 삼촌 행세를 하기에 바빴다. 집안 어른들께서 나이가 어려도 삼촌은 삼촌이라며 호칭에 대해 매우 엄격하셨던 탓에 더더욱 그랬던 것 같다.

어리고 철없는 삼촌이었던 나는 언젠가 나보다 네 살이 많은 조카가 "한 번만 누나라고 불러주면 사탕을 주겠다."고 해 사탕 먹을 욕심에 누나라고 불러 사탕을 받아먹은 기억도 있다.

꼬맹이 삼촌인 나의 하루는 여느 촌아이들의 것과 별반 다르지 않았다. 봄부터 늦가을까지는 동네 형들과 함께 뒷산에 올라 소 풀 먹이는 일을 다섯 살 때부터 했다. 요즘 아이들처럼 멋진 로봇이며 게임기는 없었지만 내 손으로 직접 나무를 깎아 장난감 총과 칼을 만들어 친구들과 전쟁놀이를 하곤 했었다. 농사를 돕는 생활조차도 나에겐 신나는 놀이였다.

이런 나에게 어머니는 단 한 번도 가난의 고단함을 내색하지 않으셨다. 부모님은 내가 중학교와 고등학교에 다닐 때도 공부하라는 말씀이 없으셨다. 도시에서 어린 시절을 보낸 친구들은 그 시절에도 과외를 받으며 입시를 준비했다는데, 시골 출신인 우리는 과외라는 단어도 모르며 살았다.

하지만 공부에 대해 욕심도 많고 승리욕도 강했던 내가 어찌 남들처럼 공부하고 싶지 않았겠는가. 우연히도 중간고사나 기말고사는 바쁜 농번기와 비슷한 시기에 치르는 때가 많았다. 그러나 연로하신 부모님으로서는 고양이 손이라도 빌리고 싶은 농번기에 장성한 아들의 힘이 얼마나 고마울지 불 보듯 뻔한 일이었다. 나는 그런 부모님 앞에서 시험 기간이라는 내색도 하지 않고 밤새 추수를 도왔다. 저녁에 시작한 타작은 새벽 3~4시가 되어야 겨우 마칠 수 있었다. 이런 이유로 내가 부모님 걱정을 덜어드리려 생각해낸 방법은 화장실에서 하는 도둑 공부였다. 화장실에 책을 한 권 놓아두고는 벼 이삭을 올리고 벼알을 훑어 내는 홀깨로 벼 타작을 하다가 화장실에 들를 때마다 책을 펴보며 조각 공부를 했다. 시골의 화장실은 도시와 달라 책 종이는 좋은 화장지였다. 어느 날 화장실에 들러 시험 범위를 펼치니 시험 범위에 있는 몇 장의 페이지가 찢어져 있었다. 누가 화장지로 사용하였던 것이다. 그때의 화장실은 변소라고 불렸다. 시험 기간에 농사일을 거드는 자식을 보면서 불편해하실 부모님의 마음을 너무도 잘 알았기에 나는 아무렇지도 않은 듯 표정 관리를 했다. 그런 나를 보면서 부모님 역시 아무 말씀을 하지 않으셨다. 그저 자식이 미안한 맘을 갖지는 않을까 생각하면서 오히려 모르는 척하지 않으셨나 싶다. 그것은 나도 부모가 되어 보니 느낄 수 있는 짐작 같은 것이다.

그렇게 부족하기 짝이 없는 공부였지만 다행히도 성적은 늘 상위권을 유지하였다. 아마도 시간이 부족했던 만큼 시간을 효율적으로 쓰는 법을 그때의 경험에서 배웠기 때문이 아닌가 싶다. 그렇게 풍요롭지 못한 시절을 겪어낸 덕분에 오늘의 내가 있지 않나 싶다.

이런 어린 시절 덕분이었는지 부족하면 부족한 가운데서 해결책을 찾게 되었다. 그런 경험이 쌓이면서 스스로 문제를 해결해 나가는 뚝심이 길러졌고 창의력 또한 키워졌던 것 같다. 요즘의 아이들로서는 도저히 경험하기 어려운 산교육을 당시 우리 또래 아이들은 체험했던 것이다.

그 당시 아이들은 돈이 없고 완구점이 없어도 장난감을 구할 방법이 없다고 전혀 불평하지 않았다. 마을 천지에 널린 게 장난감이라고 여겼기 때문에 어른이 되어 사업을 시작할 때에도 가진 것 하나 없었지만, 전혀 겁내지 않고 시작할 수 있었다. 그래서 큰 재산이 있는 것도 아니고 든든한 배경이 있는 것도 아니었지만 인터넷 사업을 시작하면서 나는 마음 하나만큼은 든든했다. 마치 놀잇감을 찾던 어린 시절의 호기심 가득한 마음으로 인터넷을 접했다. 그러자 남들에겐 보이지 않는 기회가 내게는 보이는 것만 같았다. 언제 제대로 갖춰진 곳에서 시작한 적이 있었던가? 항상 부족함 속에서 그 부족함을 채워 가는 게 나의 인생 아니었던가? 마음만은 늘 희망이 넘치고 풍요로웠다.

그렇게 본격적으로 인터넷 사업에 뛰어든 1995년, 바로 그때 지금의 넷피아를 있게 한 IBI호가 출발했다. IBI란 'Internet Business Institute'라는 의미를 담은 이름이다. IBI는 '국토는 좁지만 사이버 영토는 세계 최대로'라는 슬로건으로 대치동 은마아파트 상가단지 안의 다섯 평 남짓한 사무실에서 출발한 나의 꿈이었다.

빛의 속도에서 희망을

사업이 처음부터 순풍에 돛단 듯 잘되었으면 좋으련만 실상은 그렇지 못했다. 당시는 인터넷에 대한 일반인들의 인식이 매우 낮은 시절이었으니 사업이 잘될 리가 없었다. 그래서 먼저 시작한 것이 사람들의 인식을 바꾸는 일이었다.

당시 인터넷주소인 도메인네임은 미국의 NSI(Network Solutions Inc.)에서 만든 도메인네임 등록정책을 기준으로 하고 있었다. 우리는 이 내용을 우리말로 번역하여 사람들에게 알렸고, 만나는 사람들에게 도메인네임 등록에 대해 목이 쉬도록 설명하였다. 하지만 노력한 만큼 실효를 거두지는 못했다. 인터넷 자체도 제대로 접해보지 못한 대중의 인식을 하루아침에 바꿔 놓는 것은 그리 쉬운 일이 아니었기 때문이다.

기업에 전화해 회사의 상표권과 관련 있는 인터넷도메인네임을 등록해 두라고 알려 주면 "뭐라고요? 돌멩이요? 아침부터 웬 돌멩이 타령이야." 같은 대답이 들려오기 일쑤였다.

참으로 어이없게 들리겠지만 1996년 당시 우리의 실상은 그러했다. 그 누구도 도메인네임 등록의 필요성을 느끼지 못했기에 그저 가슴만 답답할 뿐이었다.

도메인네임 등록은 좋은 사업 아이템이기도 했지만, 내가 기업에 연락해 도메인 확보를 권했던 것은 단지 영업만을 위한 차원은 아니었다.

.com, .net, .org 같은 도메인네임은 1995년 7월부터 상용화되면서 전 세계적으로 '선접수 선등록제'를 원칙으로 등록되었다. 이런 도메인네임을 확

인터넷상의 상표… 먼저 등록하면 우선권
기업 · 단체 「도메인네임」 갖추세요.

- IBI, "사이버 영토" 확보운동
- 같은 이름 사용 여부 무료검색 서비스
- 싼값에 서버 · 회선 임대… 관리 대행

「국토는 작지만 사이버 영토는 세계 최대로」

한 미니 기업이 국제적인 인터넷 망에서 한구의 자리를 최대한 차지하자고 벌이는 「인터넷도메인네임 확보하기 운동」이 커다란 호응을 받고 있다.

인터넷 비즈니스 연구소(IBI) 인터넷 지원센터(대표 이판정 · 33)는 『이달부터 시작한 이 운동에 하루 4~5개의 중소기업이 도메인네임을 갖고 싶다고 찾아와 작업을 해주고 있다』며 『예상외의 큰 반응』이라고 말했다.

도메인네임이란 인터넷 전용 서버컴퓨터를 갖고 있는 기관의 IP어드레스에 남이 기억하기 쉽도록 고유 이름을 붙여 준 것이다. 보통 IP어드레스는 길다란 숫자로 돼 있어 제3자가 기억하기가 어렵다. 반면 도메인네임은 보통 회사 이름이나 그 회사의 상표이름을 붙여 일반 소비자들도 쉽게 기억하고 인터넷 상에서 찾아 갈 수가 있다. 예를 들면 미국 ABC방송의 WWW.ABC.COM과 같은 것이다.

하지만 도메인네임은 상표와 마찬가지로 먼저 등록한 사람이 우선권을 갖는다. 따라서 유명회사의 이름을 다른 사람이 먼저 등록해 버리면 복잡한 소송 절차를 거치기 전까지는 자기 이름을 쓸 수 없게 된다. 「인터넷도메인네임 확보하기 운동」은 세계 최대의 인터넷 영토인 미국의 등록기관(Intemic)에 우리 고유의 이름을 많이 진출시켜 21세기 정보 글로벌 시대의 귀중한 자산이 될 우리의 서버를 많이 확보하자는 것이다.

IBI가 하고 있는 활동은 크게 두 가지.

하나는 각종 기업과 단체의 이름이 이미 등록되지 않았는지를 알려주는 등록 검색 무료대행 서비스이다. IBI측은 『전화 문의가 오면 미국 로스앤젤레스에 있는 협력사와 연결, 만 하루 이내에 등록 유무를 알려준다.』고 밝힌다.

다음으로는 막대한 비용 부담 때문에 서버 구축을 못하고 있는 중소기업에 싼 비용으로 서버를 이용할 수 있거나 도메인네임을 유지하도록 지원하는 사업이다. IBI에 따르면 중소기업이라도 인터넷 서버를 갖추기 위해서는 시스템 설치에 1천만 원, 월 유지비 60여만 원 정도가 소요된다. 하지만 서브 컴퓨터와 전용회선을 임대할 경우 월 16만 원의 비용으로 이를 해결할 수가 있다는 것. IBI측은 『이를 위해 미국의 한 인계 회사와 서버 공동 사용 계약을 체결했다』고 밝혔다.

IBI는 더불어 도메인네임 등록 관리만 해주는 서비스도 하고 있다. 이는 당장 인터넷이 필요 없거나 월 16만 원도 부담되는 기업들로 하여금 우선 도메인네임을 확보한 후 장래에 능력이 생겼을 때 서버를 구축할 수 있도록 하기 위한 것이다.

이 대표는 『도메인네임 확보운동은 세계화를 향한 21세기 기업전략에 필수적인 작업』이라며 중소기업 정보화에 더 많은 관심을 가지도록 촉구했다. <신연숙 기자>

출처: 서울신문 1996년 7월 26일자 기사

보하는 것이 앞으로 도래할 인터넷 시대에 비즈니스를 하는 기업에 얼마나 중요한 일인지를 나는 감지했다. 내 사업도 사업이지만 그보다 우리 기업의 도메인네임이 자칫 악의적인 외국인의 손으로 넘어갈 수 있다는 걱정이 더욱 앞섰다. 만약 기업들이 훗날 도메인네임의 중요성을 깨닫고 확보하려고 할 때는 이미 그것은 도메인네임을 악용하여 부당 이득을 취하려는 사람들에게 넘어가 있을지도 모를 일이었다. 인터넷 사업으로 돈을 벌고 못 벌고를 떠나서 그것은 있어서는 안 될 일이라고 생각했다.

결국, 고민 끝에 좀 더 적극적인 사회 공론화 방안을 모색하며 시작한 일이 이른바 '기업 도메인네임 찾아주기 운동'이었다. 1996년 6월 언론매체들과 함께했던 이 캠페인은 미래에 중요한 핵심 도메인을 확보해 외국에 빼앗기지 말자는 캠페인이었다. 하지만 이 역시도 인식이 낮아 차마 웃지 못할 일이 많이 일어났다.

캠페인을 펼치는 동안 우리는 기업들의 도메인네임을 실비만 받고 등록해 주면서 도메인네임의 중요성을 알리기 시작했다. MBC, 한일은행, LG, 한전정보네트워크(KDN), 보해, 금강제화 등 수백 개의 기업 도메인네임은 당시 우리가 직접 나서서 확보해 주었던 대표적인 사례다.

그 당시 도메인네임이 무엇인지 알고 우리에게 도메인 등록을 의뢰하는 기업은 인터넷에 대한 인식이 상당히 앞선 편이었다. 사회 전반적으로 영문도메인네임에 대한 인식 자체가 부족한 탓에 우리가 벌이는 캠페인이 알려지기는 그리 쉬운 일이 아니었다. 그나마 대기업들의 참여로 우리는 최소 300개 이상의 중견·대기업에 자사 영문도메인을 등록하게 하는 성과를 거두었다. 그것은 내가 사업을 하면서 가장 큰 신뢰의 자산을 확보하는 계기가 되었다. 당시는 기업 도메인을 매점매석하여 다시 그 기업에 되파는 일들이 많았다. 하지만 나는 그것을 하지 않고 중견·대기업을 위해 도메인네임을 대신 확보해 주는 일을 하였다. 그런 일들은 기업들의 사랑을 받는 좋은 계기가 되었다.

기업 경영은 신뢰가 생명이다. 기업들은 대부분 자신이 받은 고마움은 어떤 방법으로든 보상해 주었다. 그렇게 도와준 많은 기업의 담당자들은 자신의 기업 도메인을 확보해준 우리가 얼마나 고마운 존재인지 얼마 지나지 않아 알게 되었고, 우리는 그 담당자들이 진급하는 데 나름의 도움이 되었다. 그 후 넷피아가 한글인터넷주소를 개발하자 이들 각 기업체 담당자는 한글인터넷주소를 자사에 적극적으로 도입하여 넷피아가 자금난을 겪을 때 매출로 보답해준 소중한 인연이 되었다.

대부분 기업은 현재 넷피아의 자회사인 국내 최초의 도메인 전문기업 IBI의 단골 고객이 되어 도메인 분야의 좋은 파트너 기업으로 15년 이상 인연을 이어오고 있다.

도메인네임 등록 캠페인은 도메인네임이 얼마나 중요한지를 일깨우는 촉진제가 되었다. 학술적으로 도메인네임을 우리나라에 도입한 분은 우리나라 인터넷의 아버지라 불리는 전길남 박사님이다. 아마도 상업적으로 우리나라에 도메인네임을 보급하고 캠페인까지 한 기업은 IBI가 최초였던 것 같다.

그렇게 조금씩 도메인네임에 대한 사회 인식이 달라지면서 우리의 사업도 차츰 날개를 달게 되리라 믿었다. 인터넷도메인네임은 한 번만 등록하면 전 세계적으로 다 쓰일 수 있는 매우 획기적인 사업 아이템이라고 확신했기 때문이다. 나는 '이것이야말로 평생을 투자할 만한 사업이다.'라고 판단했다. 그것이 바로 내가 찾은 새로운 희망이라고 확신했다. 미국 현지에 상업용 인터넷 서버를 구축하고 중소기업을 위해서 인터넷 서버를 임대하는 파트너를 만나 웹호스팅 사업도 함께 벌여 나간 건 바로 이런 확신에서 비롯되었다.

우리가 벌이고 있는 일이 무엇인지 이해하지 못하는 사람들이 많았음에도 우리에게는 조금씩 신대륙의 희망이 보이기 시작했다. 인터넷 사업에 첫발을 내디뎠다는 자부심도 가득했다. 창문도 없는 좁디좁은 사무실에서 허술하기 짝이 없는 모양새로 출발한 사업이었다. 당시 나는 남의 기업 도메인네임을 매점매석해 큰돈을 벌 수 있었지만 그것을 하지 않았다. 오히려 그 기업들에 연락해 도메인네임을 등록하라고 안내하였고 그 때문에 온갖 오해를 받았다. 새로운 사업은 선의로써 행하면 오해부터 받는 것 같다. 하지만 사람들이 도메인과 돌멩이도 구분하지 못할 정도로 인식이 낮았던 그 시절에 IBI(넷피아의 옛 이름)가 펼쳤던 대한민국 최초의 도메인네임 등록 캠페인은 오늘날 우리나라를 인터넷 선도국으로 만드는 데 작은 씨앗이 되었다고 생각한다.

제2장

초심 경영으로
끊임없이 성장하라

넷피아가 진행한 자국어인터넷주소(자국어실명인터넷도메인네임)는
학계와 정부가 주도하여 진행한 미국과 달리 민간 벤처기업이
국가 예산 지원을 받지 않고 만들어 정부와 공조하고자 하는
차세대 자국어도메인네임 서비스로
민간 기업이 설계하여 세계화하고자 시도한
전 세계적으로 유례가 없는 시도였다.

초심으로 돌아가니 길이 보였다

도메인네임 등록 사업이 조금씩 호응을 얻게 되면서 나는 어느 때보다도 의욕적으로 변해 있었다. 일반인들은 중요하게 여기지 않는 일이었지만, 머지않아 큰 의미가 있는 일이 될 거라는 확신이 있었기에 어떤 수고도 고달프게 느껴지지 않았다.

그러던 차에 시작한 인터넷 PC방 사업은 새로운 활력소였다. 그러나 지금의 PC방 체인 사업의 원조라 할 수 있는 이 사업도 1997년 말 불어 닥친 외환위기 풍파로 한순간에 초토화되고 말았다. 그 여파로 우리는 몇 년간 우리에게 울타리가 되어 준 사무실에서 쫓겨날 지경이 되었다.

연일 이어지는 빚 독촉 전화, 직원들의 밀린 급여, 목을 조여드는 자금줄은 낙망 그 자체였다. 오랜 기간 적금을 들어 마련한 아파트 값이 살 때의 절반 가격으로 폭락하자 세입자가 전세 보증금을 돌려달라고 하루에도 몇 차례 전화를 했다. IMF로부터의 구제금융 상황은 아파트 가격을 전세보증금보다 더 낮은 가격으로 떨어뜨리는 결과를 가져왔다. 이 때문에 전세금을 제때 돌려주지 못하는 사태가 속속 발생하자 기한이 도래한 전세 세입자들이 전세 보증금 반환 청구 소송을 하게 되었던 것이다. 엎친 데 덮친 격으로 전세금 반환이 늦어질 경우 반환할 때까지 연 이자 30%를 지급하라는 판결이 나왔다. IMF라 불리는 아시아 경제 위기는 사업을 하는 많은 사람에게 절망을 안겨주었다. 죽음이란 단어를 떠올릴 만큼 가장 크게 좌절했던 시기였다. 그러나 그렇게 절망의 끝에서 발버둥 칠 때 문득 떠오른 것은 기억에도 남아 있지 않던 나의 출생이었다. 절망을 딛고 일어서야 하는 것은 어쩌면 내가 태어날 때부터 지닌 운명은 아니었을까?

　죽음을 생각하고 마지막을 생각하면 본능적으로 그 시작도 생각나는 모양이다. 나는 하마터면 태어나지 못할 생명체였다. 어머니는 나를 임신했던 7개월 무렵에 복막염에 걸려서 혼수상태에 빠졌는데 손수레에 실려 나가서 하루 두 번 지나가는 시골버스를 타고 당시 진주에 있던 윤양병원에 입원했다고 한다. 산모가 죽을 수도 있다며 의사가 아기를 포기하라고 권했지만, 아버지는 과감하게 태아를 지키는 수술을 선택하셨다. 임신 7개월 정도였으니 지금 같으면 조산아로 분만시켜 인큐베이터에 입원시킨 후 산모를 수술하면 되었을 일이었다. 하지만 1964년 지방의 중소도시인 진주의 작은 병원은 그럴 여건이 아니어서 결국 의사는 뱃속의 태아를 살짝 들어낸 후 어머니의 복막염 수술을 하고 다시 태아를 뱃속으로 집어넣었다고 한다.

　그로부터 3개월 후, 어머니는 시골집에서 나를 낳으셨다. 지금 다시 생각해 보아도 참으로 아찔한 일이었다. 그 과정을 모두 아는 외삼촌들은 나에게 이 세상에 두 번 태어난 녀석이라고 늘 말씀하셨다. 이처럼 부모님과 윤양병원 원장의 과감한 결단 덕분에 내 운명은 죽음에서 삶으로 뒤바뀌게 되었다. 죽음까지 각오한 부모님의 선택으로 세상의 빛을 보게 되었으니 어쩌면 절망을 딛고 일어서는 것은 태어날 때부터 시작된 나의 운명인지도 모르겠다.

　죽음이라는 못난 생각을 하다가도 '지금 겪는 고통이 어머니의 고통보다 크겠는가!'라고 생각하면서 아직 포기하기엔 이르다고 나 자신을 다독였다. 1998년 전국을 강타한 금융위기가 가져온 고통이 얼마나 극심했는지를 중소기업을 운영해보지 않은 사람은 그 정도가 어떠했을지 결코 알지 못할 것이었다. 삶을 포기하지 않으려는 나의 다짐은 그만큼 절박한 것이었다.

뱃속의 태아를 위한 부모님의 용기와 사랑에 보답하기 위해서라도 고통스러운 운명을 끝까지 견뎌내는 것이야말로 당신의 아들로서 살아가는 이유라 생각하며 방황 속에서 마음을 다잡았다. 정신적 방황을 겪던 내가 택할 수 있는 것은 다시 맨 처음으로 돌아가 새로 시작하는 길뿐이었다.

어차피 가진 것 없이 시작했던 내가 아니었던가.

그런데 그렇게 초심으로 돌아가니 나에게는 거짓말처럼 새로운 기회가 다시 찾아왔다. 서울산업진흥재단에서 운영하는 서울창업보육센터(SBA)에 입주할 기회가 주어진 것이다. 가능성 있는 벤처들을 위해 마련된 공간인 만큼 낮은 금액의 보증금과 월세로 사무실을 임대해 주는, 너무나도 좋은 조건이었다.

우리는 입주에 필요한 보증금조차도 없었지만 그토록 좋은 기회를 날려버릴 수는 없었다. 그래서 생각해낸 것이 현금 보증금 대신 우리 회사의 주식을 임대보증금으로 주고 입주 허가를 받는 것이었는데 다행히도 우리의 제안을 서울시에서 들어줘 입주에 성공할 수 있었다. 서울시에서도 IMF 외환위기 상황이라 이미 그런 제도를 준비하고 있었다. 그 덕분에 우리 회사는 서울특별시를 주주로 모시는 행운까지 얻게 되었다. 서울시의 도움이 없었더라면 우리의 한글인터넷주소는 북극보다 더 혹독한 IMF 외환위기 한파를 이기지 못하고 동사해 사라지고 말았을지도 모른다.

창업 벤처를 위해 고생한 당시의 서울시 공무원들과 창업보육센터 관계자분께 이제나마 이 책을 통하여 진심으로 깊은 감사를 드린다. 그분들의 선견지명과 노력 덕분에 넷피아는 1999년 9월 1일 서울 강서구 등촌동의 서울시 창업보육센터에서 전 세계 인류가 사용하는 자국어인터넷주소(자국어실명인터넷도메인네임)를 세계 최초로 상용화하게 되었다. 강서구 등촌동에 자리한 창업보육센터는 미래 인터넷 사회의 중요한 인프라가 될 전 세계 자국어인터넷주소의 산실이 되었다.

나는 그때 천군만마를 얻은 것 같았다. IMF 구제 금융의 여파로 매일같이 빚쟁이에 시달리느라 세상이 온통 적으로만 둘러싸인 듯 보였는데 우리의 편도 있다는 경험을 한 것이다. 그렇게 사무실을 얻고 나니 더욱 강하게 다시 한 번 시작해 보아야겠다는 용기도 생겼다. 도약할 방법을 모색할 일만 남은 것이다. 극한의 상황은 달군 쇠를 벼르는 망치질처럼 새로운 창조를 위해 혁신되고 있는 고통일 뿐이다.

넷피아는 '인터넷주소의 자국어화'를 지난 20년의 슬로건으로 하였다. 창업 20주년을 맞는 넷피아는

'모든 사람과 사물을 위한 실명 도메인을!'

(Real name domain for everyone, everything)

이라는 비전과 슬로건으로 새롭게 출발했다.

호기심과 모험심에서 기회는 탄생하고

무식하면 용감하다는 말처럼 이론적 깊이가 없을 때 오히려 신선한 아이디어가 탄생하는 경우가 있다. 이론의 제약에 발목이 잡혀 버리면 창조적 아이디어에도 한계가 생길 수 있기 때문이다. 이러한 맥락에서 볼 때 내가 한글인터넷주소에 대한 발상을 떠올리게 된 것도 대학에서 IT와 관련된 전문 분야를 전공하지 않기 때문인지도 모른다. 여기에는 아마도 어린 시절부터 왕성했던 호기심과 모험심이 플러스 요인이 되었을 것이다.

어린 시절엔 사내아이 대부분이 그랬을 테지만 나는 남들보다 유독 호기심이 많아 라디오나 시계 같은 것들을 보면 분해해서 살펴보는 사고를 곧잘 치곤 했다. 대체 저 기계 속은 어떻게 생겼기에 사람의 목소리가 그대로 흘러나오고, 시곗바늘은 어떻게 움직이기에 저리도 정확하게 우리에게 시간을 알려 주는지 신기하기만 했다. 그리하여 집 안에 어른들이 안 계실 때면 나는 늘 혼자서 몰래 라디오와 시계 등을 분해했다가 다시 조립해보는 일을 반복하곤 했다. 분해해 본다고 모든 궁금증이 다 해결될 리는 없었지만, 당시 그것은 나에게는 무척 긴장되고 호기심 가득한 놀이였다. 하지만 그 '분해놀이'는 그리 오래가지 못했다. 어설프기만 했던 나의 솜씨가 결국엔 모두 들통이 났기 때문이다.

손목시계가 매우 큰 재산이었고 귀했던 시절에 큰형님에게는 손목시계가 하나 있었다. 형님은 그 시계를 평소에는 서랍에 모셔두듯 하다가 읍내에 볼일이 있을 때만 잠깐 차고 나갈 정도로 귀하게 모셨다. 하지만 어린 내

눈에는 그것이 귀한 물건이라기보다는 호기심을 자아내는 재미난 물건일 뿐이었다. 그렇게 늘 호시탐탐 손목시계를 노리던 중 아무도 없는 어느 날 오후에 결국 손목시계를 내 손에 쥘 수 있게 되었다.

나는 안방에서 숨죽이고 앉아 낫 끝과 드라이버로 손목시계를 분해한 후 그 부품들을 순서대로 죽 늘어놓기 시작했다. 흥미롭게도 손목시계는 라디오를 분해할 때와는 전혀 다른 재미가 있었다. 라디오는 막상 안을 열어 보면 단순하기 짝이 없었는데, 손목시계는 손으로 집기도 힘든 아주 작은 부품들이 오밀조밀 모여 있어 호기심으로 가득 찬 어린아이의 욕구를 자극하기에 충분했다.

하지만 방에 늘어놓은 부품을 들여다보다가 다시 조립하려고 해보니 정밀했던 원상태로 만들기가 좀처럼 쉽지가 않았다. 더구나 문살이 엉성한 시골집이다 보니 바람이 훅 불어 작은 나사못 하나쯤은 휙 하니 날아가 버리거나 잃어버리기 십상이었다. 정밀한 시계 부품을 다시 조립하기란 애초부터 힘든 일이었다. 어린 나는 그저 저 작은 나사못 하나가 얼마나 중요하겠느냐 싶어서 대강대강 맞춰 놓곤 했다.

그렇게 조립해 놓은 시계는 당연히 제대로 돌아갈 리가 없었다. 시계는 가다가 멈추고 다시 맞추면 조금 가다가 또 멈추기를 반복했다. 그러자 아무 영문도 모르는 큰형님은 애지중지 여기던 손목시계가 망가졌다며 굉장히 속상해했다. 큰형님의 그런 모습을 모른 척하고 지켜보고만 있던 나는 속으로 '다시 분해해서 잘 고쳐놔야겠다.'며 계속 시침을 떼고 있었다.

나는 무슨 미다스의 손이라고 다시 만지면 잘 고쳐질 것이란 생각을 했을까? 큰형님이 들에 나가기만을 기다렸던 나는 또다시 분해와 조립을 반복했고, 그럴 때마다 형님 손목시계 부품은 한두 개씩 계속 사라졌다.

그러던 어느 날, 나는 큰형님의 손목시계를 분해해서 잔뜩 늘어놓고 있었는데 하필이면 그때 논에 나갔던 큰형님이 뭘 빠뜨리고 나간 것이 있었는지 갑자기 들이닥쳤다. 집에 들어서자마자 나의 모습을 발견한 형님은 그 자리에 얼어붙은 듯 서서는 너무 어이가 없다는 표정으로 나를 노려보았다. 형님의 얼굴을 보는 순간, 나는 곧 닥쳐올 사태가 짐작되었다.

'앗, 죽었구나!'

막내인 나와 15살이나 차이가 나는 큰형님은 집안에서 가장의 역할을 도맡아 하셨고 중·고등학교 시절의 내 학비도 조달해 주셨다. 그렇듯 아버지 같은 큰형님과의 옛 기억을 떠올릴 때면 그저 피식 웃음이 난다. 꼭, 정말 멋진 시계 하나를 큰형님 칠순 잔치 때 사드리고 싶다.

그래도 그렇게 사고를 치면서 자랐기에 나름대로 무언가 새로운 것에 도전하는 모험심을 배우지 않았을까 생각된다. 비록 시계는 망가졌지만 어린 시절 내 호기심을 채워 준 형님의 손목시계는 나에게는 참으로 행복한 기억 중 하나이다. 어쨌든 한글인터넷주소에 대한 호기심이 발동하게 된 계기는 이러했다.

언론을 통해 '기업 도메인네임 찾아주기 운동'이 보도되면서 나는 어느새 몇 안 되는 인터넷 전문가로 알려지게 되었다. 그 덕분인지 1997년 3월 무렵, 한국전산원 산하 인터넷주소 전문가들의 모임이었던 NIC Committee에서 위원으로 활동해 보지 않겠느냐는 제안을 받았다.

NIC Committee란 대한민국의 국가 코드 도메인인 .kr 관련 정책을 결정하던 일종의 인터넷주소 위원회로서 나와는 비교할 수도 없을 정도로 쟁쟁한 전문가들이 참여한 그룹이었다. 나는 그때 전국 초 · 중 · 고등학교의 주소 체계를 만드는 일에 참여하게 되었는데, 당시 그 작업을 하면서 초등학교의 인터넷주소가 너무나도 복잡하다고 느꼈다. 예를 들어 여의도 초등학교의 홈페이지에 접속하려면 주소창에 영문으로 'youido.metro.ps.kr' 같은 긴 이름을 입력해야만 했다.

이는 인터넷도메인의 태생이 영문 체계에서 유래한 탓이기도 했다. 그러나 나는 그것이 너무도 불편했다. '그렇게 복잡해서야 초등학교의 홈페이지가 활성화될 수 있을까?' 어린아이들에게 편한 우리글 한글을 두고 복잡한 영어를 쓰게 해서는 안 되겠다 싶었다. 그런 생각이 들던 나는 문득 한글을 창제, 반포하신 세종대왕을 떠올렸다.

우리글을 갖지 못해 불편을 겪던 백성들을 안쓰럽게 여기신 세종대왕처럼 인터넷도메인네임도 우리나라 사람들이 쉽고 편하게 사용할 수 있도록 우리 한글로 만들 수는 없을까 하는 생각을 했다. 우리의 한글로 인터넷주소가 만들어진다면 어렵고 불편한 영문 인터넷주소로 인터넷 사용에 어려움을 겪던 사람들에게 얼마나 큰 도움이 되겠는가?

이런 생각에서 나는 도메인에 대한 전문지식을 갖춘 주변 사람들에게 내 아이디어를 먼저 타진해 보았다.

"도메인네임을 한글로 만들어 보면 어떨까요?"

하지만 내 말을 들은 대부분의 사람은 "도메인을 한글로? 에이, 그게 말이 되는 소립니까?"라며 한결같이 부정적인 반응을 보였다. 한글로 만들면 편하기는 하겠지만, 그것이 가능하기나 한 소리냐는 것이었다.

영문도메인도 잘 모르던 시절인 1997년 한글인터넷주소를 만들겠다고 했으니 그런 반응이 나오는 것은 어쩌면 당연한 일이었다. 하지만 내 생각은 달랐다. '영문도메인은 되고 한글인터넷주소는 안 된다는 이유가 있을까? 왜 부정적인 생각으로 시도조차 하지 않는 걸까? 그럼, 내가 될 수 있음을 증명해 보이자!' 나의 모험과 고생길은 그렇게 시작되었다.

발상의 전환이 신기술을 창조한다

1997년 초 한글인터넷주소 개발에 대한 생각을 굳힌 뒤 나는 NIC Committee 회의에 참석해 내 아이디어를 이야기했다. 대부분의 위원이 괜찮은 아이디어라며 호응을 보였지만, 문제는 누구도 한글로 인터넷주소를 개발하는 일에 나설 처지는 아니라는 것이었다.

"이 사장이 우리 위원회에서는 유일하게 사업을 하는 분이니 직접 한번 개발에 나서보면 어떻겠소? 우리가 도움될 만한 것들은 협조하도록 하겠습니다."

위원들 모두 내게 직접 개발해 볼 것을 권했다. 나 역시도 그것이 나쁘지 않다는 생각이 들었다. 그리고 이것은 아주 중대한 기술이라는 생각이 내 머릿속에 가득했다. 나는 전문가들의 의견을 받은 후 곧바로 관련 업계 사람들을 수소문해 연구진 확보를 위해 뛰어다녔다. 그러나 선뜻 함께 일하겠다고 나서는 사람은 없었다. 더욱이 만나는 사람은 대부분 한글로 된 인터넷주소 개발은 불가능한 일이라며 고개를 저었다.

그런데 어찌 된 일인지 벽에 부딪히면 부딪힐수록 나의 의지는 더욱 굳어지는 것이었다. 그것은 언젠가 누군가 반드시 해야 할 일이라면 다른 나라가 아닌 대한민국에서 내가 한번 해 보겠다는 굳건한 신념이었다.

그렇게 대부분의 사람이 무관심했고 주변의 도움을 받기도 어려웠지만 나는 결국 한글인터넷주소 개발을 시작하게 되었다. 결과가 보장되는 것도 아니었는데 그 무엇이 나를 그토록 강하게 이끌었는지 정확히는 설명할 수 없지만, 한글로 인터넷주소를 만드는 일은 꼭 해내야 할 멋진 프로젝트라는 생각이 들었다.

다행히 IBI가 병역특례업체로 지정되면서 우수한 개발자들을 확보할 수 있었다. 신생 기술력을 갖춘 개발자들은 경력은 짧았어도 편견이 없었기에 내 이야기를 쉽게 이해했고 모두 밤낮으로 연구에 몰입해 주었다.

우리가 한글로 되는 인터넷주소의 기본 콘셉트로 가장 먼저 생각한 것은 '삼성.회사.한국'과 같은 도메인네임의 형태였는데 이는 'samsung.co.kr'과 같은 기본 도메인네임 체계였다.

인터넷도메인네임은 주소창에 도메인네임이 입력되면 '도메인네임 서버 → 도메인네임 루트 → IP주소 → 웹페이지'의 4단계 경로를 거치게 된다. 문제는 이것이 영문 도메인을 기준으로 만들어진 체계라는 것이다. 이 때문에 인터넷주소창에 한글을 입력하면 한글을 인식하지 못해서 도메인네임 네임 서버에서 도메인네임 루트로 넘어가는 과정에서 에러가 발생했다. 당시 영문은 1바이트로 처리되는 반면 한글은 2바이트로 처리되는 근본적인 차이 때문이었다.

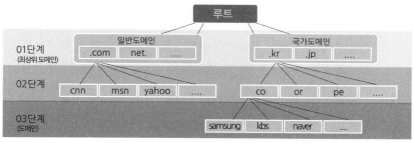

인터넷상의 도메인체계

그러나 우리는 이러한 장애에도 불구하고 연구에 연구를 거듭하였고 마침내 2바이트 처리가 가능한 네임 서버를 개발할 수 있었다. 지금 보면 아주 초보적인 부분이었지만 그 당시는 그리 녹록지 않은 시기였다.

한편, 네임 서버는 통과되었지만 여전히 루트가 문제였다. 기존 도메인의 루트는 한글주소 도메인네임 루트로는 사용할 수 없기 때문이었다. 그것은 마치 기존의 철도 레일에서는 자기부상용 기차를 움직일 수 없는 것처럼 아무리 노력해도 기술적으로는 해결할 수 없는 근본적인 한계로 보였다. 수많은 고민과 시도를 해보았지만 돌아오는 건 실패뿐이었다. 물리적으로는 도저히 불가능하다는 결론 밖에 다른 대안은 없어 보였다. 거듭된 실패로 지쳐 있던 나는 결국 '이 프로젝트는 여기까지인가?' 하며 포기 직전의 상태에 이르게 되었다.

그 후 우연히 고속철도 공사와 관련된 뉴스를 보게 되었다. 새로운 고속철도를 위한 공사가 진행되는 화면이 눈에 들어오는 순간 나도 모르게 감탄사가 나왔다.

'아! 바로 저것이로구나! 그래! 한글도메인네임도 기존 도메인네임 루트를 쓰지 말고 새로운 자국어도메인네임 전용 루트를 만들면 가능하지 않을까?'

드디어 해답을 찾은 것 같았다. 다음 날 아침 사무실로 달려가 어깨가 축 늘어져 있는 연구원들에게 한글인터넷주소를 위한 새로운 전용 루트를 만들자는 제안을 했다. 그러나 연구원들의 반응은 냉담했다.

"한글인터넷주소 전용 루트요? 원래 도메인 루트란 미국 정부가 어마어마한 투자를 해서 전략적으로 만들어낸 것입니다. 그리고 그것을 세계화했는데 그런 걸 우리가 만들 수 있다고요? 불가능합니다."

연구원들에게 내 아이디어는 너무나 허황하고 엉뚱하게만 들렸던 것이다. 그도 그럴 것이 미국 정부가 군사용이었던 인터넷을 상용화하면서 미국은 인터넷 주도국이 되었다. 인터넷도메인 역시 다른 나라에서도 만들수 있었지만 미국 정부의 혜안으로 미국이 최초로 도입하고 세계화하여 전세계 총 13개 도메인의 루트(최상층에 해당하는 네임 서버) 중 10개를 운영하고 있었다. 그와 같은 어마어마한 새로운 자국어도메인네임용 인터넷주소 루트를 만든다는 것은 상상하기도 어려운 허황스러운 소리로 들릴 수밖에 없었을 것이다.

하지만 나와 병역특례 1호인 배진현 연구원의 호기심과 고집은 그와는 정반대였다. 오히려 그래서 우리가 해야 한다는 생각이 들었다. 불가능을 가능하게 한 것이 우리 인류사였고, 인류가 불가능에 도전하면서 발전을 거듭하고 있는데 다른 나라가 한 일을 왜 우리는 못 한다는 것인가? 나는 오기가 발동하기 시작했다. 그리고 그것을 증명해 보이기위해 서점으로 발길을 돌렸다. 뭔가 실마리를 찾기 위해서였다. 그곳에서 과학의 발전사를 다룬 책을 몇 권 사서 읽었다. 인류는 불가능해 보이는 일에 도전하며 오늘에 이르렀다는 나의 생각이 틀리지 않았다는 확신이 들었다. '미국 정부가 영문도메인네임 루트를 1998년 클린턴 정부 때 부통령이 직접 나서서 어렵게 확보한 비슷한 시기에 우리는 영문도메인네임 다음에 올 자국어실명인터넷도메인네임 루트를 어떻게 하면 만들 수 있을까.' 하며 그 설계를 시작하였다. 이는 참으로 무서운 프로젝트에 대한 도전이었다.

셰르파 전길남 박사를 만나다

선례가 없던 한글인터넷주소 기술 개발이 자금 벽에 부딪히자 생각지도 않은 여러 어려움이 찾아오기 시작했다. 문제는 돈이었다. 외부의 투자를 받을 수 없는 상황에서 개발비는 턱없이 부족했다. 모자란 개발비에 한 푼이라도 보태려고 연구원들과 함께 낮에는 사무실에서 기술 개발을 하고 밤이면 PC방 공사 현장을 돌면서 페인트칠과 컴퓨터 세팅으로 일당을 벌기도 했다. 하지만 그렇게 푼푼이 모은 돈도 매달 사무실 운영비에 쓰고 나면 남아 있지 않았다. 월급날만 되면 나는 급전을 빌리느라 이리 뛰고 저리 뛰는 생활을 되풀이할 수밖에 없었다.

그렇게 연구원들과 함께 이를 악물고 지낸 1년이 흐를 무렵, 우리는 드디어 '제3세대 인터넷주소 시스템'이라는 이름의 한글인터넷주소용 응용 프로그램을 선보일 수 있게 되었다. 1998년 7월 모든 사람이 불가능하다고 말하던, 한글 이름으로 접속하는 한글인터넷주소를 세계 최초로 탄생시킨 것이다. 그러나 그 기쁨도 잠시였다. 당시 일부 언론에서 IBI에서 개발한 한글인터넷주소 시스템을 국내 인터넷 산업 발전에 획기적인 전환을 가져올 중요한 기술 개발이라고 치켜세워 주기도 했지만, 관심은 거기까지였다. 벤처기업의 실험적인 기술에 그 누구도 선뜻 투자하거나 귀 기울이려고 하지 않았다.

기술 개발 초기부터 빚더미 속에서도 나는 특허출원만은 우선으로 했다.

나름 변리사 공부를 3년간 한 것이 큰 도움이 되었다. 자국어도메인네임 루트와 관련 기술 토론이 있을 때마다 특허가 가능한지 그 초안과 도형을 그렸다. 그리고 가능한 실시간으로 변리사 사무소에 특허출원을 의뢰했다.

자금 여력이 전혀 없는 어려운 상황에 특허출원비는 참 부담이 되는 큰 돈이었다. 특허출원을 위해 특허사무소에 방문하니 특허청에 납부하는 관납료 정도는 내야 특허출원을 대리해 줄 수 있다고 했다. 물론 나에게는 그만한 비용은 없었다. 하루 한시가 급한 특허출원이 돈 때문에 계속 지체되다 보니 속이 점점 타들어 갔다.

고심하던 나는 호흡을 가다듬고 특허사무소 소장의 명함을 꺼내 들었다. 다시 한 번 전화를 걸어 사정을 이야기해 보려던 참이었다. 바로 그때 번쩍 눈에 들어오는 것이 있었다. 소장의 명함 한쪽에 적힌 이메일 주소가 이 특허사무소 메일 주소가 아닌 다른 회사의 메일을 사용하고 있었다.

'그래! 바로 이거야!'

우리에게는 당장 출원비로 지급할 현금은 없지만, 그것을 대신할 대안이 있었다. 나는 특허사무소 측에 당돌한 제안을 했다.

"우리가 이곳 특허사무소의 자체 메일 시스템을 구축·지원하는 것으로 출원비용을 대신하면 어떻겠습니까?"

특허사무소 소장은 엉뚱한 제안을 한다고 생각했는지 황당하다는 반응을 보였다. 그래도 나는 끝까지 포기하지 않고 계속 그들을 설득했다.

"홈페이지 주소나 이메일 주소만으로도 홍보하는 시대에 이렇게 자체 메일 하나 없다는 것이 말이 됩니까? 더군다나 이런 특허사무소에서 말입니다. 제가 특허사무소의 자체 메일 시스템을 구축해드리겠습니다. 언젠가는 비용을 들여 구축하셔야 할 테니 그 비용을 이번에 저희에게 지급하는 것으로 해주십시오. 제가 이번 특허출원비 그 이상의 서비스를 제공해 드리겠습니다."

내 이야기만 듣고 있던 소장은 곰곰이 생각하다가 "좋습니다. 그렇게 하죠. 이판정 사장의 수완을 누가 당해내겠습니까. 그런 열정이 있으니 이렇게 특허도 내는 거겠죠. 그럽시다!" 하며 흔쾌히 허락해 주었다.

매 순간을 자금 부족의 어려움을 버텨내느라 애쓰는 우리 자신의 모습을 보면서 우리가 올라야 할 고지가 너무 높은 건 아닌가 하는 생각이 들었다. 수많은 산악인이 에베레스트 산을 오르다가 포기하고 때로는 죽음을 맞는 것처럼 한글인터넷주소를 개척하는 우리도 그 한계에 다다르고 있지는 않은지 시간이 지날수록 절망감이 밀려들었다.

그렇게 막막하기만 하던 무렵의 어느 날 NIC 위원회에서 알게 된 전길남 박사를 만나게 되었다. 전길남 박사는 우리나라에 인터넷을 보급한 주인공으로서 국제인터넷주소위원회에서 우리나라의 국가 코드 도메인네임인 '.kr'의 최초 관리권을 분배받은 분이기도 하였다. 인터넷 사업을 처음 시작할 때만 해도 나는 이런 분이 우리나라에 계신 줄 전혀 몰랐다. 우리가 지금 사용하는 인터넷은 전길남 박사의 선구자적인 활동에서 비롯되었던 것이다.

인터넷 기술에 대해 선견지명을 갖고 있던 전 박사는 NIC 위원회에서 만났을 당시부터 우리의 연구에 큰 흥미를 보였다. 그렇게 학문적인 관심을 놓지 않던 전 박사는 어느 날 우리에게 1999년 2월에 싱가포르에서 열리는 아시아 태평양 지역 인터넷 콘퍼런스인 APRICOT(Asia Pacific Regional Internet Conference on Operational Technologies)에 우리 기술을 발표해 보라고 주선해 주었다. 전 박사의 제안을 받는 순간 나는 기쁘기도 했지만 덜컥 겁이 났다. 무엇보다 회사에 돈이 없었기 때문이다. 특허출원비도 겨우 이메일 서버 구축과 개인 자기앞수표를 끊어 막고 있던 와중에 항공료며 출장비를 어떻게 준비해야 한단 말인가.

하지만 나는 무조건 발표하겠노라며 겁도 없이 국제회의 무대에 서기로 다짐했다. 직원이 10명 남짓한 작은 벤처기업의 기술을 난생처음 세계적으로 저명한 전문가들 앞에서 발표할 수 있다고 생각하니 그저 감격스럽기만 했다.

차마 입 밖으로 꺼내기도 창피한 일이었지만, 정말 비행기표를 살 돈이 없었다. 나는 고민 고민 하다가 용기를 내어 부천 지점의 한 은행으로 향했다. 당시 나는 십 원 한 푼 대출받을 여력이 없었지만 평소 알고 지내던 이상복 지점장에게 급박한 상황을 설명했다.

"선배님, 저는 담보도 없지만 저의 성실함을 믿고 좀 도와주십시오. 무일푼으로 시골에서 온 저는 그동안 사업하면서 늘 1%가 부족했습니다. 찌개를 끓여 손님에게 팔려고 하면 100도까지 끓일 가스가 필요한데 가스는 늘 99도에서 떨어지는 것과 같았습니다. 이처럼 저는 인생에서 다음 단계로 갈 모든 준비를 했다고 생각하는데 지금 그 1%가 부족합니다. 그 1%를 선배님께서 미리 좀 도와주십시오."

내 이야기를 듣고 담배만 피우던 선배는 곰곰이 생각하더니 500만 원이라는 거금을 선뜻 대출해 주었다. 환호가 절로 나왔다. 하마터면 우리의 기술을 알릴 절호의 기회였던 APRICOT 발표를 놓칠 뻔하였으니 어찌 그 기쁨을 말로써 다 표현할 수 있겠는가.

나는 직원 한 명과 부랴부랴 싱가포르행 비행기를 탔고 무사히 싱가포르 창이 공항에 도착했다. 긴장 탓인지 비행기가 창이 공항에 도착하자마자 양쪽 코에서 진한 점액이 마구 쏟아졌다. 코피는 잘 멈추지 않았다. 승무원의 도움으로 겨우 수습하고 가까스로 회의장에 도착할 수 있었다. 회의장에서 IBI(넷피아의 옛 이름)의 차례가 되자 IBI 정성문 팀장이 발표 자료를 열고 나를 소개했다.

"기존 인터넷주소는 영문만 가능했지만, 이제는 각국의 자국어로 가능합니다. 가령 www.samsung.co.kr을 '삼성.회사.한국', '삼성.한국', '삼성.회사'로도 쓸 수 있고, 더 나아가 '삼성'만으로도 가능합니다. 인터넷주소는 영문도메인네임뿐 아니라 자국어주소로도 만들 수 있습니다."

나는 이렇게 말하고 실제로 시연을 해 보였다.

그런데 이게 웬일인가. 우리의 발표가 끝나고 질의응답 시간이 되었을 때 객석에 있는 전문가들 사이에서 웅성거리는 소리가 들렸다. 큰소리도 나왔다. 심지어는 그게 말이 되는 소리냐며 야단이었다.

안 그래도 바짝 긴장되어 있던 우리는 순간 너무도 당혹스러웠다. 사람들의 반응에 당황한 나는 '내가 정말 말도 안 되는 짓을 하는 것일까?' 자문하며 현기증이 날 정도로 당황하고 있었다.

바로 그때 전길남 박사가 손을 들며 자리에서 일어나서는 이렇게 말하기 시작했다.

"여러분! 여러분 가운데 혹 인터넷 기술의 5년 후를 장담할 수 있는 분이 계십니까? 그런 분이 계신다면 그분만 이들의 기술에 대해 논해 보십시오."

전길남 박사님 특유의 어법은 좌중을 사로잡아 주위의 술렁거림이 일순간에 잦아들었다. 기술의 속도가 매우 빠르게 발전하고 있다는 것은 전문가였던 그들이 더욱더 잘 알고 있었다. 그 때문에 신기술에 대한 평가를 섣불리 내려서는 안 된다는 전 박사의 일침이 제대로 먹혔던 것이다.

나는 순간 정신이 번쩍 들었다. 잘 알아듣지도 못하는 영어 질문에 위축하고 난감해 할 때 전길남 박사는 말할 수 없는 큰 힘이 되어 주었다. 그는 내 소명을 이룰 수 있도록 이끌어 주었다. 히말라야 산맥의 험난한 등반 과정을 그림자처럼 돕는 셰르파처럼 전 박사님은 자국어실명인터넷도메인네임을 향해 가는 나에게 큰 별이고 큰 스승이었다. 우리의 자국어인터넷주소(자국어실명인터넷도메인네임)와 전길남 박사와의 인연은 그렇게 깊어져 갔다.

APRICOT에서의 발표는 나에겐 신대륙을 발견한 것과도 같은 충격적인 사건이었다. 지금까지 나는 한글인터넷주소 기술을 개발한다고 뛰어다녔지만, 실상은 우물 안 개구리처럼 지내왔음을 깨닫는 계기가 되었기 때문이다. 그것은 작은 나의 세계와 넓은 세계의 경계에서 내가 얼마만큼 넓은 세상을 향해 이 기술을 만들어내야 하는지를 알게 해 준 사건이었다. 그 깨달음의 충격으로 나는 세계화를 위한 길이 얼마나 험난할지를 짐작하게 되었고 한 꺼풀씩 과거의 껍데기를 깨고 성장해 가기 시작했다. 이 사건이 없었더라면 나는 나만의 세계가 전부인 줄로 착각하면서 우물 안 세상을 살았을 것이다. 그래서 도전은 늘 두렵지만 그 경계선을 만나면 경외감이 생긴다. 그것을 넘으면 새로운 희망과 용기가 생긴다. 내가 사업을 시작하고 또 새로운 일을 시도하게 된 것도 어쩌면 그런 일들의 연속이리라. 세상에는 수많은 직업이 있고 수많은 가능성이 있다. 얻는 자는 늘 시도하는 자이며, 눈을 더 많이 뜬 자는 더 많은 경계를 넘은 자이다.

APRICOT에서의 발표는 우리의 자국어인터넷주소가 국내뿐 아니라 세계 시장에서도 가치 있는 우수 기술이 될 수 있다는 사실을 깨닫게 해준 계기가 되었고 전길남 박사님의 큰 가르침은 우리의 도전이 해볼 가치가 있음을 일깨워준 크나큰 현장 체험이 되었다. 대한민국이 전 세계 최초로 '자국어.자국어'와 '.자국어'가 없는 키워드 형태의 자국어인터넷도메인네임을 전 세계에 공식적으로 처음 선을 보였다.

이후 우리는 미국 정부의 주도로 설립된 전 세계 인터넷주소 관리 기구인 ICANN(Internet Corporation for Assigned Names and Numbers)에서 19명의 초대 위원 중 한 분으로 활동하셨던 경상현 전 정보통신부 초대 장관을 자문위원으로 모실 수 있었다. 그리고 자국어주소 기술과 글로벌 아키텍처 설계에 관해서는 한국인터넷진흥원의 NNC(Name & Number Committee) 의장을 지내고 한국인터넷진흥원 이사로 활동한 전 KAIST 문화기술 대학원 원장인 이동만 박사의 도움이 절대적이었다. 이분의 도움이 없었다면 우리의 사업은 불가능했을 것이다. 또한, 전 세계 자국어주소와 한글인터넷주소 등록정책은 한국인터넷정보센터 NNC에서 나와 함께 주소 위원으로 일했던 김기중 변호사에게 도움을 받았고, 각종 분쟁과 한글인터넷주소에 대한 법과 경제 영역에 관해서는 서울대 기술과법센터의 정상조 교수가 도움을 주셨다. DNS에 대한 조언은 건국대학교 한선영 교수와 김기천 교수, 미국 시러큐스 대학교(SyracuseUniversity)의 밀턴 뮐러(Milton L.Mueller) 교수[1] 가 직간접적으로 도움을 주셨다. 자국어실명인터넷도메인네임의 국제 표준화 작업과 관련해서는 UN ICT Task Force 위원인 가나의 니 케이놀(Nii N. Quaynor) 박사와 인터넷 통신 기술의 근간을 이룩한 '인터넷의 대부' 중 한 사람인 프랑스의 루이 앙리 푸장(Louis Henri Pouzin) 이 도움을 주셨다. 운영정책과 언어 코드 및 각종 국제 행사에서의 안내와 조언 등은 방송통신대 이영음 교수, 충남대 김대영 교수, 전남대 최덕재 교수, 부산대 김경석 교수, 숙명여대 최종원 교수 등 수많은 분이 조언을 해주셨다. 지면 관계상 모든 분을 기재할 수 없어 송구하게 생각하며 이 글을 빌어 다시 한 번 더 감사를 드린다.

이분들의 헌신적인 자문과 도움이 있었기에 오늘날 전 세계에서 시행하고 있는 '자국어.자국어'가 넷피아에 의해 최초로 발표될 수 있었고, '.자국어'가 없는 자국어실명도메인네임과 넷피아가 있게 되었다. 특히 넷피아 국제 담당 상무로 있던 천강식 박사가 큰일을 하였다. 창립 20주년이 되었지만 이분들께 달리 감사의 마음을 전할 길이 없다. 아직 못다 이룬 꿈이라 송구할 뿐이다.

IBI가 APRICOT에서 처음 발표한 rDNS(real names DNS) 기술 및 차세대 자국어인터넷주소 방식은 다음과 같다.

① 자국어.자국어.자국어 (예를 들어, 삼성.회사.한국)

② 자국어.자국어 (예를 들어, 삼성.한국)

---

1) 《Ruling the Root: Internet Governance and the Taming of Cyberspace》(MIT Press, 2002)의 저자이며, 인터넷 거버넌스 프로젝트의 창시자로 국제 인터넷주소 기구인 ICANN을 조직 하는 데 선도적인 역할을 함

③ 자국어 (예를 들어, 삼성)

ICANN에서 ②번 방식은 현재 서비스 중이고,③번은 계층형이 아닌 실명으로 ICANN에서도 아직 어떻게 진행할지 고민하는 것 같다. DNS의 핵심 기술인 BIND[2]를 개발하고 업그레이드하여 전 세계에 보급하고 있는 노미넘(Nominum)의 폴 모카페트리스(Paul Mochapetris) 회장은 ③번 방식에 대한 고민과 의견을 2014년 2월 싱가포르 APRICOT에서 일부 발표하며 해당 분야에 대한 의견을 수렴하였다. 관련 패널에는 한때 넷피아의 자문으로 있던 가나의 니 케이놀이 있었다. 나는 그 자리에서 폴 모카페트리스(Paul V. Mockapetris) 회장에게 한국에는 이미 ③번이 완성되어 있으니 ICANN에서 관심을 가져달라고 제안했다.

인터넷주소창에 기업명(실명)을 입력하는 사용자는 그 기업의 분명한 고객임을 이분들이 명확히 안다면 ICANN 차원의 ③번 진행은 더 힘을 받을 것이다. 그때가 되면 넷피아는 전 세계 모든 국가에 자국어실명인터넷도메인네임용 인터넷 자동 교환기를 공급하고 그 서비스를 운영, 대행하는 기업이 될 것이다. 100년 전 알몬 스트로우저가 개발한 전화자동교환기가 세상에 큰 변화를 가져왔듯이 실명으로 인터넷에 접속하고 실명으로 인터넷 전화도 가능한 자국어 실명 인터넷 자동교환기가 전 세계에 보급된다면, 고객과 기업이 직접 만나게 되어 경제 활성화에 큰 도움이 될 것이다. 기업명 실명을 입력하는 사용자는 그 기업의 분명한 고객이기 때문이다.

---

2) Berkeley Internet Name Domain의 약어로 IP주소가 사용하기 복잡하여 도메인네임과 연결해 주기 위해 버클리 대학교에서 만든 인터넷 네임 도메인

눈물은 쓰렸지만 그 열매는 달았다

변리사 공부를 한 경험 덕분에 나는 기술이 개발되는 즉시 특허출원을 하였다. 하지만 늘 자금 부족에 시달려 특허출원은 쉬울 리가 없었다. 관련 기술의 추가 출원은 엄두조차 나지 않을 때가 많아 이를 위해 개인 가계수표를 발행해 특허사무소에 맡긴 적도 있었다.

그토록 어렵게 특허출원에 주력하던 시절, 지금까지도 가슴 아픈 일로 남아 있는 것은 아버지의 임종을 지키지 못한 것이었다. 너무도 중요한 특허출원서의 마무리를 앞두고 정신없이 바쁘던 1998년 늦가을, 나는 고향에서 아버지가 위독하시다는 연락을 받았다. 만사를 제쳐놓고 달려가야 했지만 그러지 못했다. 그 시간을 놓치면 우리의 특허출원이 무산될 수 있었기 때문이었다.

인터넷 서비스의 특징은 언론에 노출되면 단 1주 만에 제3자가 특허를 출원할 수도 있는 상황이다. 벤처 붐이 한창이던 때라 1~2주는 후발 사업자가 특허권을 먼저 확보할 수도 있는 시간이었다. 특허권의 유무는 전체 사업의 존망과 직결될 수도 있었다. 한마디로 특허출원은 시간과의 싸움이었다. 언제 어느 곳에서 누군가가 선점할지 몰라 일 분 일 초도 지체해서는 안 되는 일이었다. 오로지 하나만을 바라보며 수년을 고생해 이룬 모든 것이 특허 때문에 하루아침에 물거품이 되어 버릴 수 있었다.

이는 선(先)출원 우선주의를 채택한 우리나라 특허시스템의 단점이기도 했다. 그 대안으로 누구든지 먼저 발명한 사실을 증명할 수만 있다면 그에게 특허권을 주는 '선(先)발명주의 시스템'에 미국처럼 '선(先)사용주의 시스템'을 우리나라의 선출원주의에 보완적으로 도입할 필요가 있다. 이는 인터넷처럼 시간을 다투는 사업 분야에서 선발명자를 보호하는 데 도움이 될 것이다. 기술개발과 사업을 진행하고 있는 기업이 특허 사냥꾼에게 아이디어를 도용당하여 불과 1~2주 후 출원자가 되면 특허를 도용한 선출원자가 특허의 주인으로 둔갑하여, 직접 해당 기술을 개발한 기업이 오히려 남의 특허를 침해하게 되는 가혹한 구조가 된다. 이것은 마치 도둑이 원주인의 자산이 자신의 것이라 공식적으로 주장할 수 있게 하는 폐단을 낳는다.

이런 이유로, 마음은 당장 고향으로 달려가서 아버지를 뵙고 싶었지만 그럴 수가 없었다. 직원들에게 그런 급박함을 내색하지 않은 채 그저 특허출원서에만 매달려 있었지만 저절로 흘러내리는 눈물을 참을 수는 없었다. 늦은 나이에 얻은 막내아들을 보고 싶어 하시는 아버지를 뒤로하고 특허에만 매달려 있으려니 죄송한 마음에 비통하기만 했다. 나를 부르는 아버지의 음성이 귓전에 들리는 것만 같았다. 늦둥이로 태어나 이렇다 할 뒷바라지도 못 해주었다며 늘 내게 마음을 쓰셨던 아버지… 사업한다고 고생하는데 도움도 주지 못한다며 늘 미안해하셨던 아버지… 그런데 이 못난 자식은 마지막까지 제 욕심만 차리고 있으니 이 불효를 그 무엇으로 갚을 수 있을지…….

머릿속에서는 '어떻게 해야 할까? 지금이라도 달려가야 하는 건 아닐까?'를 반복하는 가운데 마음속으로는 '아버지, 죄송합니다.'를 연거푸 되뇌며 나는 출원서를 마무리했다. 그 마음이 통해서였을까? 아니면 마지막 가시는 길에 이 못난 자식을 돌봐주신 아버지 덕분이었을까? 다행스럽게도 당시 출원했던 특허는 아무 문제 없이 등록되었다.

그로부터 몇 해 후 특허등록증을 받은 그 날, 나는 아버지 산소로 달려가서 아버지 앞에 등록증을 놓고 큰절로 사죄하였다.

"아버지, 꼭 우리 당대에 자국어인터넷주소를 만들어서 전 세계에 보급하겠습니다. 그래서 아버지 마지막 가시는 길 찾아뵙지 못했던 그 불효를 반드시 대신하겠습니다. 아버지 꼭 지켜봐 주십시오."

하늘도 내 마음을 알았던지 그날 아버지 산소에는 장맛비가 내렸다. 들고 간 특허증서에 얼룩이 졌다.

그런 아픔 속에서 한글인터넷주소 서비스를 위한 솔루션과 서비스를 하나둘 갖추어 나갔다. 하지만 상용화는 여전히 문제였다. 상용화에 실패하면 지금까지의 노력은 모두 허사가 되고 개발 과정에서 진 엄청난 빚을 그대로 떠안게 될 것이어서 나는 보통 고민이 아닐 수 없었다.

그런데 그 무렵 나에게는 또 한 번 기적과도 같은 일이 생겼다. 당시 케이블 방송이었던 매일경제TV(MBN)에는 방송인 이참(예전 이름 이한우) 씨가 진행하는 유망 벤처기업을 소개하고 투자자를 연결해 주는 〈벤처 투자자를 찾습니다〉라는 프로그램이 있었다. 창업보육센터에 입주해 있던 우리에게도 이 프로그램에 출연할 기회가 온 것이다. 외환위기의 긴 터널을 지나 벤처 열풍이 조금씩 일기 시작하던 1999년 초, 우리는 이 프로그램에 출연하여 '한글인터넷주소 기술과 비전'을 소개하였다. 그러자 다음날 200여 통에 가까운 투자 제안 전화가 걸려 왔다. 조여 오던 숨통이 순식간에 트이기 시작했다. 드디어 제대로 된 사업을 시작할 수 있게 된 것이다. 당시 사회자 이참 씨가 콧노래로 부른 사이먼 앤 가펑클의 〈Bridge Over Troubled Water(험한 세상 다리가 되어)〉가 지금도 귓전에 생생하다.

때마침 IBI는 정보통신부가 지정하는 우수신기술업체로 선정되면서 또 한 번의 기회를 얻을 수 있었고, 개인 엔젤 투자자들을 통해 약 3억 원의 자금을 유치할 수 있게 되었다. 그 돈은 마치 심지까지 다 타버려 꺼지기 직전인 호롱불을 다시 밝히는 기름과도 같은 자금이었다. 그 후 우리는 조금씩 언론의 주목을 받으면서 세상에 알려지게 되었다.

고비에서 만난 동지

1998년 개발 당시 제3세대 인터넷주소 시스템으로 알려졌던 우리의 한글인터넷주소 기술은 여전히 미완성 상태였다. 당시 우리에게는 숙제가 한 가지 있었다. 그것은 한글인터넷주소 시스템을 개발하기 위해 네임 서버 방식과 응용 프로그램 방식 중 어떤 기술을 선택하고 집중하느냐는 것이었다. 네임 서버 방식은 사용자가 응용프로그램을 자신의 PC에 내려받지 않아도 되는 기술이고 응용프로그램 방식은 사용자가 PC에 자신의 응용프로그램을 설치해야만 서비스가 되는 방식이다. 개발 초기에는 네임 서버 방식 서비스가 대중화의 유일한 방안이라는 데 의견을 모았지만 문제는 네임 서버 방식의 서비스를 어떻게 실현하느냐에 있었다.

네임 서버란 숫자로 된 IP주소인 인터넷도메인(영역)을 도메인네임과 연결하는 기능의 서버인데 보통 DNS라고 한다. 우리의 네임 서버 방식은 기존의 도메인네임 서버(DNS)를 확장한 기술을 통해 한글인터넷주소를 처리할 수 있다. 사용자가 자신의 PC에 특정 프로그램을 설치해야 하는 응용프로그램 방식과 달리 네임 서버 방식은 자국어인터넷주소(자국어실명인터넷도메인네임)와 도메인네임 또는 인터넷도메인인 IP주소를 연결해주는 DNS 방식이다. 따라서 더 많은 사용자 기반을 확보하려면 기존의 네임 서버를 한글주소가 지원되도록 업그레이드하는 일이 우선되어야 했다. 하지만 그것은 매우 어렵고 힘든 일이었다. 즉 네임 서버 방식의 서비스를 제공하려면 국가의 정책이나 국제표준을 먼저 만드는 것이 순서지만 현실적으로 그럴 수 없었기 때문에 시장을 먼저 선점하여 시장에 의한 표준을 만들어야 했다.

미래에 선보이게 될 어떤 획기적인 것들에 대한 정책이나 국제표준을 정부로 하여금 먼저 만들게 하는 것은 우리만의 힘으로는 할 수 없는 일이었다. 따라서 자력으로 대국민 서비스를 통해 시장을 먼저 확보해야 하는 고충이 따를 수밖에 없었다. 더구나 도메인네임의 교환기 역할을 하는 네임 서버를 한글이 가능한 네임 서버로 업그레이드하기 위해서는 주요 통신사와 대기업의 동참을 끌어내야 하는데 이는 시장을 가장 빨리 확보하는 지름길이었다. 하지만 그들에게서 호응을 끌어내는 것 또한 우리의 힘으로는 쉽지 않은 일이었다.

그런 고민 속에서 며칠을 보내던 중 문득 당시 하나로통신에 근무하던 안병균 부장(전 하나로드림 대표이사)이 떠올랐다. 1999년경 안 대표는 하나로통신을 대표하여 내가 우연히 보유하고 있던 'hanaro.com' 도메인네임을 확보하고자 우리 사무실을 찾아온 적이 있었다. 이때 나는 도메인 양도와 관련해 부르는 게 값이라고 할 정도로 유리한 입장이었지만 안 부장의 열정이 너무나 대단해 그럴 수가 없었다. 회사의 사장도 아니면서 열심히 나를 설득하는 그의 모습에 감동한 나는 아무런 대가 없이 무료로 'hanaro.com' 도메인네임을 하나로통신에 양도했다. hanaro.com 도메인은 농협 하나로마트가 의뢰한 뒤 필요 없다고 찾아가지 않은 도메인네임이다.

이런 인연으로 만나게 된 안 대표는 나에게 "언젠가 그 빚을 갚겠다."고 한 적이 있었다. 한글인터넷주소 기술은 개발되었지만 그것을 서비스할 통신사를 찾지 못한 절체절명의 순간에 불현듯 안 부장의 말이 떠올랐다. 나는 하나로통신이 마지막 기회라고 여기며 센터장으로 진급한 안병균 하나로드림 센터장을 찾아갔다. 자초지종을 설명하고 하나로통신에서 우리 기술을 설치해 달라고 요청하였지만 엔지니어의 반대가 심했다. 그러나 나는 '여기서 물러나면 끝이다'라는 생각으로 다시 한 번 안 대표에게 간절히 요청했다. 그러자 이를 너무 안쓰럽게 지켜보던 그는 직접 나서서 "테스트라도 해 보자."며 나를 대신해서 직원들을 설득하기 시작했다. 다행히 안 대표의 설득은 약효가 있었고 결국 엔지니어들은 반신반의하면서 테스트에 동의하게 되었다.

그러나 예상하지 못한 문제가 발생하였다. 하나로통신 측에서 테스트용 프로그램을 별도로 개발해 테스트에 나선 것이다. 접속량이 많아지는 환경을 만들어 과부하가 많이 걸렸을 때도 한글인터넷주소 서비스가 무리 없이 이뤄지는지를 테스트하는 것으로 이는 우리도 미처 예측하지 못한 것이었다. 난 겉으로는 자신 있다고 큰소리를 쳤지만 혹독한 테스트 과정을 보면서 내심 덜컥 겁이 났다. 혹시라도 서버가 다운되지는 않을까 염려되었다. 나는 노심초사하며 모든 테스트 과정을 지켜보았다. 여기서 실패하면 우리가 그동안 공들인 모든 수고는 물거품이 되고 마는 것이었다. 업계에는 금방 소문이 돌 것이기에 잔뜩 긴장되었다.

다행히 아슬아슬한 내 마음을 위로라도 하듯 테스트 결과는 매우 좋았다. 트래픽이 올라가며 과부하가 걸려도 무리 없이 서비스가 이루어진 것이다. 우리도 해 본 적이 없는 테스트 환경이었지만 서비스는 안정적이어서 그저 놀라울 따름이었다. 하나로통신의 테스트를 안정적으로 통과했기에 우리는 다른 통신 업체와의 거래에서도 분명히 유리한 입장일 것이라는 확신이 들었다.

그 후 하나로통신에서 한글인터넷주소 시범 서비스를 제공하게 되면서 하나로통신은 전 세계 최초로 자국어도메인네임 시범 서비스를 시행한 통신사가 되었다. 하나로통신은 현재 SK브로드밴드가 되었다. 하나로통신의 한글인터넷주소 시범 서비스를 통해 사용자가 주소창에 영문도메인이 아닌 한글을 입력해도 인터넷에 접속할 수 있는 네임 서버 방식의 한글인터넷주소 서비스가 드디어 세상에 나오게 되었다. 고비에서 만난 천운이었고 제3세대 인터넷주소가 탄생하는 서막이었다.

1999년 9월 1일 한글인터넷주소의 첫 상용화가 시작된 지 1년여 만에 기존의 도메인네임처럼 동작하는 네임 서버 방식의 본격적인 서비스는 하이텔과 하나로통신에서 동시에 진행되었다. 그리고 그로부터 6개월 만에 M사 진영과 대치하여 싸우는 우리 넷피아 방식의 한글인터넷주소 서비스에 한국통신, 데이콤 등 국내 주요 통신사(ISP) 50여 곳이 동참하게 되었다. 이로써 우리는 시장에서의 표준인 'de facto standard(사실상의 표준)'를 이룰 기반을 마련하게 되었다. 모두가 불가능하다고 했던 작은 아이디어가 넷피아 연구원들의 헌신적인 노력과 많은 분의 도움으로 시장의 새로운 기술로 받아들여지게 된 것이다. 이를 계기로 IBI는 2000년 8월, 네트워크의 유토피아를 연다는 의미의 '(주)넷피아닷컴'으로 회사 이름을 변경하며 새로운 출발을 하게 된다.

인터넷주소와 관련해 학계의 존 포스텔과 도메인네임 개척자들은 컴퓨터가 인식하는 숫자로 된 IP주소를 의미 전달이 쉬운 영문 알파벳으로 연결하는 도메인네임을 만들어 사용자가 쉽게 인터넷에 접속하게 했다. 인터넷 기술 관련 국제 표준화 기구를 설립하고 도메인네임 서버(DNS)의 국제 표준을 제정하여 전 세계 각 기업의 시스템 관리자가 스스로 도메인네임 서버를 설치하도록 한 것이다. 그리고 미국 정부가 상무성 주도로 ICANN을 만들어 이에 대한 정통성을 부여해서 특별한 교육이나 권유가 없이도 IETF 등에서 표준화 작업을 함께하게 함으로써 각 기관의 시스템 담당자가 이를 설치하도록 유도한 것이다.

1995년 도메인네임의 상용화 서비스 이후 폭발적으로 증가하는 인터넷 도메인 관리를 위해서 1998년 미국 상무성 주도로 비영리단체인 국제인터넷주소관리기구 ICANN(Internet Corportation for Assigned Names and Numbers)을 설립하였다. .com, .net, .org 같은 도메인에 대한 서비스를 제공하는 민간 기업에도 공공성을 부여해서 도메인 서비스 제공 사업은 민간이 하게 하였다.

그리하여 인터넷 서비스를 제공하는 통신사(Internet Service Provider)와 각 기업의 시스템 담당자들은 도메인네임이 작동하게 하는 네임 서버(Name Server)를 스스로 설치하였고, 해당 라인 이용자들이 숫자로 된 인터넷주소인 IP주소를 기억하지 않아도 의미 전달이 되는 영문 알파벳으로 된 도메인네임을 인터넷주소로 사용할 수 있게 하였다. 즉 주민등록번호 대신 이름만으로 그 사람을 쉽게 지칭할 수 있는 것처럼 인터넷도메인도 그렇게 설계되어 확산이 훨씬 더 쉬워졌다.

이와 마찬가지로, 한글인터넷주소 역시 기존의 영문만 통용되던 DNS를 한글(자국어) 지원 네임 서버로 업그레이드해야 했다. 그래야 기존의 영문 도메인은 물론 한글로 된 인터넷주소와 각국의 자국어인터넷주소가 가능하게 된다. 그리하여 정부와 인터넷 관련 정부 산하기관에 우리도 미국의 ICANN처럼 도메인을 관리하는 자국어주소를 관리하는 국제기구를 만들자고 제안했다. 넷피아에서 회사 매출의 10%를 지급할 테니 그 돈으로 ICANN 같은 인터넷주소 관리 기구를 설립하자는 제안이었다.

미국의 인터넷도메인네임은 학계에서 연구된 결과를 국가과학재단인 NSF(National Science Foundation)가 관장하고 그 운영을 민간 기업인 NSI(Network Solutions Inc.)에 위임한 것과 달리 한국에서는 영문도메인네임 다음의 자국어실명도메인네임을 학계의 도움을 받아 국가 예산 지원없이 민간 벤처가 개발에 성공한 것이다. 그것을 국가기관이 채택하여 국제기구를 만들고 세계화하자는 제안이었다. 넷피아가 진행한 자국어실명인터넷도메인네임은 학계와 정부가 주도하여 진행한 미국과 달리 민간 벤처기업이 국가 예산 지원을 받지 않고 만들었다. 그리고 그것을 정부와 공조하고자 하는 차세대 자국어실명도메인네임 서비스로 민간 기업이 설계하여 세계화한 전 세계적으로 유례가 없는 시도였다.

2005년경 넷피아 매출은 200억 원을 넘었으니 그 10%인 20억 원이 자국어실명인터넷도메인네임 국제 표준화 작업에 지원될 수 있었다. 정부가 예산을 만들어 미래성 있는 기업에 지원하는 것과 다른 민간이 예산을 만들어 정부와 공조하여 전 세계적 모델을 만들고자 한, 국가 예산을 절감하는 값진 모델이었다. 그런데 오히려 그것을 진흥하고 주관해야 할 한국인터넷진흥원은 .kr을 판매하며 오히려 넷피아와 경쟁하였다. 차세대 인터넷주소 체계인 자국어실명인터넷도메인네임의 정책을 우리나라에서 주관하고 세계화하자는 넷피아의 제안을 인터넷을 진흥해야 할 한국인터넷진흥원이 거절한 것이다. 단순 거절만 한 것이 아니었다. 사설이니 꼼수니 하며 정부 산하기관이 온갖 폄훼를 했다. 세계적 프로젝트를 진흥시켜도 모자랄 판에 돌을 던졌으니, 구조적으로 불가능한 일이었다. 참 안타까운 대한민국이었다.

인터넷도메인네임 서비스는 그 특성상 전 세계에 한번 구축되면 구조를 바꾸기가 쉽지 않다. 그것은 그만큼 초기에 세계 시장을 선점하면 대안 서비스가 나오기 전까지는 유지될 수밖에 없는 특징이 있다. 넷피아의 자국어실명도메인네임은 실명을 인터넷도메인네임화하는 것으로 스마트폰 시대와 입는 컴퓨팅(웨어러블 컴퓨팅) 시대에 필수적 인터넷 식별 시스템이다. 또 사물 인터넷 시대의 네이밍(사물에 이름을 붙이는 것) 필수 아이템으로 넷피아가 전 세계에서 가장 많은 특허를 보유하고 있다. 각국과 협력하여 이것을 완성하면 대한민국은 진정한 인터넷 리더국이 될 수 있는 핵심 솔루션이다. 대한민국이 전 세계 인류의 발전과 행복에 이만한 기여를 할 기회도 그리 많지 않을 것이다.

ICANN은 민간기업인 베리사인과 계약을 통해 .com, .net의 도메인을 운영하게 하고 등록되는 도메인에 대해 일정 금액의 분담금을 내게 해 ICANN의 운영 경비로 충당한다. 이처럼 우리나라도 인터넷주소를 관리하는 정부 산하기관에서 민간 정책기구를 만들어 ICANN 같은 역할을 하고 한글인터넷주소 등록비에서 일부를 거두어 운영 비용을 충당하자는 실질적이고 현실성 있는 내용이었다. 민간에서는 자금을 댈 터이니 정부 산하기관

에는 민간 국제기구를 만들게 하고 관련 정책을 맡아달라고 제안하여도 그
것을 묵살하였다. 차세대 인터넷도메인네임 탄생을 위한 정부와 민간의 역
할 분담까지 고려하여 제안하였지만, 어떤 사유인지 받아들여지지 않았다.

나는 수년간 한국인터넷정보센터에서 인터넷주소위원으로 활동한 경험
을 바탕으로 하여 전 세계 도메인이 미국의 주도로 세계화된 사례를 토대
로 정부와 민간의 역할 공조를 위해 제안한 것이었다. 실제로 ICANN은 이
와 유사한 개념으로 운영 중이며 상당한 예산으로 국제기구를 운영하고 있
고, .com, .net을 운영하는 베리사인(Verisign)은 도메인 등록개수가 무려
1억 개에 이른다. 특히, 자국어실명도메인네임은 그 확장성이 .com이나
.net보다 2~3배가 가능하며 실질적 등록 숫자는 기존 도메인 개수보다 2~3
배 이상일 수 있다.

정부가 세운 인터넷주소 관리 기구에 넷피아에서 분담금으로 매출의
10%를 부담하면 2006년의 경우 시작 첫해부터 연간 약 20억 원 정도를 정
책개발과 운영 및 국제기구 활동 등을 위한 비용으로 사용할 수 있다는 내
용이었다. 하지만 정부가 예산을 쓰지 않아도 되는 국제기구 설립에 정부
의 의지를 전혀 찾아볼 수가 없어 참으로 안타까웠다. 정부가 국가의 주인
이 아니라, 국가의 주인인 국민의 사무를 맡아보는 사무소가 바로 정부임
을 절실히 깨달았다.

인터넷주소창에 기업명을 입력하면 직접 연결되는 한글인터넷주소 서비
스는 비록 민간이 만들었지만 전화번호의 직접 연결만큼 중요하였다. 하지
만 정부가 제도적으로 도와주지 않는 상황이었다. 우리는 하는 수 없이 스
스로 미국의 ICANN 같은 국제기구를 만들고자 학계의 뜻있는 분들을 모으

기를 여러 번 시도했지만 이 또한 매번 실패하였다. 이유는 인터넷정보센터 A 원장이 모임을 방해하려 했기 때문이다. 모임에 참석하기로 약속했던 한 대학교수는 그 정부 관련 기관의 인사와 전화통화를 한 후 참석하기 곤란하니 이해해 달라는 일도 있었다. 대한민국에 찾아온 천운을 우리는 그렇게 우리 스스로 걷어차고 있었다.

나는 그때 우리나라는 아직 그런 선진 국제기구를 만들고 준비할 만큼 사고가 열려 있지 않음을 알게 되었다. 만약 우리도 관련 기구를 만들어 정부가 지혜롭게 지원을 하면 미국의 ICANN처럼 정책 개발은 해당 기구가 하고 민간은 이를 세계화하면 되는 것인데 참 이해하기 어려웠다. 이러한 자국어주소 표준화 기구가 만들어지면 해당 기구와의 계약을 통해서 더 안정적인 자국어(한글)인터넷주소서비스를 한국을 포함한 전 세계에 보급할 수 있는데, 현실은 그렇지 못해 안타깝기 그지없었다. 정부가 아무 예산 없이 정책적 결정만 하면 되는 일임에도 그것도 하지 못하였다.

대한민국이 선점한 전 세계 자국어실명인터넷도메인네임 시스템을 한국에서 세계 최초로 상용화에 성공하였고 관련 특허까지 확보하였지만, 정부로부터 원인 모를 방해만 돌아왔다. 이에 대한 근거는 해당 건이 발생할 때마다 정부 산하기관에 보낸 공문과 내용증명 등으로 현재 넷피아가 대여금고 등에 기록으로 보관하고 있다. 민간 기업이 개발한 신기술을 육성해야 할 기관이 이를 도리어 깎아내리고 그 보급을 방해하는 행태에 대항하는 유일한 방법은 나중에 그것을 입증하기 위한 사실관계증명과 억울함을 호소하는 문서 발송뿐이었다.

정부 산하기관은 한글인터넷주소가 국제표준이 아니라서 근본적인 정책 개발로 이어질 수 없다고 했지만, 한글인터넷주소의 표준은 한글의 주인인 우리나라가 만들어야 할 우리의 몫인 것이다. 어느 나라가 우리를 위해서 자기 나라 글도 아닌 한글로 인터넷주소 표준을 만들어 주겠는가? 한글인터넷주소가 국제표준이 아니라고 하더라도 그 사용 범위가 무려 1일 수천만이 넘는 범국민적 상용화 서비스라면 이는 미국의 도메인 전략처럼 정부와 기업의 역할 분담을 정립해야만 하는 국가적으로도 아주 중대한 사안임이 틀림없다.

1일 2,000만 건이 넘는 차량이 다니는 다리를 불가능을 극복하여 민간이 만들었다고 하여 그 다리를 교량으로 인정치 않는 것과 다를 바 없었다. 더 안타까운 것은 기업과 고객을 실명으로 연결하고 1일 2천만이 통행하는 편리한 인터넷 다리를 배를 운영하는 기업의 로비에 의해 다시 없애는 일에 정부가 앞장서고 있었다는 것이었다. 과연 그것이 정부와 그 산하기관의 역할이라고 할 수 있겠는가? 사람들이 그 원인이 궁금하다고 한다. 그 원인은 어찌 보면 간단하다. 바로 정부 산하기관이 .kr 도메인네임을 직접 운영하고 있기 때문이다. 넷피아는 .kr이 없는 것 예컨대, '삼성전자.kr'은 인터넷진흥원이 운영한다. 넷피아는 .kr 이 없는 기업명 그 자체인 '삼성전자'를을 운영한다. 당연히 넷피아가 운영하는 .kr이 없는 것의 등록이 훨씬 많을 수밖에 없다.

어떻게 정부와 민간 벤처가 경쟁할 수 있겠는가? 이런 경우 국제 경쟁력을 생각한다면 .kr 운영권을 민간인 넷피아에 넘겨 국가 경쟁력과 효율을 높이고 높아진 효율을 통해 창출된 수익 중 일정 부분은 정부가 기업 분담금 형태로 다시 국고에 들어가게 하는 선순환 구조를 만들어야만 한다. 그리고 정부산하기관은 관련 정책들을 인터넷 국제기구인 ICANN같이 운영하여 인터넷 선도국다운 구조를 만들어야 한다. 그것이 다른 나라에 없는 우리만의 국제 경쟁력을 높이는 가장 합리적인 구조이다.

그리고 국제기구를 통하여 우리가 개발하고 시장에서 성공한 넷피아의 자국어인터넷주소 시스템을 전 세계로 보내는 정책기구를 운영할 필요가 있다. 넷피아가 추진하는 95개국 자국어인터넷주소 시스템을 세계화해야 한다. 이것이야말로 정부의 몫이자 의무이기 때문이다. 따라서 인터넷진흥원은 좁은 한국만의 인터넷 진흥이 아니라 초연결 시대에 걸맞게 세계 각국의 인터넷 진흥으로 사업의 범위를 확대해야 한다. 마찬가지로 정부 또한 국가의 미래를 위해선 기존의 사고에서 벗어나야 한다. 60, 70년대 정부 운영 방식으로는 인터넷으로 연결된 융·복합 시대인 제4차 산업 시대의 파고를 헤쳐나갈 수 없기 때문이다.

현재 국가 예산은 너무 비효율적이고 불합리하게 운영되는 분야가 참 많은 것 같다. 비록 인터넷진흥원이 .kr을 팔아 국가 예산을 사용하지 않지만, 그것에 안주하는 것이 국가적으로 너무나 안타깝다. 준공무원 자리 보존을 위한 국가기관 운영은 시대의 패러다임을 선도할 좋은 기회를 놓치게 한다. 국가가 국운이 있어도 그것을 살리지 못하는 점은 참 아쉬운 부분이다.

4차 산업 시대에는 좌우, 진보, 보수, 노소가 따로 없다. 예를 들어, 모 회사에서 IT 관련 일을 하다가 은퇴한 사람은 누구나 은퇴 후에도 해당 국가의 IT 및 인터넷 진흥을 위한 봉사단이 되어 각국에 IT 및 인터넷을 통한 경제발전과 국가발전을 위해 기여하게 할 수 있다. 우리의 앞선 분야의 세계화를 위한 실버 글로벌 봉사단이 만들어지면 은퇴 후 삶도 즐기고 개발도상국에 우리의 경험과 노하우를 전하며 크게 기여할 수 있다.

다른 나라에는 없고 우리나라에 풍부한 것이 있다. 바로 인터넷과 컴퓨터를 잘 아는 은퇴한 50대, 60세대가 그들이다. 이분들은 향후 10~20년간 국가적으로도 매우 소중한 자산이고 인터넷이라는 혁신적인 시대에 시대적으로도 소중한 자산이라 할 수 있다. 이분들을 가칭 '세종행복누리' 회원으로 가입시켜 인터넷과 IT를 기반으로 국내는 물론 세계 각국의 경제발전을 위한 자문단으로 활용하게 하고 지금 중국이 구상하는 '일대일로(一帶一路, One Belt One Road)' 구축과도 긴밀히 협력하게 한다면 전 세계 경제발전에도 양국이 크게 기여하게 할 수 있을 것이다.

또한, 이분들은 새마을운동을 잘 알고 컴퓨터와 인터넷을 잘 알기에 개발도상국을 위한 자원봉사단으로도 손색이 없다. 세계 각국에 자신의 경험과 지식 자원을 전수하면서 보람된 삶을 살 수 있고 또 인생을 아름답게 즐길 수도 있다. 이분들이 세계 각국에 관련 네트워크를 만들면 우리의 청년들이 해당 국가에 진출할 수 있는 기반이 마련된다. 다른 나라에는 없고 한국에는 있는 컴퓨터 세대, 인터넷 세대야말로 전 세계의 4차 산업을 이끌어갈 수 있는 소중한 인적 자원이라 하겠다.

앞선 정보화와 인적 자원으로 우리는 전 세계의 4차 산업을 주도할 수 있다. 이것이야말로 전 세계에서 인터넷을 두 번째로 도입한 한국다운, 한국만이 할 수 있는 생각이다. 많은 영역에서 미국은 하는데 우리는 왜 못하겠는가?

우리가 만든 자국어인터넷주소는 인터넷 이름 체계의 기반 기술이다. 더구나 우리는 대법원 판례까지 만들어진 우리만의 운영 매뉴얼을 가지고 있다. 이러한 기반 기술과 운영 매뉴얼을 세계 각국에 보급하는 일을 할 때 좌/우, 진보/보수를 따지지 않아도 먹고살 길이 생기며, 편 가르기로 국론 분열에 열중하지 않고 세상을 유익하게 하는 데 더 힘쓸 수 있다. 이는 곧 크게 세상을 유익게 한다는 홍익인간의 정신을 실천하는 길이기도 하다.

널리 세상을 이롭게 한다는 홍익인간의 뜻은 우리를 서로 이간질하게 하는 아주 잘못된 해석이다. 홍익이라는 말은 '클 弘'과 '유익할 益'이 합해진 것으로, '유리하고 이롭다'는 의미가 아니다. 철학적으로 유리하고 이로운 것은 반드시 반대편이 생기게 마련이다. 즉 내가 유리하고 내게 이로우면 상대는 불리하고 해롭다는 의미를 내포하고 있다. (한뫼 안호상 박사는 96 세에 쓴 책을 필자에게 건네며 꼭 이것을 바로잡아 달라고 신신당부하셨다. 이 책을 통해 짧게나마 그것을 바로잡는다. 홍익인간은 '크게 세상을 유익 게 하기' 즉 윈윈(Win-Win) 정신이다.)

분열을 조장하는 홍익인간의 의미를 바로잡고 생각의 틀을 바꾸면 국론 분열을 막을 수 있고 천문학적 사회적 갈등 비용을 줄이고 효율을 높일 수 있다. 이를 통해 검찰 등 공익을 위한 특수직에서 고생하는 이들에게 그 무 거운 책임에 상응하는 급여와 수당을 지금보다 2~3배 더 지급할 수 있을 것이다. 그래야 해당 보직을 평생직장으로 삼고 정치권에 기웃거리지 않고 오로지 공익과 진실만을 위하여 본연의 업무에 집중할 수 있지 않겠는가? 퇴임 후에도 특수 직군에 있었던 사람은 공익의 수호자로서 남들과 다른 연금을 받는 등 먹고사는 일에 걱정하지 않게 하는 일, 과연 그것이 꿈같은 일일까? 그 꿈은 다름 아닌 정의로운 세상을 위한 모든 국민의 꿈이기에 그 리 불가능해 보이지도 않는다. 사람들이 정치에 유달리 민감한 이유 중 하나는 정책과 정부가 쓰는 국가 예산과 공직의 자리 때문이고, 다른 하나는 정의와 진실이 잘 지켜지지 않고 정치에 의하여 영향을 받기 때문이다. 좁은 나라에서 서로 아웅다웅하자니 원칙과 진실보다는 편 가르기가 더 우선하는 것도 넷피아의 자국어인터넷주소 같은 모델이 국내에서 성공한 후 전세계로 확산되지 못하는 이유일 것이다.

인터넷주소창에 한글로 기업명을 입력하면 도메인처럼 연결되는 이 프로젝트의 추진 과정에서 도저히 상상도 할 수 없는 일들이 많았다. 사이버 공간을 개척하는 신산업의 정책은 오직 그 원목적에 충실한 정책이어야 가장 올바른 정책이 된다. 따라서 원목적을 벗어난 그 어떤 것도 배제되어야 한다.

한글인터넷주소는 매우 편한 서비스임에도 정부 산하기관이 운영하는 도메인네임과 비교되면서 정부로부터 서자 취급을 받았다. 2003년 당시 약 90%의 국민이 인터넷주소창에서 편하게 사용한 한글인터넷주소를 2015년 현재 약 10% 정도만 겨우 사용하고 있는 것은 바로 이런 이유 때문이다.

8년이라는 긴 세월 동안 전국의 인터넷 이용자가 한글인터넷주소를 이용하였으니 한글인터넷주소는 국민에게 편리함을 제공하는 서비스임이 틀림없다. 정부의 무관심 뒤에는 늘 숨은 이권과 부당 이득을 취하는 자가 있기 마련이다. 국익을 위해 모두가 옳다고 하는 일에 정부가 침묵하거나 보이지 않는 돌을 던진다면 거기에는 반드시 무엇인가가 있기 때문이다.

주소창에 한글로 기업명을 입력하면 바로 해당 기업의 홈페이지로 연결되게 하는 서비스는 사용자에게 매우 편리한 서비스이고 기업으로서도 자신의 고객과 직접 연결된다는 점에서 유용한 서비스이다. 주소창에 한글로 여의도초등학교를 입력하면 바로 여의도 초등학교 홈페이지로 연결되고, '홍길동@성북초등학교'로 이메일 주소를 치면 바로 이메일을 보낼 수 있는 편리함이 있다. 하지만 관련 법과 정책의 부재로 이 시스템이 자리를 잡지 못해 인터넷 이용자들은 많은 불편함을 겪고 있다.

이러한 모순을 해소하기 위해서 민간에서는 스스로 한글인터넷주소의 표준화를 위해 노력하고 있지만, 그 어려움은 이만저만이 아니다. 따라서 정부 산하기관은 이제부터라도 앞장서서 하루 수천만이 넘는 인터넷 이용자의 후생과 관련된 한글인터넷주소를 살피고 관련 산업의 세계화를 통해 우리나라가 자국어인터넷주소의 종주국이 되는 데 이바지하는 정책을 마련해야 할 것이다.

우리나라에서 자국어주소를 관리하는 국제기구를 설립하면 ICANN과 협력할 수 있고 미국, 중국, 일본, 유럽 등 국제 공조를 통하여 표준화를 추진할 수 있다. 세계의 모든 네임 서버에 자국어 지원 네임 서버를 설치할 수 있게 돼 모든 사람이 편하게 자국어인터넷도메인네임으로 편하게 인터넷에 접속할 수 있다. 그리고 그것은 단순 사용자의 편리성에만 그치는 것이 아니다. 기업명을 입력하는 사용자는 바로 그 기업의 고객이기 때문이다. 그러나 해당 정부 산하기관에서는 그 설립을 의도적으로 막아 우리는 할 수 없이 시장에서 사용자 스스로 표준을 만드는 de facto standard 전략만을 선택해야 했다.

지난 15년간 한국이 전 세계를 유익케 할 멋진 솔루션으로 국제적 리더십을 발휘할 기회가 있었음에도 대한민국이 만든 기회는 그렇게 사장되고 말았다. 하지만 전 세계적 경제 위기가 지속되는 지금 우리는 또 한 번 그 리더십을 발휘할 기회를 맞고 있다. 자국어 실명 도메인인 기업명을 입력 하는 사용자는 바로 그 기업의 고객인 만큼, 자국어인터넷도메인네임은 단 순 도메인 영역만이 아니다. 21세기 경제위기의 원인은 많겠지만, 그중에서 인터넷 입구에 기업명을 입력했을 때 그 기업이 아닌 포털로 이동하는 인터 넷의 모순 구조로 인해 고객을 잃은 중소기업의 위기도 인터넷 시대 특이 한 경제 위기의 한 원인이 되었다. 이러한 경제 위기를 극복하는 데 도움이 될 솔루션이 바로 넷피아가 개발한 자국어실명도메인네임 솔루션이다. 이 솔루션은 전화의 자동 교환기처럼 기업명 입력 시 기업과 자동으로 연결해 주는 인터넷 실명 이름 자동교환 솔루션이다. 이를 통해 우리나라는 전 세 계의 중소기업이 인터넷에서 포털에 고객을 빼앗기지 않고 모든 실명도메 인네임으로 자신의 고객과 아무런 추가 비용 없이 직접 만나게 할 수 있다.

인터넷진흥원은 인터넷 산업 진흥이 그 원목적이어야 한다. 새로운 패 러다임의 시대에 관련 산업을 진흥하지 않고 선진국이 된 나라는 없다. 특히 우리나라에서 산업의 진흥은 수출에 있는 만큼 인터넷진흥원은 우 리의 앞선 모델과 산업을 전 세계 각국에 보급하는 일에 앞장서야 한다.

정부 또한 더 늦기 전에 정부 조직을 4차 산업을 이끄는 구조로 혁신해 야 한다. 대한민국에 큰 기회였으며 전 세계 인류의 발전에 기여할 수 있 었던 자국어인터넷주소를 세계화하지 못한 것에 대한 통렬한 반성은 덜 발전된 정부 조직에서 나온다. 정부 조직은 과거에 머물지 말고 미래를 위 한 구조가 되어야 한다. 융합 산업인 4차 산업을 이끌 수 있는 정부 조직 이 그 기본이다. 미국이 영문도메인을 세계화할 수 있었던 것은 바로 정부 부처 중 상무부가 관장했기 때문이다. 상무부가 아닌 다른 부처가 미국만을 위한 사용자 후생성을 추구하면서 정책을 펼쳐나갔다면 미국은 지금처럼 도메인네임의 전 세계 종주국이 될 수 없었을 것이다. 4차 산업혁명이 몰고 온 제4차 산업 시대의 흐름을 절실히 체감하는 요즈음, 하루 빨리 미국 상무부 같은 지혜로운 정부 부처를 만들고 부총리급으로 격상하여 새로운 패러다임의 전쟁에 대비해야 한다는 것은 분명 필자 한 사람만의 생각은 아닐 것이다.

미국의 한 기업이 운영하는 도메인네임은 정부산하기관이 운영하는 도메인네임보다 더 많다. 한국에서 미국 베르사인이 운영하는 .com 도메인네임은 .kr 도메인네임보다 그 등록 숫자가 월등히 많다. 그들은 전 세계에서 도메인네임을 약 1억 개나 팔았다. 다른 나라는 이렇게 하는데 전 세계에서 인터넷을 두 번째로 도입한 우리는 왜 그렇게 하지 못하는가? 현재 .kr을 운영하는 정부산하기관은 외국에 진출하지 못하지만, 그 대신 국가도메인 운영으로 얻은 노하우와 기술력, 자금력으로 실력 있는 기업에 도움을 줄 수 있다. 그리고 관련 산업체가 미국의 베리사인처럼 전세계를 상대로 사업할 수 있게 해야 한다. 미국 정부가 국제 경쟁력이 있는 건 바로 이런 점에서다. 그들이 하는데 왜 한국 정부는 할 수 없는가?

정부산하기관의 평가 기준 1순위는 관련 산업의 세계시장 점유율(세계화 비율)이어야 한다. 그리고 그것이 산하기관의 존재 이유 1순위여야 한다. 산하기관의 종류에 따라 다르겠지만 산업이 발전하면 해당 산하기관의 재원 마련도 쉬워질 수밖에 없다. 그 재원은 산하기관이 국제 경쟁력을 얻는 원천이다. 이를 통해 국민에게 돌아가는 파이가 더 커지게 해야한다. 비록 공적 부조로 운영해야 하는 산하기관일지라도 관련 산업의 세계화와 어떻게든 연동되게 하여 정부보조금으로 만든 사례들이 다른 나라에 파급될 수 있는 구조가 된다면 보조적 예산 마련으로 더 많은 지원을 하게 돼 국민은 그만큼 더 많은 복지 혜택을 누리게 된다.

정부가 가지고 있는 돈을 나누어주는 복지, 그것은 아무나 다 할 수 있다. 그 자금으로 간접적으로나마 산업을 키우고 키워진 산업은 다시 복지기금으로 선순환하는 융·복합형 복지 시스템이 4차 산업 시대의 바른 선진 복지 시스템일 것이다.

자국어인터넷주소 역시 한국전산원 산하의 네트워크정보센터 위원회(NIC Committee)에서 시작되었다. 필자는 1997년 이 위원회의 위원으로 있을 때 자국어인터넷주소 개발의 필요성을 느꼈고 그 이후 그것이 개발되었다. 한국전산원은 그 후 KRNIC과 인터넷진흥원으로 발전하였다. 한국에서 도메인네임 등록정책을 만들면서 자국어인터넷주소 기술의 필요성을 절실히 느끼게 되었고, 기존 영문도메인네임보다 더 편한 우리글 한글로 한글인터넷주소를 만들면서 95개국 자국어인터넷주소로 발전시켰다. 자국어도메인네임을 1999년 싱가포르에서 열린 국제회의인 APRICOT에서 세계 최초로 발표하였지만, 대한민국 인터넷진흥원에는 그 기록조차 가지고 있지 않다. '자국어.kr' 방식은 싱가포르 대학이 그때 같이 발표하였지만 .kr을 한글로 바꾼 즉, '기업명.한국' 방식은 넷피아(ibi)가 싱가포르 대학교보다 먼저 발표하였다. 그런데 왜 정부 산하기관은 이를 잘 알고도 기록조차 없는가? 지금 사용하는 도메인네임 다음에 올 가장 발전된 형태의 자국어도메인네임은 .(점)이 없는 형태인 자국어인터넷주소이다. 넷피아는 이를 세계 최초로 개발하였고 한때는 9개 국가에 보급하기도 하였다.

꿈 그리고 도전

2차 세계대전이 끝나게 된 것은 1945년 일본 히로시마에 원자폭탄이 투하되었기 때문이다. 원자폭탄이 아니었으면 아마도 종전에는 상당한 시간이 더 걸렸을 것이다. 그러나 만약 원자폭탄을 미국에서 일본으로 싣고 가는 비행기가 없었더라면 원자폭탄의 위력도 아무 소용이 없었을 것이다. 2차 세계대전의 종식에는 이처럼 비행기가 크게 한몫을 했으니, 불가능에 도전한 라이트 형제의 공헌은 2차 세계대전을 좀 더 빨리 종식시키는 계기가 되었다.

내가 한글인터넷주소를 연구하면서 이것을 자국어인터넷주소로 발전시키겠다고 다짐하게 된 것도 이런 연유에서다. 영문도메인을 미국이 주도해 미국이 전 세계 인터넷의 종주국이 되어 세계 인류 발전에 기여했던 것처럼, 한글로 된 인터넷주소를 세계 최초로 시도하고 각국의 자국어로 발전시켜 간다면, 우리나라 역시 전 세계에 '자국어실명인터넷도메인네임'이라는 신산업을 만든 첫 번째 사례로 손색이 없을 것으로 생각했다. 그래서 언젠가 누군가 해야 할 일이라면 지금 내가 우리 대한민국에서 해야겠다는 야심찬 결심을 하고 우리 연구원들과 함께 기존의 계층형 영문도메인에서 사용되는 루트와는 다른 키워드 형태의 한글 전용 루트를 연구하였다. 현재 95개국에서 사용할 자국어실명인터넷도메인네임의 루트를 개발할 수 있게 된 것은 그때 이후 많은 기술적 진보가 있었기 때문이다.

영문도메인을 한글도메인으로 바꾼 '삼성.회사.한국'의 형태는 길고 복잡하다는 단점이 있으므로 한글을 활용하려면 '삼성.회사.한국'과 같은 한글 도메인에서 '삼성'만 쓰는 것이 훨씬 편리하리라 생각했다. 그래서 '.한국'과 '.회사'를 떼는 연구를 시작했다.

'.kr'이나 '.jp' 같은 국가 코드 도메인은 국가를 알려 주는 표지이므로 영문 도메인에서는 필요해도, 한글을 사용하는 경우 굳이 한국이라는 국가 표기가 필요한지를 생각해 보니 쉽게 답이 나왔다. 한글은 한국어의 문자체계이므로 한글 자체에 이미 나라가 포함되어 있기 때문이다. 그리하여 우리는 한글을 한국으로 자동으로 인식하게 하는 기술을 여러 시행착오 끝에 개발하여 이 문제를 해결해냈다. '삼성.회사'만으로도 가능하게 기술을 진일보시킨 것이다. 같은 원리로 기업(.co), 연구기관(.re), 학교(.ac) 등을 의미하고 기관의 분류를 나타내는 2단계 축약 주소를 어떻게 처리할지 궁리하다가 이 역시 발상의 전환으로 간단히 해결할 수 있었다. 성균관대학교나 금오공대의 인터넷주소를 영문으로 만들 때는 'ac.kr'이라는 표기가 붙여야 하지만 한글에서는 성균관대학교, 금오공대라는 이름 속에 기관의 분류가 이미 포함되어 있으므로 대학교를 뜻하는 2단계 도메인 표시인 '.ac'를 굳이 붙이지 않아도 되는 것이다. 즉 '성균관대학교.한국', '금오공대.학교'의 방식에서 '학교'를 없애고 그냥 '성균관대학교', '금오공대'만으로 처리하는 기술만 개발하면 좀 더 간단히 실명만으로도 인터넷도메인네임이 가능해지는 것이다. 결국, 이러한 궁리 끝에 완성된 개념이 브랜드인 '기관명'만으로 인터넷주소를 사용할 수 있도록 하는 개념이었다. 그리고 그에 따른 기술과 정책 개발에 매진했다.

가장 어려웠던 것은 키워드 형태인 실명인터넷주소가 사용될 수 있는 루트를 만드는 일이었다. 기존의 계층형 주소를 단일한 키워드형 주소로 만드는 일은 기존 복선 기찻길에서 자기부상열차를 달리게 하는 것과 같아서 키워드형 한글인터넷주소를 사용할 수 있는 전용 루트 개발이 필수적이었다. 전 세계 어떤 언어든지 그 언어에 맞는 루트만 개발되면 영어권과 비영어권을 막론하고 모든 국가에서 자국어로 인터넷 접속이 가능해지는 것이다.

이것은 한국에서도 한글뿐만이 아닌 일본어, 중국어, 아랍어, 독어, 스페인어 등 전 세계 어떤 나라의 언어로도 인터넷주소가 가능하게 하는 것으로 전 세계의 모든 언어가 실명인터넷도메인네임으로 사용되는 전용 자국어인터넷도메인네임 루트를 구축하면 모든 세계인이 인터넷주소창에서 자국의 실명 언어로 인터넷에 접속할 수 있게 하는 획기적인 일이었다. 넷피아가 해당 시스템을 전 세계에 보급하면 지구촌 어디에서도 자국어로 인터넷주소를 입력할 수 있음을 의미하는 것이었다. 원리는 간단해 보였지만 기존 계층형이 아닌 실명으로 인터넷도메인네임을 작동시키는 아키텍처를 만드는 일은 결코 쉬운 일이 아니었다.

일각에서는 '한글인터넷주소 서비스'를 인터넷주소 서비스가 아닌 '키워드 서비스'라고 깎아내리는 경우도 있다. 이는 자기부상열차의 철로가 외선이라 하여 기차가 아니라고 말하는 것과 같다. 또 형태만 보고 검색 용어인 키워드와 비교하는 것은 그 뒤의 보이지 않는 부문에 어떤 철학과 기술적 사상이 탑재돼 있으며 왜 그렇게 작동하게 되는지를 전혀 이해하지 못한 탓이다. 승객을 더욱 편하고 빠르게 목적지에 도달하게 하려면 기존의 선로를 자기부상열차가 달릴 수 있는 선로로 바꿔 줄 진보된 기술이 필요하다. 원목적이 무엇인지가 중요하다. 방법은 다양하지만 최상의 방법은 원목적을 위한 길일 뿐이다.

이렇듯 한글인터넷주소도 주소창에 '삼성.회사.한국'이라는 계층적 방식에서 한 걸음 나아가 '삼성'만 입력해도 서비스가 이뤄질 수 있는 새로운 방식의 키워드형 인터넷주소 전용 루트를 수많은 우여곡절 끝에 구축할 수 있었다. 한글뿐 아니라 전 세계 모든 문자로 그것도 실명으로 인터넷도메인네임이 가능한 실명 자국어 인터넷주소의 메커니즘이 넷피아 연구진들에 의해 구축된 것이다.

각 나라 언어에 맞는 루트를 만들기 위해서는 해당 언어를 사용하는 자국민을 섭외하여 일일이 각국의 언어로 된 중요 사이트의 데이터베이스를 구축해야 했다. 그러나 우리는 언어 전문가가 없었기에 한 나라 언어도 아닌 수십, 수백 개나 되는 각 나라의 언어로 된 데이터베이스 구축에 만만치 않은 시간과 돈을 투입해야 했다.

정부 지원 자금은 많지만, 정부 자금을 받아 쓰는 재주가 우리는 별로 없었다. 우리 같은 벤처를 위해 스스로 움직이는 공직 시스템이 있으면 좋겠다. 공무원이 기업체와 가까우면 그 원목적은 어디론가 가버리고 색안경만 보이는 세상이라 모든 것을 우리 스스로 해야만 했다. 자국어인터넷주소 전용 루트를 만든다는 것은 우주선을 만들어 직접 우주로 가려는 것처럼 불가능해 보였다. 전 세계에 언어가 몇 개나 있는지조차도 몰랐고, 각 나라에서는 어떤 언어를 사용하며 그 언어를 어떻게 기술과 접목할지에 대한 기초 상식도 없었다. 기술적인 문제라면 어떻게든 해결해 보겠지만 아무리 생각해도 도무지 풀어낼 도리가 없는 난관이었다.

그러던 중 2001년 IT 기업들을 위해 서울산업진흥재단에서 주관한 폴란드, 덴마크, 오스트리아 3개국 투자 유치 설명회에 참석하여 현지에 가보니 코트라(KOTRA)의 해외무역관이 있었다. 이곳에서 나는 코트라는 우리나라 기업들이 전 세계에 진출하는 것을 도와주는 산업통상자원부 산하기관임을 알게 되었다. 참 놀라웠다. 우리는 외국 각지에 진출해 있는 코트라 해외무역관 인프라를 적극적으로 활용하기로 마음 먹었다. 외국에 이렇게 멋진 기관이 있는 줄도 모르고 각국의 언어를 어떻게 데이터로 만들어 자국어실명인터넷도메인네임을 테스트할 수 있을지 고민만 하였던 것이다. 그리고 모든 언어가 동시에 작동하는 자국어실명인터넷도메인네임 아키텍처를 어떻게 설계해야 할지 고민만 하였는데, 이렇게 멋진 정부 산하기관이 있다는 것에 감동하여 눈물이 나올 지경이었다.

그동안 넷피아가 차세대 도메인네임 사업을 하며 유사한 도메인을 직접 공급하는 정부 산하기관인 한국인터넷정보센터로부터 아무런 이유 없이 받은 설움과 비교하면 코트라는 기업을 위한 꿈의 기관 같았다. 직접 외국을 다니면서 각국의 언어와 각국의 현지어로 된 기관명과 기업명, 자국어주소를 수집하는 것은 우리로서는 불가능에 가까웠으므로 코트라 해외무역관은 마치 우리의 사업을 위해 준비해둔 거대한 기관처럼 보였다.

코트라를 통해 각 나라의 해외무역관을 접촉한 후 자국어인터넷주소 서비스가 가능한 국가에 대한 정보를 하나둘 확보해 나갔다. 2003년 여름 드디어 95개 국가의 자국어인터넷주소용 글로벌 기본 구조(Native and National Language Real Name Internet Domain Name Global Architecture)를 구축할 수 있게 되었다. 사실 이는 넷피아 같은 작은 벤처기업이 시도하기엔 너무도 벅찬 일이었다. 당시 정부에는 수천억 원의 지원 자금이 있었지만, 우리는 그것을 어떻게 신청하는지도 몰랐다. 설사 알았다고 해도 관련 주무 기관인 한국인터넷정보센터의 A 원장이 "넷피아의 기술은 봉이 김선달이다. 아무 기술도 아니다."라고 폄하하고 시기하였으므로 쉽지 않은 일이었을 것이다. 게다가 당시 일부 전문가들은 우리의 시도가 무모하다며 우리를 사기꾼처럼 취급하기도 했다. 전 세계 자국어주소를 위한 루트를 표준화하고 기술을 선점하는 것은 전 세계 자국어도메인네임 시장을 장악하는 실로 엄청난 일이었다. 국익을 위해서라도 나는 이 일을 절대로 포기할 수 없었다.

놀랍게도 우리의 끊임없는 연구와 노력을 알아주는 정부기관이 나오기 시작했다. 바로 산업자원부였다. 코트라를 통해 보고를 받았는지는 잘 모르겠지만 산자부에서 선정한 세계 초일류 기업에 우리 넷피아도 한 분과로 인정되어 선정이 되었다. 미국이 ICANN이라는 국제기구를 관장한 곳도 바로 통상산업부이듯이 글로벌 경쟁력을 위한 노력이 무엇인지 글로벌하게 눈을 뜬 부서의 생각과 사고는 그렇지 않은 부서와 달랐다. 그 후 주무 기관인 정보통신부에서도 정보통신부 장관상으로 우리의 노력을 지원하여 주었다.

일의 진척이 이쯤에 이르자 나는 사업가로서 돈을 벌겠다는 목표도 물론 있었지만, 장인정신으로 수천수만 번 도전해서라도 전 세계 자국어인터넷주소 루트를 반드시 우리의 손으로 구축해내고야 말겠다는 생각뿐이었다.

다행히도 개발진들은 관련 기술 개발에 몰입하였고, 한글인터넷주소 외에 다른 나라 언어의 서비스에도 자신감을 보였다. 그리하여 하나둘 구축한 자국어인터넷주소 루트가 무려 95개 국가로 늘어났다. 하지만 나는 연구원들의 보고를 완벽하게 믿을 수는 없었다. 실제 현장에서 잘 작동하는지를 직접 눈으로 보지 못지 않고서는 불안감을 떨쳐버릴 수가 없었다. 우리끼리 자신한다고 해서 될 일도 아니었고 무엇보다도 실제 사용해야 할 일반 이용자들의 검증을 받아야만 안심할 수가 있었다. 그렇다고 95개나 되는 언어를 확인하고자 95개 국가를 일일이 찾아다닐 수도 없는 노릇이었다. 어떻게 할까, 어떻게 하면 95개국 사람들을 만날 수 있을까, 어떻게 하면 95개국 사람들을 한자리에 모이게 할 수 있을까……. 이런 고민을 하고 있을 때, 마침 전 세계 대학생들이 모이는 2003 하계 유니버시아드 대회가 대구에서 열릴 예정이라는 기사가 눈에 들어왔다.

"그래! 바로 이거야. 여기서 한번 실제 테스트를 해 보자!"

"각국에서 모인 외국인들이 자국어로 인터넷에 접속해 보도록 시범 서비스를 할 수 있다면 이것이야말로 완벽한 검증이 될 수 있을 거야."

국제 사업부 노은천 이사(당시 팀장)에게 대구 하계 유니버시아드 대회 때 자국어실명인터넷도메인네임을 각국 사람을 통해 직접 테스트해보자고 지시하였다. 노은천 이사는 곧바로 대구로 내려갔다. 대회장에 도착해서 KT의 도움으로 마련된 인터넷 카페에서 자국어도메인네임 안내 홍보물을 걸고 각국의 외국인에게 인터넷주소창에서 각국의 자국어 서비스를 이용해 보기를 권하였다.

그러나 문제는 또 있었다. 그렇게 고민하던 각국 사람들은 한자리에서 만났지만 막상 이들이 사용할 각국어용 자판이 없었다. 우리는 하는 수 없이 인터넷에서 각국의 자판 프로그램을 내려받아 인쇄하여 한글/영문 자판에 붙였다. 그리고 이렇게 급조된 자판을 각국 사람들에게 사용하도록 권했다.

　그들에게도 인터넷주소는 영어라는 생각밖에 없던 시대에 인터넷주소를 평소 익숙한 자국의 언어로 입력하여 해당 홈페이지를 볼 수 있다는 사실은 무척 경이롭고 흥미진진한 일로 받아들여졌다. 이용해 보는 사람마다 연신 감탄을 쏟아내는 것을 보고 나는 우리의 노력이 전혀 헛되지 않았음을 직감했고 무엇보다 넷피아 연구원들에게 많은 고마움을 느꼈다. 나도 모르게 눈물이 고였다. 드디어 우리가 전 세계 각국의 언어로 인터넷에 접근하게 하는 '자국어인터넷주소'라는 거대한 다리를 전 세계에 놓을 수 있게 된 것이다. 그것도 무려 95개국이나 되는 자국어인터넷주소로!

2003 대구 유니버시아드 대회에서 자국어인터넷주소로 인터넷을 이용하는 모습

제3장

시련을 이기며 자존심을 지키다

기업의 이름을 입력하는 사용자는 그 기업의 고유 고객이다. 그런데 이것을 포털과 브라우저 제작사가 도메인네임이 아닌 검색용 키워드라고 지속적으로 왜곡하고 있고 그 피해는 고스란히 수백만의 중소기업에 돌아가고 있다. 수많은 기업이 힘들여 확보한 고객을 21세기 최고의 도구인 인터넷을 통해 포털에 빼앗긴다.

자국어실명도메인네임 루트를 확보하라!

1997년경 미국의 대통령과 부통령이 정부 차원에서 직접 영문도메인 루트를 확보하고자 초기 인터넷 루트를 설계한 대학교수와 인터넷 전쟁을 벌였던 일을 조금 소개하고자 한다. 관련 자료는 사이버 세계를 조종하는 『인터넷 권력전쟁』이라는 책(잭 골드스미스, 팀 우 공저-송연석 옮김)에 잘 나와 있다. "1997년 이코노미스트는 '만약 인터넷에 신이 있다면 그것은 존 포스텔 일 것이다.'라는 기사를 싣기도 했다."고 이 책은 소개한다. 이 책 제3장의 인터넷 창조주 존 포스텔 편을 읽어보면, 인터넷 네이밍의 중요성과 그 구조 그리고 그동안 한국의 작은 벤처회사 넷피아가 무엇을 하였고 초기 10여 년간 어떤 그림을 그렸으며 그 꿈을 포기하지 않고 왜 그토록 힘든 싸움을 할 수밖에 없었는지를 짐작할 수 있을 것이다. 또한, 넷피아가 미래 웨어러블 컴퓨팅 시대, IOT(Internet of Things) 시대에 인터넷 네이밍 분야에서 세계 인류와 인터넷의 미래를 위해서 무엇을 준비하였고 어째서 이런 기업을 대한민국의 한 검사가 그토록 잔인하게 압수하며 회사를 다시 일어설 수 없도록 만들었는지를 조금은 이해할 수 있을 것이다.

넷피아가 당시 검찰의 압수 수색 이후 수사에 소극적으로 대응할 수밖에 없었던 것은 압수 수색이라는 이 사건이 단순한 한 정치검사의 오해에서 비롯된 것이 아님을 너무도 잘 알기 때문이었다.

국익이 걸린 초미의 사안에 대해 초기 인터넷진흥원 A 원장은 넷피아에 대한 지속적인 폄훼와 글로벌 기업인 한국 지사 편들기 등 이해하기 어려운 부분이 한둘이 아니었다. 검찰의 압수 수색은 M사 등 액티브X를 통하여 넷피아의 글로벌 서비스를 허물고자 하는 부당한 세력이 그 대상이지 넷피아가 그 대상이 아님을 우리는 너무나 잘 알고 있었다. 그런데 검찰의 압수 수색 대상은 남의 고객을 탈취한 그들이 아니라 우리임을 알고 나는 큰 충격을 받았다.

언제부터인가 우리나라에선 기업의 수출 성과와 그에 준하는 성과가 공무원의 승진 기준이 아니었다. 인터넷 진흥이라는 말뜻 자체는 인터넷 환경을 북돋워 국부를 창출하고 국민의 복리를 증진하는 데 그 원래의 목적이 있을 것이다. 60~80년대는 국가 최고의 목표가 수출을 통한 달러 벌기였지만 이제 그런 개념은 공직 사회에서 찾아보기 쉽지 않다. 물론 수출을 관장하는 부서는 그것이 주 업무이겠지만 다른 부서는 수출과 달러 벌기와는 거리가 참 먼 것 같다. 비록 주 업무야 당연히 있겠지만 그래도 관련 산업의 진흥과 관계된 일은 모든 공무원의 업무 범주에서 중요한 부분이 되어야 한다고 본다. 사람이 살아가는 일 중에서 먹고사는 일만큼 중요한 일은 없기 때문이다. 국가가 투자한 모든 예산은 1차적으로 주목적에 투자되겠지만, 할 수 있다면 2차, 3차적으로 그것을 산업화와 연계된 가치 창조적 업무로 발전시켜야 중장기적으로 선순환 구조의 발전 모델이 마련될 것이다. 그래서인지 글로벌, 수출 등의 단어가 공직 사회에서 그렇게 중요한 키워드가 아니다. 아마도 우리도 모르게 등 따뜻하고 배부른 상황에 오늘의 공직 사회가 놓여 있는 게 아닌가 싶다.

불가능해 보이는 분야에 도전하여 장인정신으로 열심히 그 분야를 개척하면 누군가 지켜주고 보호해 줄 것이라고 믿었던 순진한 사회 초년생인 나에게 검사의 압수는 세상살이가 그리 단순한 것이 아니라는 큰 교훈을 주었고 나를 비로소 철들게 해준 충격적인 사건이었다. 그렇지만 왜 그렇게 앉아서 당할 수밖에 없었는지에 대해서는 또 다른 이유가 있었다. 나를 돕고 넷피아를 돕는 수많은 사람이 보이지 않는 피해를 계속 입고 있음을 알았기 때문이었다.

국익이 걸려 있고 큰 이권이 있는 곳에서는 보이지 않는 세력이 청와대의 인사에 영향력을 미치고 있음을 깨달았다. 그리고 모든 정부 부처에 네트워크를 관리하는 세력이 있음도 느껴졌다. 우리가 하는 일이 얼마나 소중하고 중요한 것일지를 나를 만나는 사람은 좀 더 잘 알 수 있지만, 그렇지 않은 사람은 그것이 무엇인지를 전혀 알 수 없는 구조였기에 그 피해는 참혹하였다.

폭풍이 불 때는 조용히 엎드려 있는 것도 하나의 지혜일 수 있다고 생각하며 검사의 압수 이후에는 가능한 한 조용히 지냈다. 억울한 일을 당했을 때 그 억울함을 밝히려 이리저리 뛰어다니며 도와 달라고 하소연하는 행동은 자칫 돕고자 하는 사람들마저 보이지 않는 불이익을 당하게 하거나 위험에 빠지게 할 수 있었으므로, 나는 그저 조용히 기록하며 지켜보고만 있었다. 진실이 지연과 학연에 의해 왜곡되면 국가의 공권력은 적국의 군사력보다 더 무섭기 때문이었다. 그래서 기록을 남겨 진-위(眞-僞), 선-악(善-惡), 미-추(美-醜)를 밝힐 수 있게 하여 후세의 평가를 받고자 하였다. 개정판부터는 영문으로 번역되어 세계 각국에 보급될 예정이다. 산업현장에서 있었던 일들, 정부와 검찰 법원 등에서 있었던 일들은 누군가 기록을 남겨야 한다. 그 기록으로 때론 불편한 분들이 있어도 기록에 책임을 지는 자세로 임할 때 그 기록은 산업과 정부, 검찰, 법원 등 모든 기관의 경쟁력 향상의 지침이 될 수 있기 때문이다.

한번은 우연히 알게 된 법원 출신의 모 변호사가 안타까워하며 그럼 왜 소송 등을 하지 않았느냐고 물었다.

나의 대답은 단순했다.

"관폐로 악화가 양화를 구축한 한국에서 무슨 희망이 있어 소송을 하며 마지막 남은 소중한 에너지마저 다 쓰겠습니까? 겨우 얻은 목숨인데 또 한 번 더 심신을 망가뜨리는 일은 하고 싶지 않습니다."

창조적 첨단 영역에서 세계 시장을 향해 고군분투하는 창업벤처의 비즈니스 현장에서 우리가 의논할 곳은 정부부처 그 어디에도 없었다. 사안의 중대성이 그만큼 컸던 탓에 장관직을 걸고 용기 있게 추진할 장관을 만나지 못했다. 중요한 것은 해당 사안에 대한 주무 부처가 넷피아와 사업적으로 경쟁 관계에 있던 한국인터넷진흥원이라는 것이다. 그러다 보니 제대로 된 바른 보고가 전달될 리 만무했다. 초미의 국익이 걸린 이슈임을 장관이 알아도 여론이 없으면 어느 장관도 앞장서 주지 않았다. 대한민국은 그만큼 여론정치에 민감한 국가이다. 국익이 걸린 민감한 사안은 여론이 들썩이면 안 된다. 글로벌 비즈니스 현장에서 한 국가의 뉴스는 즉시 전 세계로 전송되기 때문이다.

정보화 시대인 인터넷 시대에는 방금 나온 뉴스를 전 세계에 전달하는 데 소요되는 시간은 1초면 충분하다. 더구나 그것이 글로벌 기업과 대기업의 이권과 연결되어 있으면 여론을 형성하기란 쉽지 않다. 뜻있는 수많은 언론사와 용기 있고 정직한 언론사가 많지만 대기업의 광고비 앞에서는 작아진다. 우리나라 언론사는 대기업의 광고에 상당 부분 의존하고 있기 때문이다. 우리나라 언론사 중에서 대기업이 후원해 주지 않아도 자비로 외국 현지 취재활동을 지원할 언론사는 대한민국에 몇 되지 않기 때문이다.

창업벤처가 아무리 혁신적이고 창조적인 모델을 만들어도 그것이 글로벌 기업의 이권과 연결되어 있으면, 국가적으로 초미의 관심거리가 되는 사안이라 할지라도 국익을 위하여 자신을 희생하며 정책을 추진해 나갈 수 있게 하는 국가 행정 시스템은 아직은 가동되지 않고 있는 것으로 보인다. 용기 있고 소신 있는 정직한 공무원이 외부 간섭을 받지 않고 신분을 보호받으며 국가의 미래 먹거리를 찾고 발굴하고 기획하고 추진할 그런 시스템은 대한민국 정부에서 찾아보기 어려웠다. 그런 공무원이 없는 것이 아니라 그런 공무원이 있어도 해당 공무원이 기획하여 보고하고 승인을 받으면 담당 공무원 2~3명이 한 팀이 되어 세계적 기업이 될 수 있는 아이템을 지원하고 행정적 영역을 도맡아 처리하며 각종 공격으로부터 오해가 없게 하여 국내외적으로 이슈가 생기지 않게 지원할 행정 특별 팀 같은 프로그램이 없기 때문이었다. 혹시 이슈가 될 수 있는 사안이라 할지라도 WTO 등 국제적 이슈로 부각되지 않는 범위 내에서 지혜롭게 하면 된다. 어느 나라나 중소기업 육성은 각국의 초미의 관심거리이다. 문제 되지 않는 범위에서 지원하고 설령 문제가 되면 함께 풀기 위해서 그 자리가 있는 것이다. 그런 공개적 전담팀이 없으니 지연과 학연에 얽혀 비공개적 팀이 만들어진다. 그리고 선발 업체가 이룬 것 뺏기를 하거나 흠집 내기 등을 하며 시장 논리라며 보이지 않는 지연과 학연을 배경으로 하여 행정력을 동원한다. 악화가 양화를 구축하기가 쉬운 대한민국이다. 이런 전근대적 구조는 M&A가 잘 이루어지지 않게 하는 이유가 된다. 업계에서는 서로서로 너무나 잘 알기 때문이다. 21세기 새로운 산업의 태동기에 우리는 전 세계를 석권할 수 있는 아이디어와 기술력이 있어도 그런 지혜 있는 정부를 만나지 못하여 각 영역에서 세계적 인터넷 기업 하나 제대로 만들지 못했다.

참 아쉬운 지난 20년이다. 우리는 산업기에 과거 우리 정부가 무엇을 어떻게 하여 산업화에 성공하였는지 되돌아보고 배울 필요가 있다. 지금 중국 정부는 참 현명한 정책을 펴고 있다. 이웃 중국이 우리에게서 산업 정책을 배웠지만, 21세기 사이버 산업 정책은 우리가 중국에서 배워야 한다. 북한과 남한은 6·25 전쟁 후 비슷한 시기에 산업 부흥 정책을 폈다. 북한의 산업 정책은 분야별 몰아주기 정책이 아닌 공산주의답게 골고루 나누어주기였다. 지금의 대한민국 벤처 정책과 비슷하다. 그러나 남한은 그렇게 하면 국제적 경쟁력을 확보할 수 없다고 보고 각 산업의 대표 주자에게 몰아주기 정책을 폈다. 그래서 오늘의 대기업이 탄생했다. 오늘의 대한민국 대기업이 왜 공공성과 공익성에 대해 책임이 큰지, 왜 국민의 은혜를 받은 국민의 기업인지 분명히 알아야 하는 대목이다.

지난 20년간 우리의 벤처 정책은 새로운 산업 분야별로 대표 주자를 발굴하여 세계적 일류 기업으로 육성하는 것과는 거리가 먼 정책이었다. 그래서인지는 몰라도 지난 20년간 정부가 투입한 자금은 천문학적인 자금이었지만, 성과는 너무나 초라하다. 정부의 벤처 육성 덕택에 세계적 아이디어는 대부분 대한민국에서 나왔고 대한민국에서 첫선을 보인 것이 많다. 그러나 20년이 지난 지금 대한민국엔 글로벌 외국계 기업 한국 지사만 수두룩하다. 한국에서 최고인 인터넷 기업들이 외국으로 인수 합병되어 한국 정부의 정책으로 탄생한 대표 인터넷 기업들이 외국 기업의 한국 지사로만 남았다. 기업이 성장하여 인수 합병되는 것은 장려할 사항이지만, 국가적으로는 외국계 한국 지사장만 수두룩하게 장려할 이유는 없다. 특히, 21세기 사이버 공간이라는 새로운 분야에 세계를 대표하는 한국 기업이 없고 한국 지사는 많은 것은 지난 20여 년간 정부 정책이 산업시대 정책에 전략적으로 크게 미치지 못했음을 입증한다.

그러나 아직도 늦지 않았다. 정부는 사이버 산업 사회의 강자로 떠오른 중국에 미래 정책 개발을 위한 인재를 파견해야 한다. 비행기로 1시간 30분밖에 안 되는 가까운 나라이므로 오가는 데도 큰 문제가 없다. 그리고 한국의 창조성과 중국의 마케팅력으로 세계 시장을 함께 이끌어 나갈 챔피언을 산업 분야별로 발굴해야 한다. 정부는 전 세계 시장이라는 규모에 걸맞은 국가 산업 전략으로 분야별 세계적 ICT 기업을 만들어야 한다. 더 이상 예산 나눠먹기식으로는 세계적 챔피언을 만들 수 없다. 중국 정부와 우리 정부가 함께 산업 분야별로 경쟁력 있는 미래 기업을 육성해야 한다. 중국은 시장과 마케팅, 자금력이 우리보다 월등히 크다. 중국 정부의 용기와 배짱 또한 두둑하다. 그리고 지금 우리를 필요로 한다. 그러니 배우고 함께해야 한다. 다행히 문화에서도 비슷한 부분이 많다. 한국은 아직 중국에 없는 많은 강점이 있다. 더는 지체해서는 안 될 이유다.

지난 산업 시대의 '하지 않으면 죽는다.'는 각오는 언제부터인가 공직 사회에서 사라진 것처럼 보인다. 오히려 각 당과 정치권을 향한 치열함에 상식을 뛰어넘는 이해할 수 없는 행정 사례를 더 쉽게 볼 수 있다. 무엇이 대한민국 공직자의 영혼을 빼앗아갔을까? 성숙한 성과 위주의 시스템보다는 인기 위주의 시스템이 더 잘 작동하고 있는 것 같다.

경제 활성화 등 국가적으로 중요한 사안은 실패할 가능성이 크다. 그것을 지원하였다가 기업이 실패하면 비난의 화살은 공무원에게 돌아가기 때문이다. 그래서 국가적으로 가치 있는 일은 주요 재단법인이나 정치와 관계없는 국가미래위원회 등에서 보이지 않게 후원해 주어야 한다. 그리고 그것을 발굴하고 지원하는 용기 있는 공무원 역시 보호해 주어야 한다. 비록 기업이 실패하더라도 그것을 발굴하고 돕고 지원한 공무원은 이미 그것을 통해 상당히 많은 것을 학습했다고 볼 수 있으므로 이를 높이 살 수 있는 평가 시스템이 절실히 필요한 것이다.

'내 편이 아니면 적'으로 여기는 현재의 이분법적 국가 시스템으로는 혁신적 모델을 키우기 어렵다. 지금의 산업 기반을 마련한 박정희 대통령이 위대하다고 보는 이유는 역설적으로 반대급부가 극심했던 장기 집권을 했기 때문이다. 정치적으로는 아쉬움이 있지만 정책적으로는 10년 이상의 일관된 정책으로 산업의 자생력을 갖게 하는 소중한 필수 생존 기간이 확보되었고, 우리 기업들이 국가적 산업 경쟁력을 흔들림 없이 갖출 수 있었다. 그 덕택에 산업의 토대를 세우는 글로벌 기업을 분야별로 만들 수 있었기에 대한민국이 지금처럼 성장한 것이다. 지금의 러시아가 정치적으로 박정희 대통령 모델로 새로운 러시아로 도약하고 있고, 지금의 중국이 1당 체제로 정치적 안정을 통해 국가적 혼선을 줄이고 산업의 경쟁력을 갖추어 4차 산업의 주도권을 쥐기 위한 사이버 공간 일류 국가 건설에 매진하고 있다. 이를 미루어볼 때 새로운 산업의 출현기에 정책적 연속성이 있을 때는 영혼 없는 공무원이 나올 수 없을 것 같다. 실패자가 자주 찾는 핑계의 노예가 되지 않으려면 성공자가 즐기는 방법의 주인이 되어야 한다.

지금의 주요 기업들이 글로벌 경쟁력을 갖출 수 있었던 것은 박정희 대통령 시절 대통령을 중심으로 국가 공무원이 소신껏 일관된 국사를 볼 수 있게 하는 국가 사회 시스템이 존재했기 때문이다. 그 덕분에 인공위성의 지구 중력 탈출 속도처럼 지금의 대기업은 정치적 중력이나 다른 위협을 스스로 극복할 수 있는 안전 궤도에 진입하여 나라의 근본 근간을 책임지고 있다. 산업 시대에 정부는 공무원에게 잘 사는 나라를 만드는 데 보람을 느끼고 이를 영광으로 여기며 살아가도록 하였다. 공무원이 세계적 감각이 없으면 세계적 기업은 절대 나올 수 없다. 그만큼 해당 분야 공무원들은 글로벌이 무엇인지를 잘 알고 있었고 글로벌 경쟁에서 살아남는 법을 관련 부서에서 사무관 시절부터 체험할 수 있었다. 우리나라가 이처럼 성공적인 산업화를 이룰 수 있었던 것은 비전 있는 공무원들이 과장, 국장, 실장, 차관 그리고 장관이 되어 더 크고 바른 정책을 펼 수 있었기 때문이다.

지금의 국가 행정 시스템은 모든 사무관을 수출 부서나 코트라 등 산업 현장에 먼저 근무하게 하여 그 실적으로 승진하게 하거나 자기가 원하는 부서에 근무하게 하는 시스템으로 바꿀 필요가 있다. 그리고 그 실적에 맞는 충분한 금전적 인센티브를 전체 부서 또는 관련 공무원이 공유하게 하여 가치 창조적, 생산적 업무 구조를 만들어 관련 분야의 단위 시간당 가치 창조 생산성을 높여 주어야 한다. 그렇게 하면 가치 창조 기업이나 수출에 매달린 중소기업 대표를 산하기관 말단보다 우습게 여기는 지금의 구조를 근본적으로 개선하는 데 큰 도움이 될 것이다. 시간만 지나면 승진하는 지금의 구조를 개선하지 않고는 창업보국, 일류국가는 요원한 것 같다.

벤처기업 3만 개를 만든 대한민국이 지금의 대기업에 준하는 글로벌 벤처기업 하나 키우지 못한 것은 바로 이런 구조적 문제가 있기 때문으로 보인다. 그리고 지금의 정치구조는 벤처기업들이 정치권에 줄을 설 수밖에 없는 구조다. 정권이 바뀌어도 정치적 입김이 미칠 수 없는 공동체적 성역이 마련되기 전에는 그 어느 중소기업도 세계적 기업으로 제대로 성장할 수 없다. 그래서 국내에서 인적 네트워크를 쌓느라 고생하기보다는 차라리 외국 시장을 개척하는 편이 훨씬 더 빠르다.

공무원의 인사이동은 잘 정비된 실적 평가 시스템이 아닌 정치권의 줄에 의해 이루어지기 때문이다. 아무리 옳고 바른 일이라도 정치권의 마음에 들지 않으면 정치권을 설득하고 또 때론 싸워서라도 그 소신을 지킬 환경이 아니기 때문이다.

청와대 비서관을 수도 없이 찾아가고 담당 국장, 실장, 차관, 장관을 수도 없이 만났지만 초미의 국가적 이권이 걸린 자국어실명도메인네임 이슈는 늘 회피 대상이었다. 5년 단임의 청와대와 행정부 일부 공무원은 국가의 미래가 매우 중요하겠지만, 사실 내면적으로는 자신의 미래가 더 현실적인 걱정거리이다. 집권 2년이 지나면 3년 후 무엇을 하여 먹고 살지 또 어느 라인에 줄을 서야 하는지를 더 많이 걱정하게 되는 구조가 지금의 행정 시스템이다. 결국은 전문성이다. 해당 공무원이 전문성이 없으면 돌아갈 곳이 없게 된다. 돌아갈 곳을 만들 수밖에 없다. 이를 되돌려 보면 선거 캠프에는 분야별로 최고의 전문가들이 포진해야 한다. 하지만 분야별 최고의 전문가는 대부분 선거 캠프 주변에는 잘 가지 않는다. 그들을 찾아 발굴하게 해야 한다. 그것이 대통령을 보좌하는 참모진의 진정한 능력이다.

공직을 수행하는 행정부 참모진에게 집권하자마자 가장 큰 고민은 퇴임 후의 현실적인 문제라고 한다. 퇴임 후 본인들의 거취에 따라 자신의 직업은 물론 가정생활과 아이들 교육이 달라진다. 그러므로 그런 환경에서는 그저 문제 되지 않는 범위가 국익의 범주가 된다. 국익을 위해 소신껏 일하는 공무원에게 미래를 보장해 주지 않는데 누가 자신과 가족을 희생하며 위험을 무릅쓰고 글로벌 사냥꾼의 표적이 되겠는가. 공무원을 탓하기 전에 그들이 퇴임 후에 국가를 위해 희생하고 노력한 만큼의 충분한 보장은 아니어도 다시 일할 수 있는 최소한의 보장은 해주어야 지금의 무사안일과 보신주의의 구조는 반복을 멈출 것이다.

넷피아와 내 집을 압수하겠다고 영장을 청구하고 법원에서 압수영장을 발급받은 검사 역시 알고 보면 피해자일 것이 분명하였다. 회사를 압수하여 직원들이 쓴 이메일, 외국 거래처와 주고받은 수많은 자료 등을 보면 이 회사가 어떤 회사인지 충분히 알고도 남을 일인데 담당 검사가 왜 직접 공판검사로까지 자청하여 나섰겠는가? 이를 통해 나는 그 검사 또한 하나의 피해자임을 직감할 수 있었다.

한때는 정치색, 지역색 때문에 이렇게까지 하는구나 하는 생각으로 그 검사를 무척이나 증오했다. 그래서 그 검사의 아버지가 사는 동네 주소까지 수소문하여 알게 되었지만 차마 대문을 두드릴 수가 없었다. 사법고시에 합격하여 검사까지 된 아들이 국가의 준엄하고 숭고한 권력을 국민으로부터 받아 지금 무슨 일을 하고 있는지를 검사의 아버지에게 고하고 아들의 잘못된 길을 바로 잡아달라고 통사정을 해보고 싶었다. 하지만 아무 영문도 모르시는 어른을 생각하며 어리석고 순진한 나 때문에 또 하나의 피해자를 만들 수는 없다는 생각이 들어 마음을 접었다. 그리고 1997년부터 2005년 10월까지 8년 넘게 전 세계 자국어인터넷도메인네임을 만들며 온갖 이해할 수 없는 일들로 힘들게 싸워온 이 나라에서 더는 희망이 없음을 통감했기 때문이기도 했다. 알고 보니 그 검사는 초기 한국인터넷진흥원 A 원장의 고향 사람이었다.

검사는 글로벌 인터넷 기업으로 급성장해 가는 넷피아의 주요 임원과 직원의 컴퓨터 50여 대의 하드디스크를 압수해 갔다. 전 세계에서 받은 거래내역과 주요 이메일 등의 자료가 들어 있는 컴퓨터 하드를 통째로 떼어 갈 때는 그만한 이유가 있었을 것이다. 그렇지 않고서야 국가 최후의 보루인 검사가 그토록 폭력적이고 잔인하게 업무를 방해할 수는 없을 것이다. 수많은 간부의 업무가 모두 중단되고 시간이 지날수록 주요 거래처와의 관계가 악화되었다. 회사의 피해가 눈덩이처럼 불어날 것을 검사가 몰랐을 리는 만무했다.

그동안 넷피아가 아무리 소리쳐 외쳐도 넷피아에 대한 사람들의 폄훼는 잦아들지 않았다. 심지어 사회적 리더와 인터넷 전문가들조차도 넷피아가 어떤 일을 하는지, 자국어인터넷도메인네임이 무엇인지 모르고 있었다. 봉이 김선달 운운하며 넷피아와 그 숨은 인터넷 장인들을 비꼬고 깔보았다. 넷피아에 대하여 조금이라도 부정적인 시각을 한 번이라도 가져본 사람들이라면 조금 전에 소개한 『인터넷 권력전쟁』 제3장을 꼭 읽어보기 바란다. 저작권 문제 때문에 이 글을 읽는 독자에게 관련 책을 통째로 옮겨 궁금함을 해소시켜 주지 못함을 매우 송구스럽게 생각한다.

넷피아에 대한 오해가 있었다면 이번 기회에 그 오해를 풀기를 바라며, 넷피아에 돌을 던졌거나 알고도 모르쇠로 일관한 적 있다면 넷피아가 그동안 어떤 일을 해 왔는지 무엇을 위해 그런 어리석은 길을 걸었는지 알고 오해를 푸는 작은 기회가 되기를 희망한다.

바쁜 삶 속에서 자기 자신과 직접 관련이 있는 일이 아닐 때 다른 기업에 대해 정확히 알게 되거나 알려는 마음의 여유를 갖기는 쉽지 않다. 넷피아에 근무한 직원들도 이것을 제대로 아는 사람들이 많지 않았다. 내부 직원과 공개적으로 깊이 있게 공유할 수 없는 부분도 있었기 때문이다. "모르는 것이 약이다."라는 말처럼 어떨 땐 모르면 업무를 진행하는 데 더 편할 수도 있다.

또 이 이야기는 너무 크고 황당하여 의구심을 살 수도 있었다. 그리고 그것이 가능하다고 스스로 믿고 그에 따른 마음으로 업무에 임할 사람도 많지 않다. 이런 이유로 회사에서는 몇몇 임원 외에는 그런 비전을 깊이 있게 공유하지 않았다. 나름은 비전을 공유하였지만 알면 다행이고 아니라도 업무에 차질이 없으면 되기 때문이었다.

임직원이 뚜렷한 비전을 가지고 업무에 임하는 것은 중요한 조직 운영방법의 하나이다. 그러나 전 세계 각국의 언어로 된 자국어인터넷도메인네임 루트를 구축하여 세계화한다는 것을 모든 임직원에게 알리기에는 사안이 너무 예민하였다. 미국의 경우 대통령과 부통령이 직접 나서서 도메인의 루트를 확보하기 위하여 무엇을 하였는지 그 중요성을 안다면 비로소 넷피아가 무엇을 하였는지를 알 수 있을 것이다.

전자적 식별 체계 중에서 전화는 전화번호로, 인터넷은 인터넷 번호로 식별한다. 다만 인터넷 번호는 그 식별체계가 복잡하여 그 대안으로 만든 것이 로마자 알파벳과 숫자 등의 조합으로 된 영문도메인네임이다. 그리고 그것의 루트는 이미 각국 정부가 알기 이전에 미국이 선점하였다. 그래서 미국이 영문도메인네임의 루트를 운영하며 영문도메인네임을 입력하는 모든 통계를 만들고 있다. 그 덕분에 미국은 전체 인터넷을 파악하고 데이터와 통계를 뽑는데 활용되는 빅데이터란 통계를 만들 수 있고 세계를 한눈에 볼 수 있는 네트워크의 핵심(코어)을 확보하고 있다.

통계는 곧 통치를 의미한다. 빅데이터를 21세기 원유에 비유하는 이유다. 미국은 1998년경부터 21세기 원유인 빅데이터 루트를 이미 확보하였다. 전 세계 인류의 관심사가 무엇인지 알 수 있는 곳이 바로 도메인네임의 루트이다.

인터넷도메인 루트는 그 외에도 인터넷의 통제를 담당한다.

인터넷 루트에 문제가 생기면 그 어떤 시스템적 장치가 있어도 인터넷 서비스는 무용지물이 된다. 도메인네임이 작동하지 않으면 각국이나 주요 기업의 수천억, 수조 원의 네트워크 시스템은 하나의 고철에 불과해진다. 그 이유는 사용자들이 그 도메인네임을 외우고 사용하기 때문이다. 사용자들이 전화번호 같은 인터넷 번호를 외우고 사용하면 도메인네임 루트의 의미는 줄어든다. 하지만 사용자들은 이미 사용 중인 도메인네임을 실생활 깊숙이 사용하고 있으므로 그것을 바꿀 수 없다. 자신이 사용하는 이메일 주소를 쉽게 바꿀 수 없는 것과 비슷하다.

만약 특정 포털의 도메인네임에 문제가 생기면 그 도메인네임에 연결된 수천만 명의 사용자들은 이메일을 사용할 수 없게 되고 그 도메인네임으로 호스팅을 받는 사용자나 블로거 등 그 도메인네임에 연결된 모든 서비스는 중단된다. 그만큼 도메인의 네임 루트는 중요하고 무서운 역할을 한다. 도메인 루트는 군사적 기밀 구역에 준하는 지역에 있다. 그만큼 도메인네임의 시스템적 장치는 단순 민간기업의 사업 범주를 벗어난 영역임이 틀림없다. 초기 인터넷이 군사 망에서 나왔듯이 지금의 인터넷 역시 그 비중이 높아지면 높아질수록 점점 더 민간의 영역에서 국가 안보적 영역으로 보호의 중대성이 높아진다.

이제는 스마트폰 시대를 넘어 입는 컴퓨터 시대가 되었다. 컴퓨터 기기의 발전은 사용자의 인터넷도메인 사용 패턴도 바꾸고 있다. 말로 하는 컴퓨터 시대에 계층형인 영문도메인네임은 많은 한계가 있다. 말로 입력하는 시대는 실명으로 입력하는 게 훨씬 더 편하다. 스마트폰에서 말로 검색하고 말로 문자를 보내는 넷피아(Network Utopia)의 시대가 되었다. 넷피아가 1997년부터 준비한 자국어실명인터넷도메인네임 시대가 스마트폰과 함께 이미 도래한 것이다. 이제 전 세계 각국의 인터넷 이용자들은 각국의 자국어 실명으로 인터넷에 접속하는 것이 영문도메인네임으로 할 때보다 더 편한 시대가 되었다. 인터넷 사용자들은 도메인네임보다 실명을 입력하는 것이 더 자유롭다. 일명 키워드로 통하는 입력어는 대부분 실명과 일반명사(검색어)이다. 이것을 인터넷주소창에서 자국어인터넷도메인네임으로 만드는 기술을 넷피아가 이미 완성하였다. 관련 보유 특허만 100여 건이 넘는다.

1997~1998년경 미국 정부가 확보한 빅데이터를 가능하게 하는 도메인네임 루트가 미국에만 있는 것이 아니었다. 놀랍게도 사용자들은 도메인네임보다도 기업명과 검색어를 더 월등히 많이 입력한다. 인터넷에서 주소창과 검색창을 막론하고 대부분 기업명과 검색어를 입력한다. 특히 스마트폰의 작은 입력창에서는 더더욱 영문도메인네임을 입력하기 어렵다. 스마트 워치(인터넷 손목시계)에서는 키보드로 입력하는 것도 만만치 않다. 그래서 말로 입력하는 것이 훨씬 편하다. 입는 컴퓨터와 차량 인터넷에서는 키보드보다도 말로 입력하는 것이 더 편리하다. 이처럼 키워드 형태의 실명을 입력할 때 반드시 통과해야 하는 자국어실명인터넷도메인네임 루트를 전 세계 최초로 우리나라에서 설계하였고 전 세계 95개국 자국민을 대상으로 테스트 서비스까지 마쳤다.

그러나 안타깝게도 대한민국 모 검사의 넷피아 압수는 미국이 확보한 도메인 루트보다 더 가치가 있고 21세기 최대의 유전이 될 수 있는 자국어실명인터넷도메인네임 루트를 허물어 버렸다. ICANN 또는 각국 정부는 마음만 먹으면 한국에서 만든 모델을 3~4년 이내에 도입하여 서비스할 수 있을 정도로 우리의 기술력은 이미 완성 단계에 있었다. 어떤 정치인이 그 뒤에 있었는지는 모르겠지만, 단군 이래 최초이자 최대의 국가적 프로젝트가 될 기회를 한 검사가 국민이 준 공권력의 힘으로 허물어 버렸다. 진실이 왜곡되면 공권력이 적의 군사력보다 더 무서운 현장을 우리는 목격하고 체험하였다. 이미 공개적으로 서비스되는 것에 대한 진실은 엔지니어 1~2명을 불러 조사해 보면 알 수 있다. 그러나 그 검사는 그렇게 하지 않았다. 학연, 지연의 힘은 진실을 왜곡시키기 쉽다. 왜곡된 진실은 공권력을 악마보다 더 무섭게 만든다.

동질이 아니면 이질만이 있는 것이 아니다. 그 속에는 수많은 종류의 다른 질이 있다. 오늘의 대한민국, 왜 우리는 동질과 이질의 이분법에 우리의 양심을 팔아야 할까? 동질이 아니면 공직의 자리를 만들 수 없는 대한민국인가? 공직의 자리는 동질을 보호하는 파수꾼인가? 『질로 흥하고 양으로 망한다』를 쓴 주관중 선생은 쌀독의 돌은 이질이지만 콩은 이질이 아닌 타질이라고 하였다. 산업기를 거친 대한민국은 경제적 독립은 이루었지만, 분단된 남북처럼 동질이 아니면 이질이라고 생각하는 이분법적인 정신세계 속에서 타질인 콩을 합리와 상식으로 소화하지 못하여 정신적 영양실조에 걸린 것은 아닐까? 참으로 안타깝고 가슴 쓰린 사건이었다.

원목적(원래 목적)[3]이 무엇인지 그 원목적이 본인이 생각하는 상식과 접목되었을 때 합리적인지 아닌지를 판단하고 합리적이지 않으면 반드시 만나고 대화하고 토론하여 합리적 원목적을 도출하는 양심적 사회 문화를 우리는 과

---

3) 원목적(Original purpose)이란 사상과 제도와 기관이 처음 만들어질 때의 목적. 즉 원초적이고 원래적이며 원리적 목적(원시적 목적은 아니다.)을 말한다. 한편, 원목적 회귀란 원목적이라는 주쇄(Main chain)만 확실히 장악한다면 진(眞), 위(僞), 선(善), 악(惡), 미(美), 추(醜)가 분명해진다는 것을 말한다. - 주관중 -

연 만들 수 없을까? 소득 수준 2만 불이 넘는 나라에서 남을 속이지 않으면 안 되고 온갖 협잡으로 남을 밀어내지 않으면 안 되는 신물 나는 사회가 우리가 진정으로 바라는 사회일까?

기술이 이미 완성되었으니 자국어도메인네임의 상용화는 각국에서 관련 보호법만 구축되면 기술적으로는 아무 문제가 없다. 문제가 있어도 기술적 이슈는 그리 어렵지 않아 보인다. 그렇게 될 경우 자국어인터넷네임의 루트를 과연 어디에 두느냐가 매우 중요한 쟁점이 될 것이다. 모 검사의 압수로 이미 선점의 주도권을 놓친 자국어인터넷도메인네임 루트를 그것이 탄생한 대한민국에 둘 수 있을지는 의문이 든다.

지금까지의 상황으로 보아 아마도 자국어인터넷도메인네임의 루트를 확보하고자 하는 국가는 상당히 많을 것 같다. 각국에서 협업하여 복수의 루트를 두는 것도 고려해 볼 만하다.

각국에서 영문도메인네임보다도 더 영향력이 클 수밖에 없는 자국어실명도메인네임의 루트의 운영권이 초미의 관심사가 되자, 넷피아는 도메인과는 달리 자국어인터넷도메인네임의 루트는 해당 국가에 두는 것을 원칙으로 재설계했다. 초기인 2000년 초반에는 그것을 한국에 두려고 하였지만, 이제는 이미 때가 늦었다. 각국에서 그냥 그것을 내버려 둘 리 만무하고 또 각국 정부의 협조를 얻기가 어렵다. 넷피아는 기업이므로 자국어실명도메인네임 솔루션을 특허와 함께 각국 정부에 기부채납하거나 솔루션을 각국 정부가 지정한 기업에 라이선스로 판매하고자 한다.

1997~1998년 미국 정부가 인터넷도메인네임 루트의 권한을 확보하기 위하여 존 포스텔과 전쟁 아닌 전쟁을 치르고 있을 때 넷피아는 www 도메인

다음에 올 수밖에 없는 '.co.kr', '.com' 등 2단계, 1단계 도메인이 없는 기업명 그 자체만을 인터넷도메인네임으로 사용하는 인터넷도메인 네이밍 체계를 만들고 있었다. 존 포스텔이 미국 정부와의 일로 8개월 뒤 심장병으로 사망한 안타까운 일이 있은 이후에도 넷피아는 한국에서 www 도메인네임 다음에 올 실명인터넷도메인네임 프로젝트를 묵묵히 만들었다.

1999년 9월 1일 넷피아는 한국에서 한글인터넷주소라는 이름으로 전 세계 최초로 실명 자국어인터넷도메인네임의 상용화 시대를 열었다. 이로써 한글은 전 세계 최초로 로마자 알파벳이 아닌 글자로 인터넷 이름(도메인)이 된 전 세계 최초의 글자가 되었다. 그것은 한국에 한글이 있었기에 가능한 일이었다. 넷피아는 한글에 이어 중국어, 일본어, 프랑스어, 독일어, 태국어 등 95개국의 자국어 자체만으로 실명인터넷도메인네임이 될 수 있는 새로운 인터넷주소(자국어실명도메인네임) 시대를 열었다.

성공적 출발

인터넷주소창에 기업명이나 상표명을 입력할 때 직접 연결되는 한글인터넷주소 서비스가 시작된 후, 나는 이게 꿈인지 생시인지 싶어 하루에도 몇 번씩 인터넷에 접속하며 우리의 서비스를 테스트해 보았다. 한글을 입력했을 때 직접 접속되는 한글인터넷주소는 실명을 인터넷도메인(IP주소) 또는 인터넷도메인네임과 자동으로 연결해 주는 실명 인터넷 이름 자동 교환 시스템의 개발로 가능해졌다.

한동안은 우리 회사에서만 잘되고 다른 곳에서는 안 되는 것이 아닌가 싶어 일부러 곳곳의 아는 사람들에게 연락해서 한글인터넷주소 서비스를 사용해 보라고 권하기도 했다. 어느 날은 지인의 집으로 찾아가 서비스가 잘 되는지 내 눈으로 직접 확인하고 돌아온 적도 있었다. 그쯤 되니 주변의 친구들도 내가 하는 일이 어떤 것인지 조금씩은 이해해 주기 시작했다.

처음 사업을 시작할 때만 해도 인터넷 사업을 한다고 하면 '인테리어 사업'으로 알아듣거나 도메인이라고 말하면 '돌멩이'로 알아듣는 사람도 많았던 것에 비하면 지금의 상황은 아주 좋다고 볼 수 있다. 하지만 인터넷주소창에 기업명이나 상표명을 한글 또는 영어 실명[4]만으로 입력하면 직접 해

---

4) 일명 키워드라고 부르고 있으나 그것은 포털 등 검색사들의 용어로 혼동을 부를 수 있는 용어이다. 정확한 용어는 기업명/상표명으로 된 도메인 같은 계층형이 아닌 실제 이름, 즉 실명이다.

당 홈페이지로 연결되는 한글인터넷주소 서비스를 우리가 해냈다는 것을 쉽게 인정하지 않는 사람들도 많았다. 어떤 친구는 인터넷주소창에 한글로 입력해도 접속이 된다는 내 이야기를 듣고는 "웃기지 마. 한글로 쳐서 접속되는 건 내 컴퓨터가 새것이니까 그런 거야!"라고 말하기도 했다. 지금 생각해 보면 그저 웃음밖에 안 나오는 일이지만 그때만 해도 그랬다.

1999년경 한글인터넷주소 서비스는 일반인들이 쉽게 믿고 적응하기 어려운 일대의 혁명과도 같은 일이었다. 당시 언론은 비영어권 국가 최초로 단행된 한글인터넷주소 서비스를 대대적으로 보도했다. 예컨대, 청와대 홈페이지를 방문할 때 인터넷주소창에 복잡한 도메인(www.cwd.go.kr)을 입력하지 않고 단지 '청와대'라는 한글 석 자만 입력하면 청와대 웹 사이트에 접속할 수 있다는 사실이 알려지면서 사용자의 수가 조금씩 늘기 시작했다.

이렇게 세계 최초로 한글인터넷주소의 상용화를 통해 시장을 선점한 넷피아는 등록 정책을 합리적으로 수립하는 일에 무엇보다 주의를 기울였다. 우선 서비스 단계에서 있을 수 있는 여러 가지 문제점[5]을 미리 방지하는 운영정책과 시스템의 개발이 필요했다. 그리하여 이를 위해 약관에 삽입할 한 줄 한 줄의 문장에도 고민을 거듭하고 수정을 반복하며 정성을 쏟았다.

그동안 인터넷 식별 서비스는 계층형으로만 된 영문도메인네임이었는데 전 세계 최초로 계층형이 아닌 실명(예, samsung.co.kr에서 '.co.kr'이 없

---

5) 기업명을 대량으로 미리 사두고 되파는 매점매석 방지, 미풍양속을 저해하는 단어들의 등록방지, 등록할 때 법적인 고려 없이 문제를 해결하는 방안, 등록할 때는 문제가 없었지만 등록 후 서비스 변경으로 미풍양속을 저해하는 등의 문제

는 영문 'samsung'과 한글 '삼성')만으로 접속 가능한 서비스를 하게 됨에 따라 지적 재산권과 관련법 등 검토할 연구 대상이 한둘이 아니었다. 실명 인터넷 이름(자국어인터넷도메인네임)에 대한 등록정책은 단순한 서비스 운영정책이 아니다. 실명 인터넷 이름에 대한 글로벌 아키텍처를 설계하고 그 기술적 요소와 실명 사용으로 인한 법적 충돌 요소, 사용자의 사용성 요소를 동시에 소화하며 사회적 법적 문제없이 인터넷도메인네임으로 운영될 수 있게 만든 세계 최초의 글로벌 인터넷 식별 서비스 운영 정책이다.

고객이 기업명만 알면 해당 기업으로 직접 접속할 수 있는 전 세계 최초의 실명 인터넷 식별 플랫폼이었으므로 그 정책 개발은 결코 쉽지 않았다. 사용자와 기업이 모두 만족하도록 설계하여 그것을 운영정책에 녹여내는 일이라 만만치 않은 일이었다.

도메인네임은 선접수 선등록으로 운영되기에 등록 정책은 여러 가지 복합적인 문제를 낳는다. 특히, 기업의 상호와 상표는 법적으로 충돌할 문제가 있어서 그 운영 정책의 개발은 참으로 어려웠다. 그러나 실명인터넷도메인네임은 기존 도메인과는 달리 혁신적 시장 반응을 보였다. 실명도메인네임은 기업과 고객을 잇는 가장 편한 인터넷 연결 수단이었다.

기업과 고객이 만나는 방법으로는 ①고객과 기업이 각각 상대방을 직접 찾아가서 만나는 방법 ②전화로 만나는 방법 ③인터넷을 통해 만나는 방법이 있는데, 그중에서 인터넷을 통해 만나는 방법이 가장 많다.

인터넷에서 인터넷 영역을 구분 짓는 방법은 두 가지가 있다.

① **인터넷도메인(Domain)**: 인터넷 번호(IP v4, IP v6)를 통해 만나는 방법

② **인터넷도메인네임(Domain Name)**: 인터넷도메인인 인터넷 번호가 외우기 어려워 로마자 알파벳과 숫자 등의 조합에 이름을 붙인 도메인네임을 통해 만나는 방법

인터넷도메인네임의 경우 'samsung.co.kr'은 인터넷도메인(IP주소)보다는 쉽지만, 자국어로 된 실명인 '삼성'보다는 더 어렵다. 이와 달리 넷피아가 설계해 만든 자국어실명인터넷도메인네임(실명인터넷도메인 이름)은 그 사용성이 영문도메인네임보다 더 편해서 대부분의 사용자가 인터넷을 사용할 때 실명(자국어인터넷도메인네임)을 사용한다. 흔히 키워드라 부르는 검색어는 주소창이 아닌 검색창에 입력하는 단어를 말한다. 인터넷에서 기업과 고객이 만나는 방법 중 기업의 실명을 입력하여 만나는 방법이 가장 보편적이고 그 빈도수 또한 가장 높다. 사용자 또는 고객이 기업을 만나는 방법을 한 번 더 쉽게 정리하면, 아래와 같다.

① 직접 찾아가서 만나기
② 전화도메인(전화번호)으로 만나기
③ 인터넷도메인(인터넷 번호)으로 만나기
④ 인터넷도메인네임으로 만나기
⑤ 자국어인터넷도메인네임(실명)으로 만나기

이 중 ⑤번 방식이 현재 가장 많이 사용되고 있으므로 그 운영정책을 만

드는 일은 중요한 일의 하나였다. 그런데 무엇보다 가장 어려운 것은 이러한 방식에 대해 전 세계 어디서도 보고 배울 수 없다는 것이었다. 그동안 한국의 산업구조는 선진국이 만들어 둔 것을 따라 하고 추월하는 데 익숙해 있었지만, 넷피아의 글로벌 자국어인터넷도메인네임 시스템은 세계 최초로 한국에서 자국어인터넷도메인네임을 만들어 전 세계에 보급하는 시스템이자 서비스였기에 보고 배울 곳이 없어 그저 막막할 뿐이었다. 아무도 가지 않는 곳에 길을 내는 것 같았다. 경험 있는 인재가 없다는 게 가장 어려운 점이었다. 검증된 사람이 없다는 것은 그 자체로 실수와 실패를 할 가능성이 크다는 것을 의미한다. 특히 국내에서는 전 세계 인류가 사용할 보편적 소프트웨어에 대한 글로벌 아키텍처를 만든 기업이 없어 어려움이 더욱 컸다. 기존의 도메인과 같은 운영정책으로는 각국의 자국어(National or Native language)로 된 실명 인터넷 이름을 서비스하는 데 많은 문제와 한계가 있었다.

1999년 싱가포르 APRICOT에서 IBI가 세계 최초로 발표한 '자국어.자국어' 방식의 도메인네임조차도 우리가 발표한 이후 인터넷 국제기구인 ICANN에서 십 년 이상 토론하며 고민해 오고 있다. '자국어.자국어' 방식에서 뒷부분인 '.자국어'를 뺀 자국어 실명만으로 된, 기업명 그 자체가 인터넷 식별체계가 되는 자국어실명인터넷도메인네임의 정책을 마련하는 문제를 넷피아 스스로 해결하려고 하였으니 그 정책 마련이 얼마나 어려웠는지를 미루어 짐작할 수 있을 것이다. 1997~1998년경 미국이 영문도메인을 만들어 그 루트를 확보하고 영문도메인네임을 세계화하고 있을 때, 한국의 이름 없는 넷피아는 영문도메인네임 다음에 올 각국의 자국어로 된 실명 인터넷 이름의 루트를 연구하고 그것을 전 세계에 보급하고자 자국어인터넷 도메인네임 글로벌 아키텍처를 설계했다. 당시는 미국에서 클린턴 대통령과 엘 고어 부통령이 직접 영문도메인네임 루트를 확보하기 위하여 인터넷 주도권 확보를 위한 전쟁 아닌 전쟁을 벌이고 있을 때였다. 그리고 그것을 운영하는 자국어 실명 인터넷 이름의 운영 정책을 만들고 있었다. 이 얼마나 무모하고 겁 없는 일이었는지 지금으로써도 감당이 되지 않는다. 그런 만큼 이 사업은 국가의 도움이 절실했다. 국가의 체계적 지원 없이는 너무도 위험하고 힘든 일이었으므로 작은 기업이 이 무모한 일을 펼치기에는 근본적으로 한계가 있었다.

오히려 정부에 대한 우리의 설득은 오해를 낳았고 우리를 흔들고 없애려는 이들에게 좋은 빌미가 되어 우리는 보이지 않는 힘에 의해 수많은 압박을 받곤 했다. 해당 주무 부처에서는 우리에 대한 이상한 풍문이 돌았고 우리에 대한 보이지 않는 힘이 작동하고 있음을 실감하였다. 국가를 지키는 최후의 보루인 검찰청 모 검사의 섣부른 넷피아 압수와 나와 핵심 설계자에 내린 징역형 구형은 이를 방증한다.

약 2년에 걸쳐 구성된 한글인터넷주소 등록정책은 국가 도메인인 .kr 도메인을 관리하는 한국인터넷정보센터에서 같이 위원으로 있던 김기중 변호사가 맡으면서 빠르게 안정화되었다. 서울대학교 기술과 법 센터의 정상조 교수와 법무법인 율촌의 조정욱 변호사의 도움도 컸다. 정상조 교수는 2006년 『한글인터넷주소의 법과 경제』라는 Working Paper를 발간하여 자국어인터넷주소의 글로벌 아키텍처를 위한 글로벌 정책 마련에 큰 도움을 주었다.

Working Paper 2006-2

한글인터넷주소의 法과 經濟

丁相朝 교수 (서울대 법대)
金載亨 교수 (서울대 법대)
曺廷욌 변호사 (법무법인 율촌)

서울대학교 기술과 법 센터
Center for Law & Technology

서울대 기술과 법 센터에서 발행한 『한글인터넷주소의 법과 경제』 표지

머 리 말

본래 인터넷기술은 미국에서 군사용 통신수단으로 개발되어서 우리나라에 수입되었으나 오늘 현재 우리나라의 인터넷기술은 미국에 결코 뒤지지 않는 세계 최첨단의 수준을 자랑하고 있다. 국내의 자랑스러운 인터넷기술을 예시한다면 바로 키워드형 한글인터넷주소서비스를 제공하는 넷피아 등의 기술을 그 하나로 들 수 있다. 또한, 우리나라는 초고속인터넷망의 보급와 인터넷이용자 수에 있어서도 세계 최고임을 자랑할 수 있는데, 그 배경에는 자국어인터넷주소의 이용이 활성화되어 있다는 점을 들 수 있다. 필자도 인터넷주소창에 한글키워드를 입력해서 쉽게 원하는 사이트로 가는 것을 항상 당연시 해 오다가, 그러한 통상적인 인터넷 이용 뒤에 놀랍고 자랑스러운 기술이 숨겨져 있고 새로운 시장과 경쟁이 펼쳐지고 있다는 것을 처음 알게 되었을 때, 아주 신선한 충격을 받은 바 있다. 때 마침 넷피아의 후원으로 한글인터넷주소의 사회적·경제적 의미를 검토해보고 그와 관련된 법적 과제를 분석해보는 연구를 수행할 수 있게 되어서 무척 기쁘고 감사하게 생각한다.

한글인터넷주소의 여러 가지 측면과 다수의 과제들을 모아서 검토하고 분석해서 하나의 단행본으로 묶으려고 하니 단일한 제목을 정하기 어려운 점이 있었다. 이글을 마무리하면서 곰곰이 생각해본 결과, 한글인터넷주소에 관한 기술이 새로운 시장을 열어서 발생하게 된 새로운 유형의 경쟁이라고 하는 경제학적 사실이 그에 관련된 법의 해석과 입법 등에 정확히 반영되어야만 합리적이고 타당한 법해석론과 입법론이 도출될 수 있다는 점에 착안해서, '한글인터넷주소의 法과 經濟'라는 제목을 선택하게 되었다.

이 글의 작성과 완성에는 김재형 교수(서울대학교 법과대학)와 조정욱 변호사(법무법인 율촌)의 중요하고도 값진 원고가 절대적으로 기여한 바 크다. 바쁜 시간을 쪼개어 집필을 담당해주신 김재형 교수와 조정욱 변호사에 진심으로 감사드린다. 특허법에 관한 좋은 학위논문으로 박사학위를 취득한 서계원 교수(영산대학교 법학과)도 기존의 도메인이름분쟁해결규범들에 관한 비교를 잘 해주었고, 한글인터넷주소분쟁조정위원회 위원이신 김기중 변호사(동서법률사무소)와 우지숙 교수(서울대학교 행정대학원)께서도 소중한 검토의견을 주셔서 이 글에 반영한 바 있다. 또한, 이글의 작성에 필요한 기초자료의 수집과 조사에는 곽재우(서울대학교 대학원 법학과), 서가연(서울대학교 사회과학대학), 유제민(서울대학교 법과대학), 이정구(경희대학교 전파통신공학과) 등 다양한 전공의 우수한 학생들의 도움이 있었다. 검토의견 또는 도움을 주신 분들에게 진심으로 감사드린다.

기존 영문도메인네임의 경우, '선접수 선등록 원칙'에 따라 실권리자를 보호하는 적절한 장치가 없던 상황에서 우리는 자국어인터넷도메인네임(한국에서는 '한글인터넷주소'라 이름 지음)의 실권리자를 우선 보호하는 정책을 만들었다. 그리고 실권리자를 가릴 수 없는 단어는 유보어로 묶어 등록을 제한하였다. 이를테면 '이순신'이라는 이름처럼 공공재의 성격이 강하면 돈을 내 등록하기를 원하는 사람이 있다고 해도 선점할 수 없도록 하는 것이었다. 우리의 이러한 정책은 한글인터넷주소의 실등록자는 물론이고 사용자들에게도 커다란 신뢰감을 주었다.

이러한 정책적 안정화는 그냥 이루어진 것이 아니었다. 서비스 초기에는 뼈아픈 큰 실수도 있었다. 도메인은 일반명사를 모두 개방하여 선착순 등록을 받는데 왜 넷피아의 한글인터넷주소는 일반명사를 개방하지 않느냐며 항의하는 이도 많았다. 일반명사의 분배는 어떻게 해야 가장 합리적인지를 놓고 운영진에서 많은 토론도 있었는데 일부 일반명사인 한글인터넷주소는 실험적으로 가장 합리적인 분배방식인 경매로 매각하고 매각 대금은 모두 한글 관련 단체에 기부하기로 하였다. 이때 내부의 경매 시스템을 이용하면 오해를 받을 수 있어 외부의 경매 시스템을 이용하기로 하였다.

당시 나는 외국 출장 중이어서 구체적인 내용은 잘 알 수 없었지만 한국행 비행기에 오르기 전에 회사에 전화했더니 경매로 낸 10여 개 단어가 10여 일 만에 모두 팔렸다고 하였다. 그런데 그 금액이 무려 2억9천만 원을 웃돈다는 이야기를 듣고 그냥 재미삼아 농담하는 줄 알았다. 설마 하는 마음으로 한국에 도착해 보니 사실이었다. 그 후 정확히 현금이 입금되었다. 모두 너무도 놀랐다. 주소창의 한글인터넷주소가 인기 있다는 것은 잘 알았지만, 이 정도인 줄은 전혀 몰랐다. 하지만 이는 넷피아가 서비스한 것 중에서 가장 아픈 결정이 되었고 나중에 큰 아픔으로 되돌아와 수많은 대가를 치러야 했다.

이처럼 키워드 형태인 한글인터넷주소 사업은 한국이 세계 최초로 시도한 것이었으므로 특별히 참고하거나 따라 배울 곳이 없어 시행착오 투성이었다. 처음 가는 길은 현장에서 아무리 현명한 판단을 해도 돌아보면 실수가 잦고 후회하는 일들이 늘 있기 마련이다. 자국어인터넷도메인네임(한글인터넷주소) 개발에는 처음부터 그렇게 수많은 실수가 있었다. 기업명 입력 시 직접 연결되는 한글인터넷주소는 그만큼 정책이 가장 중요했고, 가장 어려운 부분이었다.

인터넷도메인네임의 등록 원칙은 선접수 선등록(First come. First served.)이다. 넷피아의 한글인터넷주소 역시 같은 방법을 따르고 있다. 즉 등록자가 권리가 있다는 가정하에 등록을 존중하며 나중에 문제가 되면 문제 해결 기관의 결정을 따르는 방식이다.

하지만 일반명사는 일반적으로 특허청에 상표등록이 불가능해 도메인처럼 누구든지 서로 등록하기를 원한다. 그러나 전체 한글인터넷주소 서비스 구조상 일반명사를 무분별하게 운용하면 사용자의 외면을 받을 수 있다.

한글인터넷주소(자국어인터넷도메인네임) 사업은 약관을 만드는 데 가장 많은 시간이 걸렸다. 잘못된 약관 한 줄은 사회적으로 엄청난 파문을 일으킬 수도 있어서 더욱 신중을 기해야 했다. 한글인터넷주소는 단순히 한글로 만든 인터넷주소가 아니라 예컨대 '기업명.co.kr'에서 '.co.kr'이 없이 '기업명' 그 자체로 인터넷도메인네임 역할을 하게 하는 인터넷의 이름 플랫폼이다. 그래서 다른 일반 인터넷 서비스와 비교할 수 없을 정도로 어려운 일이었다. 오랜 기간을 고민하며 시행착오를 되풀이한 끝에 만든 한글인터넷주소 등록 약관은 도메인 전문가인 김기중 변호사의 도움으로 더욱 탄탄해졌다. 김기중 변호사의 도움이 없었다면 우리는 한글인터넷주소를 정책적으로 안정화하는 데 더 많은 어려움과 시행착오를 겪었을 것이다.

이런 우여곡절 끝에 상용화가 이뤄진 한 달 만에 한글인터넷주소 서비스는 성공적으로 시장에 진입하게 되었다. 서비스 초기에는 혼란도 있었지만 그나마 약관에 많은 시간을 투입한 덕택인지 큰 혼란을 줄일 수 있었다. 한 달 사이 3,579건의 유료 서비스 신청도 들어왔다. 그야말로 대박이었다.

상용화 이전에는 상당한 기간을 두고 모든 상장사와 주요 기업에 등기우편으로 여러 차례 등록안내를 하였다. 이는 상장사와 주요 기업의 기업명과 상표명을 사전에 보호하고자 한 일이었지만, 사실은 넷피아를 보호하려는 이유가 더 컸다.

혹시 이들 기업이 제삼자에게 이름을 빼앗긴다면 대부분 넷피아에 소송을 제기할 수 있다. 우리가 보낸 등기우편은 회사를 보호하는 주요한 방패가 된다. 우리는 상표와 상호를 지켜주고자 책임을 다하였지만, 해당 기업이 이를 태만시하였다면 이는 우리 책임이 아닌 해당 기업의 책임이다. 법은 권리 위에 잠자는 자를 보호해주지 않기 때문이다.

그 덕분에 대부분의 상장사와 주요 기업은 기업명으로 된 한글인터넷주소를 다른 이에게 빼앗기지 않았다. 비록 넷피아는 이름을 빼앗긴 몇몇 기업으로부터 소송을 당했지만, 미리 충분히 안내한 증거가 있었고 기존의 도메인네임은 이런 안내조차 없었으므로 기업명을 지켜주고자 한 우리의 노력이 입증되어 회사도 지킬 수 있었다. 기업명으로 된 한글인터넷주소는 그 편의성만큼이나 말도 많고 탈도 많았다.

사용자가 늘어나면서 한 30대 남성은 자신의 아버지가 인터넷을 사용할 때 영문인터넷주소로 힘들어하셨는데 한글인터넷주소 서비스 덕분에 인터넷을 쉽게 이용할 수 있게 되어 고맙다며 편지를 보내오기도 했다. 밀려드는 신청과 감사의 편지를 읽으며 나는 또 한 번 벅찬 감격을 느꼈다. 그리고 이제는 한국뿐 아니라 전 세계인들이 이 같은 행복을 느낄 수 있도록 해야겠다고 생각했다.

처음엔 단순히 인터넷주소를 한글로 만들고자 시작한 일이었지만, 한글인터넷주소 사업은 더는 나만의 일이 아니었다. 그것은 우리 국민과 우리나라를 위한 일이었으며 나아가 자국어인터넷주소로 발전하면 세계 인류를 위한 일이었다. 물론 나에게 너무 벅찬 일은 아닐까 걱정되기도 했지만, 우리나라에는 해당 분야를 선도하는 훌륭한 석학들이 많았고 전 세계에 있는 그분들의 친구들이 많은 지원을 해주어 걱정을 덜 수 있었다.

인터넷주소창에 한글 자국어 실명을 입력하면 해당 사이트가 열린다는 것은 기술적 의미 그 이상이었다. 세계에 흩어져 있는 한민족이 인터넷주소창에 한글을 입력하여 같은 결과를 볼 수 있게 됨에 따라 인터넷주소창은 한민족의 '얼' 공유창 기능도 하게 되었다. 예를 들어, 한글은 북한에서는 조선글, 남북 공통으로는 정음으로 부른다. 따라서 한글인터넷주소는 인터넷주소창에서 같은 결과가 나오게 함으로써 한글의 이질화를 방지하고 통일 후를 대비하는 기술적 인터넷 인프라가 될 수 있었다.

이 시스템은 한글만 연결해주는 것이 아니라 전 세계 95개국 자국어도

동시에 연결하는 자국어인터넷이름 자동연결시스템이므로 각 국가에 보급되면 95개국 자국어인터넷도메인네임이 동시에 작동한다. 한국에서는 상용화로 등록된 한글인터넷주소가 서비스됨과 동시에 다른 나라 94개국 언어로 시범적으로 서비스되고 있다. 즉 한국은 한글을 포함하여 이미 95개국 실명 자국어인터넷도메인네임이 서비스된 최초의 국가이다. 자국어실명인터넷도메인네임 시스템은 한글, 일본어, 중국어, 독일어, 프랑스어, 각국의 영어 등 95개국 국가의 공식 언어가 동시에 서비스되게 하는 시스템이다. 그리고 앞으로 다가올 IOT(Internet Of Things) 시대에는 사물 인터넷의 네이밍 시스템으로 발전할 수 있다.

YMCA 총무로 지낸 고(故) 오리 전택부 선생은 "한글인터넷주소는 세종대왕이 한글을 만든 이후의 가장 큰 한글 사업이다."라고 극찬을 아끼지 않으셨다. 한글과 관련한 수많은 큰 사업을 잘 아시는 전택부 선생이 구순 잔치에서 이런 큰 칭찬으로 우리를 격려한 것은, 전 세계인이 지구촌에서 함께 한글로 얼을 공유할 수 있게 하는 인터넷주소창의 중요성을 당신께서 이미 알고 계셨기 때문으로 보인다. 무엇보다 그 어떤 어려움이 있어도 포기하지 말고 꼭 이루어 달라는 당부의 말씀을 그렇게 큰 칭찬으로 주문하신 것 같다. 회사를 팔고 싶을 때 중도에서 포기하고 싶을 때 선생의 목소리가 귓가를 맴돌며 떠나지 않는 것을 보면 숱한 어려움을 겪으면서 중도에 포기할 수 있는 이 사업의 어려움을 미리 간파하신 선생님의 지혜가 담긴 당부의 말씀인 것 같다. 2007년 우리나라의 기간 통신망인 K 통신사의 한글주소인터넷주소 사업 강탈로 약 10개월간 투석 치료를 받을 때마다, 먼 필리핀에서 신장이식을 받은 후 요양하던 시절 그냥 다 포기하고 회사를 매각하고 싶을 때마다 선생의 그 목소리는 나의 그런 생각을 부끄럽게 하였다.

실제로 남과 북은 반세기 이상 떨어져 있으면서 단어가 이질화해 가고 있었다. 그 대표적인 단어가 '아가씨'이다. 중국의 북경이나 연변의 북한 식당에서 물 한 잔 달라고 '아가씨'라고 불렀다가 혼이 난 적이 있다. 이유는 북한에서는 아가씨가 남쪽의 '아가야'의 존칭인 '아가씨'와는 아주 다른 의미로 사용되고 있기 때문이다. 북한에서 '아가씨'는 술집 접대부의 의미로 사용되고 있다고 한다. 그래서 "그럼 무엇이라고 불러야 합니까?" 하니 "접대원 동무라고 불러 주세요."라고 한다. 남쪽에서 "접대원 동무, 물 한 잔 주세요!" 했다가는 아마도 밥 한 끼 제대로 못 얻어먹고 집에도 고이 가기 어려울 것이다. 남과 북은 우리가 모르는 사이에 언어의 이질화가 이렇게 진행되고 있었다.

남과 북은 같은 글을 사용하는데 이를 남쪽에서는 '한글' 북쪽에서는 '조선글'이라고 부르는 까닭에 남과 북의 언어학자들이 모여 우리글에 대한 남북 공통의 이름을 '정음'으로 통일하였다.

그나마 남과 북이 분단 후 무려 70년간 교류도 없이 지냈으면서도 아직 말글이 통하는 것은 1930년대 조선어학회 회원으로 조선어사전편찬회 편찬책임자로 선임되었던 고루 이극로 박사 덕분이다. 이극로 박사가 조선어학회 박해 사건으로 함흥 형무소에서 복역한 후 갖은 고충 속에 1947년 10월 9일 발간한 '큰사전' 덕택이다. 이 '큰사전'은 이극로 박사에 힘입어 북에도 보급되었다. 그 덕분에 남과 북이 분단된 후 상호 교류 없이 70년이 지났지만 아직도 말과 글이 크게 다르지 않으며 남북이 소통할 수 있는 것이다.

남과 북은 언제든지 통일이 될 수 있는 매우 큰 인프라를 갖고 있다. 그것이 바로 한글(조선글)-정음이다. 개성공단이 성공한 것도 우리는 잘 인식하지 못하지만 바로 남과 북이 같은 글을 사용하는 공동의 우리말글(정음) 인프라를 갖추고 있기 때문이다.

한편, 우리는 한글인터넷주소의 등록비용을 책정하는 데도 나름 많은 노력을 기울였다. 그 결과 기업형 등록비용은 일반 영문도메인네임 등록비용보다 조금 더 높게 책정하였으며 개인형 한글인터넷주소의 초기 등록비용은 1년에 1만 원으로 오히려 일반 영문도메인네임보다 더 싸게 정하였다. 기업형과는 달리 개인형 한글주소를 장려하여 일반 사람들의 참여를 높이려 했던 것이다.

포털에서 키워드 광고비는 클릭당 수백 원에서 수만 원이지만 기업형 한글주소는 영문도메인네임처럼 연간비용으로 책정하였다. 이는 도메인보다는 비싸지만 키워드 광고비보다는 비교할 수 없을 정도로 싸고 연간 6만 원으로 고정 금액이다.

개인형은 등록 때 1만 원을 기부할 수 있는 시스템을 추가하였다. 개인형 한글인터넷주소를 등록할 때 받는 연간 1만 원과 한글e메일주소 사용 비용의 일부를 한글문화 발전과 통일 기금으로 사용한다면, 한글인터넷주소를 통한 사용자의 편의 증진과 기업의 마케팅 효율화를 꾀할 수 있을뿐더러 나아가 통일을 위한 기금도 마련할 수 있을 것이다.

개인형 한글주소를 등록할 때 받은 기부금 1만 원을 한글 발전을 위해 사용하고 한글e메일 사용 비용 중 일부를 한국문화발전기금과 통일기금으로 사용한다면, 삼천만 인터넷 이용자들이 연간 1만 원을 기부하게 한다면, 연간 3,000억 원이란 큰돈을 마련할 수 있다. 이 돈은 한글문화를 더욱 발전시키고 통일을 앞당기는 데도 충분히 이바지할 수 있다.

이러한 기부문화는 덴마크 출장에서 배웠다. 유명한 맥주 회사인 칼스버그는 덴마크의 국민 기업 중 하나로 맥주를 판매해서 올린 매출의 일정 부분을 과학재단이나 문화재단에 기부하고 있다.

덴마크 사람들은 칼스버그 맥주를 마시면 간접적으로 자국의 과학 산업과 문화 발전에 이바지한다고 여겨 기꺼이 맥줏값을 낸다고 한다. 덴마크 코펜하겐의 상징이자 안데르센 동화의 주인공인 '작은 인어상'을 코펜하겐 시에 기증한 기업이 칼스버그 맥주 회사이기 때문에 더욱 그렇기도 하다.

나에게 이러한 일들은 기업이 문화 발전에 이바지하는 방법을 보여주는 본보기가 되었다. 우리가 잘 아는 벌거숭이 임금님, 인어공주 등을 전 세계 어린이들에게 알리며 덴마크의 문화를 발전시키는 데 앞장선 칼스버그의 발자취는 기업의 사회공헌이 어떠해야 하는지를 일깨워준 좋은 사례가 되었다.

넷피아는 칼스버그를 모델 삼아 2001년경 한글단체가 모여 만든 한글인터넷주소추진총연합회(별칭 한추회)에 매출의 일정 부분을 기부하였다. 2013년부터는 한국 문화를 전 세계에 보급하고자 한국에 온 외국인 유학생들을 대상으로 '우리 전래동화 읽기 대회'를 한글날에 시행하고 있으며 그동안 여러 일로 주춤하였던 한추회를 더 발전시키고자 협동조합 형태의 한글문화세계화추진본부를 설립하여 우리 전래동화가 세계 여러 나라의 교과서에 실릴 수 있도록 노력하고 있다. 이를 위해 각국 교과서에 우리 전래동화를 번역해 싣고 문화를 교류하는 데 힘쓰고 있다. 우리 전래동화를 읽은 외국 학생들은 자연스럽게 우리나라와 우리글을 알게 되고 우리의 문화를 이해할 수 있게 될 것이다.

한복을 곱게 차려입고 우리 전래동화를 읽는 그들을 보면서 나도 모르게 어릴 적 동심으로 돌아갔다. 한국어를 유창하게 하는 그들을 보면서 절로 행복해졌다. 저 학생들이 본국에 돌아가 지금 읽는 저 동화를 본국의 교과서에 자국어로 올릴 수 있게끔 지원한다면, 그 자체가 국가 간 문화 교류이고 한글과 한국문화의 세계화가 될 것이기 때문이다.

왜곡과 음해를 이겨내며 전 세계에 진출하다

한글인터넷주소 상용화 서비스의 성공적인 출발로 나는 세상이 끝나도 여한이 없을 것만 같았다. 한국에서 구축된 모델을 바탕으로 해외 진출 교두보를 마련할 수 있으리란 기대도 컸다. 그러나 세계를 향한 새로운 도전의 길 위에는 더 힘겨운 싸움이 기다리고 있었다. M사와 M사가 최대 주주로 있던 리얼네임즈와의 다툼이 시작된 것이다. 그것은 결코 돌이켜 보고 싶지 않은 일이었다.

우리가 1997년 말 한글인터넷주소 개발을 시작할 무렵에 리얼네임즈는 유사 기술을 개발하여 1999년경 실리콘밸리에서 상당한 자금을 투자받은 회사로, M사로부터도 거액의 투자를 받아 총 투자유치 규모만도 약 1,500억 원에 이르는 상당한 자금력을 보유한 회사였다. 그들은 1999년 9월에 알타비스타, 잉크토미, M사 등 미국의 주요 검색사와 제휴하여 인터넷 키워드 서비스를 선보였으며, 그해 말부터는 본격적인 세계화 전략을 펼치려 준비하고 있었다.

넷피아는 1999년 이후 리얼네임즈와 각종 국제행사에서 한 치의 양보 없는 경쟁을 벌이게 되었다. 단 하나뿐인 인터넷주소창을 이용하는 넷피아와 리얼네임즈의 충돌은 당연한 것이었다.

나는 1999년 말 미국에 있는 리얼네임즈 본사를 찾아가서 '천하삼분지계(天下三分之計)'를 제안했다. 미주와 남미권 서비스는 리얼네임즈가, 아시아권은 우리가, 아프리카와 유럽은 서로 협력하자는 내용이었다. 동맹을 통해 세계를 통일하고 세계적 표준을 같이 만들어 인터넷주소창 시장을 평정하자는 뜻에서였다.

그러자 리얼네임즈는 내게 이보다 더 직접적인 제안을 해왔다. 당시 리얼네임즈의 국제 부문 사장은 파격적인 금액인 약 300억 원이라는 엄청난 액수로 넷피아를 인수하겠다고 제의하였다.

협상은 영화처럼 진행되었다. 나는 협상 도중 화장실에 다녀오면서 리얼네임즈의 직원들의 하는 일이 우리 회사가 약 6개월 전에 했던 일을 하고 있다는 것을 단번에 알 수 있었다. 협상 중 농담으로 "지금 리얼네임즈가 무엇을 하고 있는지 알아맞혀 볼까요? 지금 하는 일은 디비(D/B)를 모으는 것 같습니다."라고 하자 그들은 어떻게 알았느냐고 물었다. 그것은 우리가 이미 약 6개월 전에 한 것이어서 한눈에 알아볼 수 있다고 대답했다. 그리고 앞으로 무엇을 준비하고 있는지도 알 것 같다고 했더니 무엇이냐고 물었다. 그래서 그다음 단계를 말하자, 갑자기 브레이크 타임을 하자고 제안하였다.

나는 영어가 그렇게 능숙하지 않아 속삭이는 것까지는 알아들을 수 없었다. 당시 통역을 돕던 마이크 김은 초등학교 5학년 때 미국에 와서 영어에 익숙했던지라 맞은편 구석에서 속삭이는 그들의 이야기를 듣고 참 재미있다고 하였다.

"사장님, 저 사람들 참 재미있는 이야기를 하고 있습니다. 우리 같은 기업은 기술력이 있어 금방 투자를 받을 수 있으니 내버려 두면 골치 아픈 존재가 된다고 합니다. 그래서 회사를 사자고 하는데요."

"그래?……"

나는 잠시 생각에 잠기었다.

잠시 후 그들이 먼저 제안을 하였다. 서로 어렵게 하지 말고 그냥 회사를 팔라고 하였다. 나도 농담 반 진담 반으로 그럼 얼마에 사려는지 물었다. 그러자 나보고 먼저 가격을 정해 달라고 했다. 우리는 서로 얼굴만 쳐다보며 아무도 말이 없었다.

잠시 후 내가 먼저 말을 꺼냈다.

"그냥 한 300억? 달라면 줄까?" 하고 마이크 김을 보고 한국어로 말하자, 마이크 김이 말릴 겨를도 없이 즉시 통역을 하였다.

"Thirty million dollars(3,000만 불)!"

그러자 그들의 답은 즉석에서 나왔다. 자기들도 약 2,000만 불은 생각하고 있다고 하였다. 협상은 이미 결론이 난 것과 다름없었다. 양쪽의 차이가 불과 1,000만 불이니 실사 후 그 중간에서 결정하자고 하였다. 서로 각자 50%로 양보할 경우 2,500만 불은 가능하고 우리가 100% 양보하면 2,000만 불, 리얼네임즈가 100% 양보하면 3,000만 불이니 협상은 그것으로 끝이 났다. 당시 리얼네임즈의 아시아 담당이었던 다케오 씨는 달력에 실사 일자를 정하자고 했다.

리얼네임즈의 미래 경쟁자인 넷피아에 대한 실사는 그렇게 시작되었다. 그것은 그동안 빚에 시달리며 혹독한 상황을 겪어 온 나로서는 거부하기 힘든 매우 유혹적인 제안이었다. 리얼네임즈는 인수 결정을 위한 실사를 요청했고, 2000년 1월 초에 양측은 변호인과 전문팀을 구축한 후 협상을 시작하였다. 그러나 협상이 진행되는 동안 걸림돌이 생겨나기 시작했다.

기술 부문 실사를 앞둔 날의 일이다. 리얼네임즈의 방문이 약속되어 있던 그 날 아침, 개발팀장인 배진현 수석연구원이 출근 시간이 지나도 나타나지를 않았다. 배 연구원은 넷피아 병역특례 1호로 입사해 자국어인터넷주소 기술을 개발하고 나와 함께 자국어인터넷도메인네임(자국어주소)용 글로벌 아키텍처를 개발하고 설계한 핵심 인재였다. 나는 법학을 전공하고 변리사 준비를 위해 지적 재산권 분야를 공부한 까닭에 정책과 사용자 편의성 등 사회학적 부분을 담당했고 배 수석 연구원은 기술 부분을 담당했다.

실사를 망치게 될까 봐 속이 타들어 가고 있을 때 한 통의 전화가 걸려 왔다. 배 연구원이 출근 중 눈길에 미끄러지면서 팔을 심하게 다쳐 병원에서 치료 중이라는 전언이었다. M&A를 위한 실사가 있는 중요한 날에 핵심 기술 인력인 당사자가 자리에 없으니 참으로 기가 막힐 노릇이었다. 어쩔 수 없이 실사팀에 설명하는 일은 차석인 이종호 연구원과 내가 직접 나서야 했다. 다행히도 이종호 연구원이 잘 설명해 주어 리얼네임즈 측은 만족하는 눈치였다. 당시 나는 속으로 개발팀장을 얼마나 원망했었는지 모른다. 300억 원이나 되는 대형 M&A를 앞두고 왜 하필이면 오늘 다치느냐고…….

하지만 여러 가지 이유로 협상은 결렬되었다. 천우신조일까? 지금 와서 생각하면 당시 배진현 수석연구원이 실사 장소에 나오지 못한 것이 회사로서는 큰 행운이었다. 그 우연(?) 덕분인지 우리가 설계한 핵심 기술을 그들에게 알려주지 않은 것이 얼마나 다행스러운 일인지 모른다.

어쩌면 협상 결렬은 처음부터 정해진 것이었는지도 모른다. 순조로워 보였던 협상은 결국 그들의 마지막 요구에서 완전히 수포로 돌아가게 되었다. 이유는 리얼네임즈가 인수 조건으로 한글인터넷주소 데이터베이스까지 모두 넘겨 달라고 제의했기 때문이다.

사실 나는 300억 원이라는 달콤한 제안이었기에 협상이 진행되는 동안 최선을 다했지만, '기술과 특허권, 한글주소에 대한 운영권까지 넘기라'는 그들의 조건 앞에서는 망설일 수밖에 없었다. 한글 이름으로 이루어진 데이터베이스를 넘긴다는 것은 다른 나라에 돈을 내 우리의 한글 인터넷 이름을 등록하고 그 회사의 정책을 따라야 한다는 의미였기 때문이다.

때는 마침 우리 큰아이가 태어난 지 얼마 안 되는 무렵이었다. 나는 아이의 얼굴을 바라보며 그들의 협상 조건에 대해 이런 생각을 했었다.

'앞으로는 우리 아이들의 이름을 동사무소에 등록하듯이 한글인터넷주소와 한글@한글 방식의 한글e메일까지 등록하는 시대가 올 것이다. 그런데 내가 지금 300억 원을 받고 그들의 협상 조건을 받아들인다면 홈페이지의 한글 이름은 앞으로 한국이 아닌 다른 나라에 등록해야 할 것이다. 다른 것도 아닌 우리의 한글 이름을 다른 나라에 돈을 내고 등록하게 하는 일을 내가 해야 하다니……..'

그것은 결코 내 자존심이 허락하지를 않았다. 돈 욕심도 있었지만 돈으로 바꿀 수 없는 것도 있기 때문이다. 한글은 그 자체로 우리 민족의 얼이요 정신이다. 주시경 선생님은 '말이 오르면 나라가 오르고 말이 내리면 나라가 내린다.'라고 하였다. 하지만 그런 거창한 뜻은 아니지만, 인터넷주소창의 한글인터넷주소(한글 이름) 서비스는 로마자가 아닌 글자로 세계 최초로 만든 인터넷 식별 체계다. 전 국민이 인터넷에서 한글로 된 기업명과 개인명을 입력하면 바로 해당 기업이나 개인에게 연결해 주는 한글인터넷주소 서비스를 우리나라도 아닌 다른 나라에 돈을 내고 이용하는 것은 도저히 받아들일 수 없는 일이었다. 우리의 정서를 모르는 그들은 그렇게 큰돈인데 이해할 수 없다는 표정이었다.

한글주소는 단순 한글로만 된 인터넷주소가 아니었다. 우리 민족의 얼과 혼이 인터넷이라는 기술로 연결된 만큼 그 큰 가치를 나만의 욕심을 위하여 돈으로 바꿀 수는 없었다. 고민이 되었다.

나중에 우리 아이가 자라서 "아빠, 왜 그렇게 했어요?"라고 묻는다면 나는 어떻게 대답할 것인가? 다 너희를 공부시키려고 한 것이니 이해해 달라고? 참으로 망설여지는 순간이었다. 그리하여 협상을 더는 진척시킬 수가 없었다. 거대한 자본력과 글로벌 기업 M사를 앞세운 리얼네임즈가 우리에게 어떻게 공격해 올지는 불 보듯 뻔한 일이었지만 그런데도 협상을 진척시키지 않은 이유는 우리 기술에 대한 넷피아 임직원들이 강한 자신감 때문이었다. 리얼네임즈와의 협상 결렬로 우리는 가장 달콤한 것을 거부한 것에 따른 혹독한 시련을 겪어야 했다. 그것은 넷피아 사상 최대의 시련이 시작되는 인터넷 전쟁의 서막이었다.

300억 원이라는 거액을 거절한 데에는 당장은 힘들고 아쉽겠지만 좀 더 버티고 지켜낸다면 그보다 훨씬 더 큰 가치를 얻을 것이라는 사업적 확신이 있었다. 죽을 고비를 넘기면서도 지켜왔는데 조금 더 참는 것쯤 못하겠는가 하는 자신감도 있었다. 급여도 제때 지급하지 못하고 차비가 없어서 퇴근조차 망설일 때도 포기하지 않았고 고지가 바로 눈앞에 보였으므로 여기서 포기할 수는 없는 일이었다.

그 후 한글을 연구하는 여러 단체가 뜻을 모아 '인터넷주소의 한글화'를 목적으로 결성한 '한글인터넷주소추진총연합회'의 도움은 리얼네임즈와 경쟁하던 넷피아에 큰 힘이 되었다. 다음에 소개하는 기관들은 그 당시 한글인터넷주소를 전 국민에게 보급하기 위하여 국민 계몽 활동을 펼치며 적극적으로 넷피아를 후원해 준 기관들이다.

한글인터넷주소추진총연합회 소속기관
(설립일: 2002년 1월 29일)

한글학회. 세종대왕기념사업회. 외솔회. 한글재단. 겨레문화연구소. 국어교육연구회. 국어문화운동본부. 국어단체연합. 국어상담소. 국어순화연구소. 국어순화추진회. 국어정보학회. 대한음성학회. 바른언어생활실천연합. 배달말학회. 언어과학회. 우리마당. 우리민족서로돕기운동. 출판학회. 한국땅이름학회. 한국언어과학회. 한국음성과학회. 한국현대언어학회. 국제언어문학학회. 민족문화연구소. 바른한글. 열린국어교육연구회. 우리말뿌리찾기모임. 한국인터넷기업협회. 푸른솔 겨레문화연구소. 한국방송학회. 한국언어정보학회. 한국전자출판협회. 한글날 국경일제정범국민 추진위원회. 내사랑코리아. 밀물현대무용단. 배달말교육학회. 솔애올. 우리말살리는겨레모임. 짚신문학회. 한국국어교육연구원. 한국어문학회. 한국언어학회. 한국현대문법학회. 한글로 지구촌 문맹퇴치 운동협의. 한글문화 세계화 운동본부. 한글문화연대. 한글사랑운동본부. 한글연구원. 한말글연구회. 한글철학연구소. 한미문화재단

※ 많은 한글단체에서 "해방 이후 한글단체가 하나의 목표를 위해 하나로 뭉친 것은 한글인터넷주소 추진 총연합회가 처음"이라고 한다.

한편, 리얼네임즈의 서비스는 특정 인터넷 브라우저에서 후킹[6]하는 방식으로 브라우저 제작사와 협력을 통한 방식이었다. 브라우저 제작사가 URL(Uniform Resource Locator)이라고 정의된 인터넷주소창을 브라우저 제작 기업 자신만을 위해 사용하는 것은 명백한 불공정행위였다. 게다가 리얼네임즈의 서비스 방식은 브라우저 제작사와의 제휴가 중단되면 바로 붕괴할 수 있는 아주 위태로운 서비스였다.

인터넷도메인네임의 구조는 브라우저 후킹 방식이 아닌 URL 입력창인 주소창에서 도메인네임을 입력하면 그 정보를 DNS(Domain Name System)라는 도메인네임 시스템에서 개별 인터넷 영역(도메인)인 IP주소로 연결해 주는 방식이다. 인터넷 표준을 다루는 IETF의 RFC 1034 등에도 인터넷주소창에 입력된 값은 DNS로 전송되게 되어 있다. 한국의 표준기구인 TTA(Telecommunications Technology Association) 표준도 인터넷주소창의 연결방식 표준에 '사용자가 입력한 값은 DNS로 전송'되게 되어 있다.

넷피아의 방식은 기존 DNS를 확장 설계한 방식이다. 기존 영문 인터넷도메인네임이 아닌 실명을 입력하면 그 정보를 넷피아가 설계한 자국어인터넷도메인네임(자국어 실명) 루트로 전송하여 정해진 아키텍처에 따라 연결하는 방식이다.

일각에서는 넷피아의 방식이 DNS 후킹이라고 깎아내리고 있는데 이것은 기업과 고객을 직접 연결하는 넷피아 서비스를 오인시키고자 만든 음해

---

6) 후킹(Hooking)은 소프트웨어 공학 용어로 운영시스템(O/S)이나 응용 소프트웨어 등의 각종 컴퓨터 프로그램에서 S/W 구성 요소 간에 발생하는 함수 호출, 메시지 등을 중간에서 바꾸거나 가로채는 명령, 방법, 기술이나 행위를 말한다.

이다. 개방형 온라인 백과사전인 위키피디아 등에서도 이처럼 왜곡된 내용을 올바로 고치지 않고 그대로 보여주고 있다. 게다가 브라우저에서 그렇게 하는 것은 브라우저 후킹이라고 위키피디아에는 기록되어 있지 않다. 이는 브라우저 주소창에 기업명을 입력한 사람은 그 기업의 고객임에도 브라우저 제작사가 그것을 자신이 운영하는 포털로 돌리면 남의 재산적 가치를 무상으로 얻는 것이다.

즉 남의 고객을 브라우저 공급사의 고객으로 만들기 때문이다. 이것이 가능한 이유는 그런 내용을 잘 모르는 지식인들이 포털의 주장을 잠시 착각하여 대변하거나 위키 편집자 자신이 포털의 직원인 경우로 오인되고 왜곡된 정보다. 게다가 사람들은 이미 사용자가 학습되어 있기에 바꾸기 어렵다며 기업명 입력 시 포털로 경유해야만 하는 지금의 방식을 부지불식간에 옹호하는 경우도 있다. 전화번호를 입력하였는데 그 기업으로 바로가지 않으면 사람들이 그래도 전화번호를 계속 입력할까? 사람은 다른 동물과 달라 지능이 있기에 전화번호를 입력하지 않고 114를 우선 찾을 것이다. 당연한 학습이다. 그런데 전화번호를 입력 시 직접 연결이 되면 사람들은 금방 114 대신 자신이 정확히 아는 번호를 입력한다. 현대인 대부분이 그렇게 하고 있다. 인터넷주소창의 기업명 입력도 마찬가지이다. 그동안 주소창 키워드 서비스니 DNS 후킹이니 하는 말은 그 말의 내용을 잘 아는 지식인이라면 본인들의 잘못된 글로 말미암아 수많은 기업이 노력한 땀의 가치를 포털이 어떻게 빼앗아 가는지 명백히 알아야 할 것이다. 이른바 지식인이라고 하는 그들의 무지가 얼마나 많은 중소기업인과 중소기업 직원들의 땀과 눈물의 가치를 빼앗기게 하였는지 분명히 알아야 한다. 그들의 무의식적 행동은 부당 이득을 얻고자 하는 포털의 배를 불리게 하는, 부당이득 축재의 선전 구호임을 자각하고 이제는 그 잘못을 바로잡는데 앞장서야 할 것이다. 진실을 왜곡하는 지식인들의 양심은 수많은 이들의 피눈물의 원천임을 직시해야 한다. 짧은 생각에 그것을 깊이 있게 들여다보지 않고 돌을 던지는 지식인이 대부분이다. 부족하지만 필자가 쓴 이 책을 읽은 지식인 중에서 본의 아니게 수백만 중소기업인과 그 소속 직원들의 땀과 눈물을 브라우저 제작사와 포털을 통해 앗아가는 데 일조한 이가 있다면, 지난 수십 년간 원주인에게서 앗아간 남의 고객을 다시 원주인인 모든 중소기업에 되돌리는 일에 지식인의 양심으로 노력해 주기를 기원한다. 과거를 바꿀 수 없다면 속죄하는 마음으로 미래를 바꿀 수 있다. 그것만이 과거를 바꾸는 유일한 길이다. 주소창에 기업명을 입력하는 사용자는 전화번호를 입력할 때처럼 그 기업의 고객임을 명확히 해주기를 이 자리를 빌려 다시 한 번 더 당부드린다.

기업명만 입력하면 해당 기업의 홈페이지로 연결되는 키워드형(플랫형) 방식(기업명.co.kr에서 .co.kr이 없는 방식)은 넷피아가 세계 최초로 설계해 만든 것으로 넷피아가 이에 대해 보유한 특허권만 50여 건이 넘는다.

기업명을 입력하는 고객은 분명 그 기업의 고객이다. 전화번호를 입력하는 사용자는 전화번호를 가진 기업의 고객이다. '기업명.co.kr'을 입력한 사용자 역시 그 도메인네임을 가진 기업의 고객이다. 'co.kr'이 없는 기업명을 입력하는 사용자는 분명 그 기업의 고객이다.

그러므로 기업명이나 브랜드명을 입력한 남의 고객을 인터넷 브라우저 제작 기업이 가로채 포털로 돌리는 것은 정상이고 그 기업명을 입력한 고객을 도메인네임처럼 그 기업으로 직접 연결하는 방식을 후킹 방식이라고 폄하하는 것은 인터넷주소창에서 남의 기업 고객을 뺏어 땀 없이 상당한 재미를 본 자신들의 도둑 행각을 미화시키는 말임을 피해자들은 더 이상 속지 않아야 할 것이다.

현재 한국인터넷진흥원에서 서비스하는 '한글.한글' 방식은 넷피아가 1999년 전길남 박사의 안내로 싱가포르 APRICOT에서 세계 최초로 발표한 것이다. 그때 싱가포르 대학교의 탄 틴위 교수팀은 '자국어.ccTLD(예를 들어, '삼성전자.kr')' 방식을 발표하였는데 이 자리에서 넷피아의 전신인 IBI는 '삼성.회사.한국' 방식과 '삼성.회사' 방식 및 '.회사'를 생략한 '삼성' 방식도 함께 제안하였고 이를 계기로 넷피아의 '자국어.자국어' 방식은 다국어 도메인네임의 효시가 되어 전 세계에서 'IDN.IDN'이라는 이름으로 상용화되고 있다. 2000년 서울 APRICOT 회의에서 MINC(Multilingual Internet Name Consortium, 다국어 도메인네임 컨소시엄)을 설립할 때 넷피아가 선출위원(Election Committee)의 멤버가 된 것은 바로 이와 같은 자국어도메인네임 역사와 기술력에 기인한 결과이다.

목표가 확실하니 길이 보였다

결국 넷피아와 리얼네임즈의 M&A는 무산되었고 그로부터 3년 동안 우리는 피 말리는 생존 전쟁에 휘말렸다.

2000년 중순, 넷피아가 드디어 네임서버 방식의 서비스 기반을 마련하는 데 성공했다는 소식을 전하고 난 직후 M사와 연합한 리얼네임즈는 한국 시장 진출을 공식화했다. 게다가 2000년 10월엔 당시 국가 인터넷도메인 정책을 담당하던 정부 산하기관인 한국인터넷정보센터(KRNIC)와 거대한 글로벌 기업인 M사가 공동으로 '키워드 방식의 인터넷주소 시장 진출'을 모색하고 있다는 기사가 나왔다. 이는 한국인터넷정보센터는 '한글.kr'처럼 자국어를 사용하는 계층적 방식의 다국어 도메인 시장만 관리하고 '넷피아'처럼 주소창에 키워드만 입력하여 해당 사이트로 접속하게 하는 '키워드 방식의 주소 서비스'는 업계 자율에 맡긴다던 한국인터넷정보센터의 기존 입장을 정면으로 뒤집는 일이었다.

그땐 이미 한국인터넷정보센터에서 계층적 방식의 한글주소 기술인 넷피아의 ngDNS를 선정한 뒤였으며, 넷피아의 ngDNS가 계층적 주소 방식은 물론 키워드 주소 방식의 서비스까지 구현할 수 있는 기술이라는 것은 한국인터넷정보센터에서도 이미 알고 있는 사실이었다. 그런데 어찌된 영문인지 결론은 엉뚱한 방향으로 진행된 것이다.

만약 이 결정이 현실화된다면 M사가 정부 산하기관과 연계해 우리와 같은 키워드 형태의 서비스를 하게 돼 우리는 정부 및 M사 연합과 경쟁하는 구도에 놓일 수밖에 없게 된다. 이런 구조는 그동안 우리가 해왔던 모든 노력이 하루아침에 수포가 될 수도 있었던 것이다.

이는 한국인터넷정보센터의 설립 취지에 어긋나는, 있을 수 없는 일이었다. 새로운 기술과 서비스를 개발하여 전 세계에 진출하려는 벤처기업을 지원해야 할 정부 기관이 한국인터넷정보센터(이후 한국인터넷진흥원으로 승격)이다. 그런데 그 정부 기관이 M사를 앞세워 넷피아가 하는 사업을 직접 하겠다는 것이었다. 민간이 하는 사업을 정부가 정부의 이름으로 직접 한다는 것은 있을 수 없는 일이었다. 이는 지금까지 안정적으로 성장하는 업체를 죽이겠다는 것과 다름이 없었다. 참으로 이해할 수 없는 일이었지만, 사실이고 현실이었다.

하는 수 없이 한국인터넷정보센터 초대 원장으로 9년을 재임했던 S 원장을 만나 자초지종을 물었다. 그런데 A 원장의 입에서 나오는 답은 너무도 어이가 없는 것이었다.

"정부가 국내 산업을 보호하고 이용자의 후생성을 높이기 위하여 글로벌 기업 M사와 함께 서비스를 제공하면 당신들은 그냥 편하게 영업만 하면 되는데, 어떻게 글로벌 기업과 싸워서 국내 시장을 지키겠다는 건가? 지나가는 소도 웃겠다."

참으로 기가 막히는 일이었다. 벤처기업이 자기의 기술로 미래 먹거리를 힘겹게 개척해 가고 있는데 정부 주무 기관의 수장이 지원은 고사하고 외국 기업과 손잡고 원천 기술을 가진 국내 기업과 경쟁하겠다니! 그러면서 '국내 산업 보호, 이용자 후생성' 같은 온갖 미사여구를 갖다 붙이고 원천 기술 개발 기업에 영업만 하라고 하고 있으니 억울하다 못해 화병으로 피가

거꾸로 치솟을 지경이었다.

대한민국 정부에서 임명한 한국인터넷정보센터 초대 원장의 입에서 차마 그런 말이 나올 줄은 몰랐다. 이분이 도대체 한국의 공직자인지 M사의 대리인인지 순간 어안이 벙벙하였다.

그래도 포기할 수 없었다. 수년간 한국인터넷정보센터에서 인터넷도메인주소 정책위원회 위원을 맡았던 나는 원장과 단장을 수차례 찾아가 설득하였다. 한국전산원에서 인터넷 분야가 한국인터넷정보센터로 분리되기 전부터 나는 NIC(Network Information Center)와 NNC(Name & Numbers Committee)의 위원으로 활동하고 있었던 만큼 한국인터넷정보센터의 설립 취지를 누구보다 잘 알고 있었다. 신임 원장이 취임하기 전부터 인터넷주소 관련 업무를 보고 있었으므로 우리의 기술력과 그 파급효과를 설명하면 분명히 통할 것이라는 생각이 있었기 때문이었다.

이에 한글주소 사업의 중요성을 피력하고 제발 M사 대신 우리를 좀 도와 달라고 요청하였다. 넷피아의 한글주소가 어떻게 여기까지 오게 되었으며. 아버지가 유명을 달리했다는 소식을 접하고도 바로 달려갈 수 없었던 사정, 결혼 전 마련한 아파트도 팔아 기술을 개발하였고 그렇게 힘들게 일으켜 세운 회사를 매각하여 큰돈을 벌 수 있었는데도 그렇게 하지 않은 이유 등 그동안 넷피아가 겪어 온 숱한 사연과 힘겹게 한글주소를 일군 과정을 설명하고 또 설명하였다. 그리고 "한글주소를 발전시켜 각국의 자국어 인터넷주소를 개발한 후 우리의 손으로 세계화하는 일을 해보자."는 제안도 함께 하였다.

하지만 한국인터넷정보센터는 이 모든 것에 아랑곳하지 않고 거대 글로벌 기업인 M사와 손을 잡고 한글도메인을 보급할 예정이니 넷피아는 포기하고 다른 사업을 하라고 했다. 참으로 통탄할 일이 않을 수 없었다.

"M사도 우리도 둘 다 민간 기업인데 왜 M사만 협상 대상인가? 정부 산하 기관이 M사와 손을 잡으면 관련 기술을 개발한 국내 기업이 도대체 어떻게 수출을 할 수 있단 말인가? 그렇게 되면 결국은 우리 정부가 M사의 영업대리점 노릇을 하는 게 아닌가?"

하지만 그토록 설득해도 소용없는 일이었다.

한편, 이 기관의 정책을 맡은 모 단장은 A 원장의 고향 동문이었고 A 원장의 고교 동문회에서 총무를 맡은 것을 나중에 알게 되었다. 진흥원에서 원장과 단장의 위촉은 전문성을 고려한 인사로 보기에는 의구심이 들 수밖에 없었다. 공직에 몸담은 이들이 국익에 반하는 일임을 너무도 잘 알면서도 '할 테면 해 봐라.' 식으로 교묘하게 벤처기업을 괴롭히는 것은 참으로 괴롭고 견디기 어려운 일이었다. 당시 해당 기관 산하의 주소위원회에서도 반대했고 나 역시 계속 이의를 제기했지만 언론에서는 연이어 협력에 대한 기사가 이어지고 있었다.

'아! 하늘도 참으로 무심하였다. 결국, 모든 일이 물거품이 되는구나!'

참으로 기가 막혔다.

새로운 산업의 뿌리 산업이 되는 혁신적인 아이템을 개발하여 글로벌 기업과 경쟁하는 것도 벅찬 일인데 지원을 받아야 할 정부와 경쟁하며 어떻게 이 사업을 할 수 있다는 말인가! 대한민국의 인터넷정보센터가 M사의 영업대리점 역할을 한다니! 구조야 그럴듯하게 만들겠지만 도저히 참을 수 없었다.

결혼 전에 마련한 아파트를 팔 수밖에 없었던 일, 직원들과 함께 낮에는 기술을 개발하고 밤에는 피시방에서 네트워크 공사 일을 하며 개발비를 한 푼이라도 벌려고 고생했던 일, 한글인터넷주소를 지키기 위해 300억 원에 회사를 팔라는 제안도 거절했던 일 등등 한글인터넷주소를 만들기 위해 고생했던 일들이 주마등처럼 스쳤다. 아, 이렇게 손 한번 못써보고 쓰러져야 하는가? 100년 전 전화자동교환기 같은 인터넷 실명 자동교환기를 개발해 전 세계 특허를 확보하고 새로운 산업을 개척하는 일을 지원해 주어도 모자랄 판에 정부 산하기관인 인터넷정보센터가 어떻게 이럴 수 있단 말인가?

인터넷 사업의 주무 기관인 한국인터넷정보센터는 넷피아가 외국에 나가 바이어와 상담하였을 경우 해당 거래처와 바이어가 넷피아의 사업에 관해 낸 공식적인 최종 의견을 받는 곳이다. 그런 이유인지 몰라도 외국의 주요 거래처에서도 "이판정 사장과 넷피아가 싸움꾼이다.", "사설이다.", "애국심에 호소하며 사업하는 기업이다." 하는 이상한 소리를 가끔 듣고 한다. 한편으로는 적극적이던 거래처가 갑자기 외면하기도 하여 영문을 몰랐던 경우도 많았다.

그런데 이런 정부 기관이 도메인 사업을 직접 하며 관련 분야에서 새로운 글로벌 기업이 나오는 것을 원천적으로 막고 있으니 이 일을 어찌해야 하나? 작은 벤처기업이 글로벌 기업과 경쟁하기도 벅찬데 어떻게 정부 산하기관과 경쟁하며 신기술을 개척할 수 있을까? 새로운 천 년에 찾아온 기회인 자국어인터넷도메인네임을 어떻게 전 세계에 보급할 수 있을지 앞길이 캄캄하였다.

정부 부처와 청와대에 탄원도 해보았다. 직접 청와대 담당 수석을 찾아가 도움도 요청해 보았지만, 돌아오는 답은 노이즈 기업이라는 오명뿐이었다. 청와대 탄원도 결국 주무 부처로 전달되고 다름 아닌 인터넷진흥원에서 답변을 받아 처리한 결과 매번 형식적인 답만 왔다.

한국인터넷정보센터의 송 원장과의 악연은 그렇게 시작되었다. 송 원장은 두 번 더 연임하며 총 9년을 그 자리에 있었다. 세계 최강이라 자랑하는 대한민국의 인터넷 산업이 무려 9년 동안 하염없이 그 자리에 맡겨져 있었다. 그 결과 인터넷 도입 초기 우리나라가 헤게모니를 갖고 전 세계인에게 새로운 가치로 기여할 자국어인터넷주소 글로벌 프로젝트는 태어난 국가에서 오히려 핍박받게 되었다. 무려 9년 동안······.

당시 송 원장 고교 선후배 중 내가 어떻게 해서 이 사업을 추진하는지를 잘 아는 분들은 본인에게 불이익이 와도 송 원장을 모교의 수치라 여기며 나를 적극적으로 도왔다. 그분들은 우리 때문에 보이지 않는 크고 작은 손해를 입었다. 하지만 개선되지 않았다. 우리는 정부 산하 기관장을 상대로 소송할 수도 없는 노릇이었다.

송 원장이 사외이사로 있었던 모 네트워크 장비 회사의 사장은 모 협회 협회장을 지내며 나를 싸움꾼으로 비아냥하였다. 한국 사람에게만 그렇게 한 것이 아니었다. 넷피아 본사가 어려움을 겪자 넷피아 일본 법인의 본부장을 지낸 일본인 C 씨는 넷피아 일본 법인을 그만두고 한국의 모 네트워크 장비회사에 취업하였는데 그는 동경에서 일본법인 옛 직원들이 모인 술자리에서 자신이 다니는 네트워크 회사의 사장이 직접 내 이야기를 그렇게 전했다고 하였다. 참으로 안타까웠다. 우리나라 최고의 명문대를 나온 엘리트인 그가, 벤처를 대표하는 협회장까지 맡은 이가 자초지종 확인도 없이 선배의 말만 듣고 국내외로 돌을 던지고 있었다. 본인도 벤처를 운영하는 만큼 왜 자초지종도 모르면서 돌을 던지는지 이해하기 어려웠다. 민간기업의 자산을 정부 산하기관의 장이 그 자리의 힘으로 뺏으려 하면 어떻게 해야 하는가? 그냥 순순히 수백억 자산을 말없이 내주어야 하는지 되묻고 싶었다. 업체에서 존경받는 그조차도 학교 선배이자 고향 선배의 말을 진실보다 더 가까이하고 있었다. 참 아쉬운 부분이다.

2005년 검찰이 넷피아를 압수 수색할 때 주임검사는 지방 지검에서 올라온 B 검사였는데 나중에 알고 보니 B 검사는 송 원장의 고향 후배였다. 그 무렵엔 액티브X[7]가 대유행이었다. 2003~2005년엔 대부분의 컴퓨터에 액티브X가 설치되어 기승을 부렸고, 2004년엔 M사가 D사 J 씨와 주소창 키워드 검색을 보호한다는 계약을 체결했다. 검찰에서는 액티브X의 문제점을 개선하고자 했던 것 같다. 바람직한 조치였다. 그 시기 검찰에서는 첨단수사부 주임 검사의 인사이동이 있었다. 여기서 우리는 액티브X가 어느 회사의 것인지 언제 나왔는지 왜 나왔는지 또 그 시기에 왜 그렇게 기승을 부렸는지 주목할 필요가 있다. 지난 10여 년간 대한민국의 온라인 산업은 그렇게 멍이 들어갔다. 그것이 그 주변 산업과 온라인 전체 산업에 어떤 영향을

---

7) ActiveX : 웹 브라우저용 플러그인은 다양한 종류가 있는데, 대표적인 것은 인터넷 익스플로러(Internet Explorer, 이하 IE)용 플러그인 액티브X(ActiveX)다. 액티브X의 대부분은 인터넷 서핑 중에 특정 웹 사이트에 접속해 기능을 실행하려 할 때 설치한다. 사용자의 PC에 직접 설치된다는 액티브X의 특징을 악용해 악성코드를 심거나 개인정보를 유출하는 경우도 종종 발생하고 있으며, 액티브X를 설치하는 과정에서 사용자가 원하지 않는 기능까지 함께 설치하는 경우도 많다. 이 경우 인터넷 서핑 중에 갑자기 광고 창이 출력되거나 원하지 않는 웹 사이트로 이동하는 등의 현상이 일어나곤 한다.

미쳤는지를 어렵지 않게 짐작할 수 있을 것 같다.

2015년 현재 우리나라의 인터넷 산업은 그 초기의 10년이 만든 길로 달려가고 있다. 콩 심은 데 콩 나지 않겠는가? 이제라도 지난 잘못은 바로잡고 새로운 방향으로 대한민국의 인터넷 산업을 이끌어야 한다. 지금 바로잡지 못하면 인터넷 강국이라는 구호는 우리를 더욱 부끄럽게 할 것이다.

참으로 아쉬운 점은 인터넷이 가장 발달한 한국에서 이처럼 어이없는 일이 벌어지는 사이 이웃나라 중국은 멋지게 새로운 세상을 펼쳐가고 있다는 것이다. 한국 정부 기관에 찾아가 자국어인터넷도메인네임을 같이하고자 제안하면 한국 공무원은 중국 정부는 모르지만 한국에서는 어렵다고 하였다.

서울에서 중국 북경까지의 비행시간은 불과 1시간 30여 분이다. 비행기 이륙 후 약 세 시간이면 약속장소에 도착할 수 있다. 서울에서 KTX로 부산 가는 시간에 북경에 도착한다. 2015년 현재 중국은 대부분의 한국인이 생각하는 중국이 아니다. 중국은 유럽 시장, 아시아 시장의 중심에 있는 미래 미국이다. 만만디(천천히) 중국은 옛말이다. 국익을 위해서는 즉시 처리되는 나라이고, 모바일 벤처 기업은 서비스 출시 후 3개월 이내에 성공하지 못하면 실패라고 생각할 정도로 빠르다.

2015년 6월 현재 인터넷과 소프트웨어 분야에서 중국 베이징과 한국 서울의 인건비를 비교해 보면 그 명암을 알 수 있다. 북경의 경우는 이미 소프트웨어 개발자 인건비가 서울보다 높고 이제는 일부씩 한국에 외주를 주고 있다. 모바일 분야에서는 중국이 대부분의 영역에서 한국을 약 3년 정도 앞서 있고, 결제 등의 핀테크 산업에서는 중국이 한국을 10년 정도 앞서 있다고 스스로 말한다.

ICT 강국이라는 대한민국은 도대체 어디로 가고 있는가?

2000년 초 한국인터넷정보센터와 M사의 연합 소식은 우리에겐 치명적이었다. 우리가 만든 자국어인터넷주소의 메커니즘과 그 핵심 기술은 어떻게 되는 것인가? 도저히 묵과할 수 없는 일이 벌어지고 있었다. 여기에는 M사의 의도가 있고 한국인터넷정보센터의 의도가 있었다. M사의 의도는 넷피아 없애기였다. 이는 인터넷주소창에 기업명을 입력한 사용자들을 해당 기업의 고객이 되도록 하는 넷피아의 주력 사업 때문이었다. 모든 기업의 고객이 인터넷을 통해 직접 만나는 데 다리 역할을 하는 넷피아가 존재하는 한 브라우저 제작사는 주소창의 남의 고객을 자동으로 자신의 고객으로 만들기 어렵다. 넷피아가 사라지면 인터넷주소창에 기업명을 입력한 모든 기업의 고객은 엉뚱하게도 포털로 이동된다. 그 규모가 한국에서만 연간 약 90억 건이다. 이를 통해 브라우저 제작 기업은 엄청난 불로소득을 얻을 수 있다. 그러나 넷피아의 한글인터넷주소가 건재하면 이처럼 피해자가 모르는 어마어마한 불로소득을 M사와 포털은 얻을 수 없게 된다. 넷피아의 서비스는 주소창에 기업명을 입력하면 직접 해당 기업으로 연결되기 때문이다. 넷피아는 주소창에 기업명을 입력하는 사용자는 그 기업의 고객임을 분명히 하고 있다. 영문도메인네임처럼 넷피아가 구축해가는 자국어 실명도메인네임이기 때문이다. 그 규모는 넷피아 통계 기준(2005년)으로 1일 약 2,500만 건이다. 이는 월간으로는 7억5,000만 건, 연간으로는 약 90억 건에 해당한다.

90억 건에 이르는 남의 고객을 포털이 가로채기 하면 포털은 키워드 광고

100원짜리 하나만 클릭해도 연간 9,000억 원이 된다.

2003~2007년 당시 포털의 키워드 광고를 도맡아 한 오버추어는 액티브X 등으로 남의 고객을 가로챈 기업이 오버추어로 그 고객을 몰아주면 고객 1건당 약 10~20원을 지급하였는데 이는 월간 약 100억 원(연간 약 1,200억 원)이었다고 전직 오버추어 임원은 토로하였다. 그 돈을 받아간 업체가 약 100여 개라고 전했다. 오버추어와 포털은 주소창에 기업명 등을 입력하면 기업명을 입력하는 사용자는 그 기업의 자산이고 고객임에도 이것을 검색질의(query)라고 특정 지었다. 그들의 용어로는 남의 고객 하나가 단순 쿼리(질의 건수)라고 하였다. 엄연한 기업의 고객이 단순 쿼리(질의 건수)로 불리고 건당 10~20원씩 거래되었다. 기업명, 상호명을 입력한 사용자는 그 기업의 고객이지만 한 번 입력된 한 사용자는 한 건이 된다. 남의 고객을 액티브X, 툴바 등을 통하여 브라우저 주소창에서 가로채기하여 포털로 빼돌려 주면 건당 10원을 받는다고 가정할 때, 즉 연간 90억 건이면 오버추어와 포털은 연간 900억 원을 가로채기 업자에게 돌려준다.

이렇게 해서 포털로 들어온 사용자는 보통 3~5회 클릭을 하는데, 검색 목록처럼 보이는 리스트가 사실은 줄 광고라고 하는 키워드 광고이므로 키워드 광고를 운영하는 오버추어와 그 사이트를 제공하는 포털은 키워드 광고 한 줄에 100원만 받아도 구매한 가격의 10배에 해당하는 엄청난 이득을 보게 된다.

포털에 들어가면 이런 광고가 보통 10줄 이상이다. 상단에 올리는 광고를 경매로 입찰하므로 비싼 것은 한 번 클릭할 때 무려 3만 원 하는 것도 있다. 10원을 주고 다른 기업의 고객을 뺏어와 1,000원에 판다고 하면 100배의 마진을 본다.

전화를 건 사용자를 통신사 전화망에서 또는 전화기에 특수한 것을 설치하여 모두 114로 보내고 이에 대해 1건당 10~20원을 받아 가로채기해 주고, 이를 구매한 114가 전화를 연결해 주는 데 1건당 100~1,000원을 받는다면 이 얼마나 노다지 사업이겠는가?

창업한 작은 기업들이 자사의 전화번호를 알리려고 노력하면 할수록 그 노력에 비례하여 엉뚱한 이들이 천문학적 돈을 벌게 하는 구조가 합당한 구조인가?

인터넷에서는 전화번호가 아닌 그 기업명과 상품명이므로 현재와 같은 상태에서 중소기업이 자사의 상품과 기업명을 알리면 알릴수록 그들의 예비고객은 물론 단골고객마저도 매번 포털로 간다. 이런 구조가 2002년부터 지금까지 이어져 오고 있다. 15년 이상 이런 엉뚱한 구조 속에서 작은 중소기업들이 큰 피해를 보고 있다. 세계 경제가 이만큼 지탱하는 것도 신기할 따름이다.

2017년 3월 14일 나는 덴마크 코펜하겐에서 열린 ICANN 58차 콘퍼런스에서 『드림 소사이어티, 르네상스 소사이어티』를 쓴 롤프 옌센(Rolf Jensen)을 만났다. 그는 1999년 자신이 쓴 책에서 1인 기업을 강조하였다. 그러나 그 1인 기업인 소기업은 이렇게 인터넷의 왜곡된 구조 속에서 고전을 면치 못하고 있다.

국가마다 차이는 있지만 전체 고용 중 중소기업이 약 80~90%를 차지한다. 즉 MSME(Micro and Small Medium Enterprise)가 경제의 주축인 시대로

'드림소사이어티' 저자 롤프 옌센, 넷피아 대표와 공동 출간

'드림소사이어티'의 저자이자 덴마크 미래학자인 롤프 옌센(Rolf Jensen)이 이판정 넷피아 대표와 공동으로 책을 출간하기로 합의했다.

롤프 옌센과 이판정 대표는 지난 14일(한구시간) 덴마크 코펜하겐 인근 지역 프레데릭스베르크에서 만남을 갖고 현재 세계 경제가 갖고 있는 저성장 문제에 대한 원인과 이에 대한 해결 방안을 놓고 대화를 나누고 공동으로 책을 저술하기로 합의했다고 20일 밝혔다.

두 사람은 책에서 세계 경제 미래에 대한 비전을 함께 제시할 계획이다. 넷피아는 95개구의 자구어 인터넷주소를 개척한 온라인 솔루션 기업이다.

이판정 대표(왼쪽)과 미래학자 롤프 옌센(오른쪽)이 악수를 나누고 있다. / 넷피아 제공.

롤프 옌센은 "선진구들이 여전히 이전 산업혁명 시대의 패러다임에 안주하고있다"고 지적하며 "경제의 '톱니바퀴'의 상당 부분을 차지하는 중소 기업의 경영 악화가 지금의 수요 부족 사태를 가져왔다"고 말했다.

이판정 대표는 이에 공감하며 "인터넷의 왜곡된 구조가 기업, 특히 수많은 중소 기업들을 위기로 몰아 넣고 있다"고 말했다.

옌센은 세계적인 베스트셀러인 '드림소사이어티'와 '르네상스 소사이어티'등 책 2권을 통해 "인류는 산업혁명과 정보사회를 거쳐 드림소사이어티로 진입하게 될 것"이라고 예측한 바 있다.

한편, 옌센은 이날 대담에 앞서 한구에 대해 "한구에는 5~6번 다녀왔다"고 친근감을 나타내면서 "한구은 모든 곳에서 초고속 와이파이가 되는 인터넷 강구"이라며 한구에 대한 소감을 밝혔다.

출처: ChosunBiz 2017년 3월 20일자 기사

패러다임이 전화되었다. 그런데 패러다임이 점차 바뀌고 있지만, 이런 기업들이 포털이 파놓은 인터넷 함정에 빠져 헤어나오질 못하고 있다.

중소기업의 경영 악화는 잉여이익의 하락을 가져오고 그것은 소속한 모든 노동자의 수입 저하와 일자리 불안을 동시에 수반한다. 세계 각 나라가 돈을 풀어도 갈수록 경제가 이상하게 움직이는 이유는 분명히 경제 선순환 구조에 문제가 있기 때문이다.

롤프 옌센은 경제의 톱니바퀴의 상당 부분을 차지하는 중소기업의 경영 악화가 지금의 수요 부족을 가져왔음을 이야기하였고 그것이 인터넷의 왜곡된 구조에 기인함을 인지하고, 그동안 풀지 못한 깜깜한 현실 위로 해가 치솟는 듯한 느낌이라고 그 표현을 대신하였다.

2017년 3월 14일 이판정 넷피아 대표가 덴마크 미래학자인 롤프 옌센과 공동으로 책을 출간하기로 합의했다

롤프 옌센과 나는 지금의 경제위기를 진단하고 그 해법을 제시하는 책을 공동으로 저술하기로 하였다. 경제·경영 분야의 미래학자인 그와 인터넷 분야에서 20여 년간 있으면서 인터넷 산업현장의 구조를 잘 아는 내가 공동으로 저술하면 상호보완적인 부분이 컸으므로 그렇게 하자고 흔쾌히 합의하였다.

오버추어는 연간 1,200억 원을 이런 남의 고객 가로채기 업체에 현금으로 주었다고 전한다. 그리고 그들은 이렇게 가로챈 남의 고객이 포털에 몰려 사용자가 늘어나면 그런 사용자를 자신의 고객으로 만들려는 기업에 키워드광고인 CPC(Cost per Click)로 유도한다. 오버추어는 2013년 한국에서 철수하기 전까지 포털의 키워드 광고를 대신 해준 키워드 광고 전문 기업이다. 알고 보면 원래 그 기업으로 오고자 하는 자신의 고객이 알 수 없는 구조로 포털로 이동된 것이다. 사용자는 그곳에서 자신이 입력하였던 이름이 상단에 걸려 있으면 사용자 자신이 찾는 기업이 포털의 검색 결과로 나열된 줄 알고 광고를 클릭하여 찾고자 했던 해당 기업으로 접속한다. 지금은 포털의 상단에 나열된 것이 광고라고 인식하는 사용자가 많지만, 예전에는 포털에서 어떻게 원하는 것을 알고 검색해주는 좋은 서비스로 착각하는 경우가 많았다.

많은 사람이 한국인터넷정보센터가 왜 그토록 집요하게 한글인터넷주소를 M사와 제휴하여 직접 서비스하려고 했는지 의구심을 갖는데, 한국인터넷정보센터의 의도는 .kr 도메인의 관리 및 민간이양 방식을 보면 알 수가 있다.

정부가 전자 정부 사업에 수천억 원을 투자해도 접근 자체가 영문도메인네임이면 국민이 접근하기가 어렵고, 정부 기관명의 홍보에도 도움이 되지 않는다. 청와대, 검찰청, 공정위, 대법원 등을 입력했는데 해당 기관으로 직접 가지 않고 포털로 이동한다면 거기서 한 번 더 클릭해야 접속할 수 있다. 이 얼마나 낭비이며 비효율적인가?

모바일 시대가 되면서 이 문제는 모든 국민에게 통신 비용 부담을 가져왔다. 매번 포털로 가야 하고 작은 화면에서 한 번 더 클릭해야 해당 홈페이지로 연결되기 때문이다. 행정 업무를 모바일로 알아보려 할 때 직접 해당 정부 사이트로 가지 못하고 매번 포털로 이동하고 나서야 해당 사이트에 접속할 수 있게 된 탓에 이에 따른 데이터 비용을 사용자가 부담하게 되는 것이다. 부담하지 않아도 되는 통신 비용을 국민이 아무 이유 없이 물고 있다. 이는 정부가 강조하는 사용자 후생성(삶을 넉넉하고 윤택하게 함)을 해치는 환경이다.

국민이 정부에 전화할 때마다 유료인 114 통신 비용을 내는 것이 국민(사용자) 후생성을 위한 일이 아니듯이, 국민이 정부 홈페이지에 접속하려고 할 때 어쩔 수 없이 다른 곳(포털)에 접속하여 데이터 사용에 따른 비용을 매번 부담하는 구조는 이용자 후생성을 넘어 부당한 구조이다.

이런 구조에서는 시간도 더 많이 소요된다. 전화가 직접 연결되면 연결에 따른 시간 낭비가 없지만, 매번 114를 통하여 안내를 받으면 그만큼 전화 연결에 따른 시간 낭비가 심각해진다. 더욱이 인터넷은 전화보다 그 사용 빈도수가 더 많은데도 매번 포털에 어쩔 수 없이 접속하는 것에 대해 의구심을 품지 않는다. 포털이 열리는 시간과 데이터 비용을 국민(사용자)이 매번 부담하고 한 번 더 클릭하여 해당 정부 홈페이지에 접속한다. 포털을 거치지 않고 정부의 홈페이지로 바로 접속하기 어려운 구조다. 정부보다 포털이 우선인 왜곡된 구조다.

　포털은 전화로 비유하면 114 같은 곳이다. 처음에 해당 기업명을 잘 모를 때는 꼭 필요한 서비스다. 우리는 전화번호를 모르면 전화기에 분명히 114를 눌러 접속한다. 포털도 포털의 도메인을 입력하거나 미리 지정한 북마크 등을 통하여 접속하여 원하는 검색을 찾는 구조가 정상적인 구조다. 잘 아는 전화번호를 입력하였는데 모두 114로 돌려진다면 전화번호를 가진 기업은 큰 피해를 볼 수밖에 없다. 포털에서 쓰는 용어 중 ROI(Return on Investment)와 ROAS(Return on AD Spending)가 있다. ROI는 투자비에 대한 회수를 말하고 ROAS는 광고비 지출에 대한 회수를 말한다. 즉, ROI와 ROAS는 각각 투자 수익률과 광고 수익률을 뜻한다. 키워드 광고가 효과가 좋은 건 타깃 광고이기 때문이라고 광고 마케팅 전문가들은 분석한다. 맞는 이야기다. 그렇다면 전화번호처럼 기업명을 알고 직접 기업명(전화번호)를 입력하는 사용자도 타깃 광고의 대상인지 묻고 싶다.

　현재 포털의 키워드 광고 규모는 연간 약 1.5조 원에 이른다. 연간 90억 건의 남의 고객을 가로채기하면 건당 100원으로 단순 계산만 해도 연간 9,000억 원의 부당이득이 생긴다. 이것은 과연 누구의 것이겠는가? 포털과 브라우저 제작 기업이 왜 넷피아를 그토록 두려워하고 그토록 음해하는지 알 수 있는 대목이다. 넷피아가 전화처럼 직접 연결을 하여 2005년 검찰 압수 이전에 연 9,000억 원대의 키워드 광고 매출을 없애고 있었다고 포털은 보았기 때문이다. 즉, 넷피아가 사라지면 포털은 연 9,000억 원대의 매출을 올리면서 급성장할 수 있다는 의미이다. 모 검사가 넷피아를 압박한 2005년 이후 포털의 급성장하는 매출을 보면 그것이 어떤 숫자인지 짐작이 간다. 그리고 그것이 누구의 돈인지 들여다보면 수십만 중소기업 사장이 얼마나 애처롭고 안타까운 존재인지 알게 된다. 포털의 키워드 광고 매출은 중소기업 사장들의 진한 땀과 눈물의 크기이다. 새로운 분야에 진실이 왜곡되면 공권력은 돈의 하수인이 된다. 사람들이 잘 모르는 첨단 분야의 천문학적인 부당이득은 공권력을 눈뜬장님으로 만들 수 있다. 공정과 정의를 잃은 시장은 카르텔을 만들고 시장 수탈자들의 온갖 수탈에 중소상공인의 한계 체력이 임계치를 넘는다. 피해자는 성실히 일하는 수십, 수백만의 중소기업이다. 이를 달리 표현하면 직접 연결되는 한글 인터넷주소는 연간 9,000억 원 상당의 가치가 있다는 의미이며, 그 9,000억 원의 혜택이 중소기업에 직접 돌아간다는 것이다. 키워드 광고는 클릭 시 대가를 지급하고 고객을 직접 자신의 사이트로 들어오게 하는 것이 목적이기 때문이다. 공권력이 눈뜬장님이 된다면, 정치인이 그것을 알고도 방기한다면 성실히 일하는 수십, 수백만의 중소기업 사장과 그 직원들의 눈물과 땀은 왜곡된 정치권과 공권력의 꿀이 된다.

M사의 의도는 2015년 현재 M사가 브라우저 주소창을 통해 전 세계에서 벌어들이는 수익의 주요 원천을 보면 알 수 있다.

① 전화번호를 입력하는 사용자는 그 기업의 고객이다.
② 영문도메인네임을 사용하는 사용자 역시 그 기업의 고객이다.
③ 그런데 도메인네임에서 .co.kr이 없는 브랜드(기업명)만을 입력하는 사용자는 누구의 고객인가?

2015년 현재 ③의 가장 큰 불로소득 수혜자는 브라우저 제작사와 포털이다.

우리나라의 국가 도메인인 .kr은 카이스트의 전길남 박사가 국제 도메인 관리 기구였던 IANA로부터 관리책임자 역할을 부여받아 개인 자격으로 갖고 있던 것이다. 도메인 생성 초기에는 국가 도메인을 민간에서 관리하는 경우가 많았기 때문이다. 당시 전길남 박사는 .kr 도메인의 운영을 한국전산원에 위임했었는데 이후 한국인터넷정보센터가 설립되면서 .kr 관련 서비스 운영 대행은 한국인터넷정보센터가 담당하고 .kr의 정책 관리는 민간 기구인 NNC(Name & Numbers Committee)에서 담당하였다.

그러던 중 .kr 도메인을 관리하던 한국인터넷정보센터는 2001년 9월 도메인의 운영관리만 담당하고 고객을 대상으로 하는 직접 서비스는 민간에 위탁하겠다고 발표한 후 그 시범서비스를 한국인터넷정보센터의 전임 직원들이 분사해서 만든 회사인 I사에 맡겼다. 한국인터넷정보센터는 공정한 공개입찰 과정 없이 자신의 직원들이 세운 회사를 시범서비스 운영 업체로 선정한 것이다. 이 때문에 한국인터넷정보센터는 약 100억 원 이상의 .kr 등록비 수익을 고스란히 I사에 넘겼다는 의심을 받게 되었다.

시범서비스 운영을 6개월만 I사에 맡기는 것이라 했던 한국인터넷정보센터의 발표와 달리 1년 가까이 경쟁관리를 위한 절차가 이행되지 않자 도메인 업계는 강하게 반발하고 나섰다. 이후 I사는 설립된 지 몇 해 되지 않아 제삼자에게 인수되었고, 이를 통해 I사의 초기 창립 멤버와 주주들은 높은 주가 차익을 볼 수 있었다. 그러나 국가 공공재를 이용하여 개인적으로 부를 축적했음에도 그 돈의 향방은 투명하게 공개되지 않았다.

게다가 한국인터넷정보센터는 한글인터넷주소 또한 국가가 관리해야 한다고 주장하면서 2003년 주소자원관리법에 관련 내용을 추가하려고 하였

KRNIC, 도메인 등록업무 편법 이양 [논란]

한구인터넷정보센터(KRNIC, www.nic.or.kr)가 .kr 도메인 등록사업을 민간업체에 편법 이양하기로 한 것으로 밝혀져 논란을 빚고 있다. 7일 관련업계에 따르면 KRNIC은 7일 임시 이사회를 열고 도메인등록업무를 민간 업체인 아이네임즈(대표 윤태섭 www.i-names.co.kr)에 이양하는 계약을 다음주 중 체결하기로 결정한 것으로 알려졌다. 아이네임즈는 KRNIC에서 도메인 등록업무를 담당하던 직원들이 출자해서 만든 회사다.

다음 주 정식계약이 체결될 경우 KRNIC은 정책 결정, DB 운영, 시스템 관리만 담당하고 도메인 등록 업무는 아이네임즈가 맡게 된다. KRNIC이 레지스트리(도메인 록상위기관) 역할을 하고, 아이네임즈가 레지스트라(도메인등록대행업체) 겸 에이전시 역할을 맡는 방식이다.

도메인업계는 KRNIC의 이 같은 시도에 대해 "등록업무를 민간에 이양하는 과정에서 아이네임즈에 레지스트라 자격을 부여하기 위한 사전 포석"이라고 비판하고 있다. KRNIC은 오는 2002년말까지 경쟁체제를 도입하라는 기획예산처 방침에 따라 수익 사업인 도메인 등록 업무를 민간업체에 이관해야 하는 상황이었다.

한 도메인 업체 관계자는 "공공기관인 KRNIC이 편법으로 별도 법인을 설립하고 일하던 직원들에게 특혜를 준 것"이라며 "공정하고 객관적으로 업체를 선정한 게 아니라 수의계약 방식으로 특정업체에 특혜를 주는 격"이라고 주장했다. 또 다른 관계자는 "KRNIC은 방만한 공공 경영의 대표적인 사례"라며 "레지스트리를 맡으면서 레지스트라까지 독점해 수익을 독식하겠다는 속셈"이라고 목청을 높였다.

그는 또 "웹 페이지 암호화 등 기존 리셀러 업체들의 권한은 제한하면서 아이네임즈에 DB 접근권을 준 것은 특혜"라며 "공정한 기회를 주지 않고 결구 다른 도메인 업체들은 리셀러가 될 수밖에없는 상황으로 몰고 갈 것"이라고 지적했다.

그러나 아이네임즈 측은 "안정적인 운영을 위해서는 KRNIC에서 도메인 운영을 담당하던 직원이 적격"이라며 "주요 DB관리, 고객정보 등록 처리, 보안 안정성 강화 등의 업무를 하고 있다"면서 문제될 게 없다고 주장하고 있다.

KRNIC은 지난 5월 설립된 아이네임즈와 도메인 등록업무에 대한 위탁 운영계약을 맺고 아웃소싱 형태로 업무를 진행해 왔다. 아이네임즈 측은 "5월 계약은 KRNIC 업무 위탁용역 계약이었고, 9월 계약은 KRNIC의 도메인 등록업무를 아이네임즈가 맡게 된다는 내용"이라고 설명했다.

한편, 정통부 측은 "남아도는 인력에 대한 구조조정 차원이 아니라 경쟁체제를 도입하기 위한 과정에서 법률자문까지 받으면서 일을 진행해 왔기 때문에 문제는 없다"고 설명했다. 또 "도메인 등록업무를 별도로 떼어내 수행할 기관이 현재로는 없다"면서 "다른 업체를 선정할 상황도 되지 않는다"고 말했다.

출처: 아이뉴스 24   2001년 9월 8일자 기사

는데 이는 원기술 개발자인 넷피아의 권리를 회수하여 자신들의 지인들에게 편법으로 이양하려는 의도로 해석할 수밖에 없었다. 국가대표 도메인인 .kr마저도 편법이양을 통해서 이권을 챙기는 일이 21세기 초 대한민국의 하늘 아래에서 이루어지고 있었던 것이다. 그러나 그 배후에 어떤 사람들이 있는지는 알 수가 없었다.

세계적 신기술이나 세계를 바꿀 제품이 개발되면 그것을 키워서 세계화할 수 있도록 지원해 주어야 할 기관이 정부와 그 산하기관이다. 그런데 그런 기관의 초대 원장이 정치적 힘으로 자리를 보존한 채 국가 미래 산업의 정책적 방향과 초석을 다지기는커녕 이런 어이없는 일들을 만들고 있었다.

상황이 그렇게 되자 나도 더는 가만히 있을 수 없었다. 나뿐만 아니라 우리 자식들 세대를 위해서라도 이젠 바꿔야 한다고 다짐했다. 이대로 물러선다면 죽는 날까지 후회할 것 같았다. 그리하여 나는 '한국인터넷정보센터가 M사에 세종대왕을 판다'라는 제목으로 여론을 몰아가며 격렬하게 대응하였다.

정보통신부가 나서기 시작한 것도 그 무렵이었다. 여론이 들썩이고 시끌벅적해지자 도대체 무슨 일이 벌어졌는지를 검토했고 그 후 한국인터넷정보센터가 M사와의 업무 진행을 중지하도록 하였다. 사건은 대략 그렇게 일단락이 되는 듯했다. 그 당시 한국인터넷정보센터와 M사의 관계가 어떠했는지는 다른 나라에는 없고 우리나라에는 있는 액티브X가 잘 대변하지 않을까? 지난 20여 년간 한국의 소프트웨어 분야와 인터넷 분야를 보면 자기의 꿀통은 통째로 남에게 빼앗기고 그나마 남은 일부 꿀을 서로 먹으려고 지역별로 뭉치고 학교별로 뭉치는 형국이었다.

독특한 아이템이 있으면 이를 전략적 포트폴리오로 만들고 지원해주는 민간기구와 시스템이 우리나라엔 아직 없다. 그저 먹고 먹히는 전쟁터다. 오천 년 문화국가다운 상생 문화와 개척자를 존중하는 벤처 문화는 잘 보이지 않고 학연과 지연으로 저격수까지 동원한다. 유치함을 넘어 참으로 잔인하기 그지없는 나라다. 이 때문에 중소기업을 운영하는 이 땅의 기업인들은 스스로 외로운 싸움을 해야 하고 진실을 밝히려 자살을 서슴지 않기도 한다. 참으로 아프고 아쉬운 대목이다.

중소기업인이 할 수 있는 일이라고는 그저 힘없는 글로 진실을 기록하는 것밖에는 없다. 대한민국의 마지막 양심에 호소하는 것 외에는 달리 길이 없다. 상식으로써 우리 사회가 스스로 치유되기를 바랄 뿐이다. 이 책을 쓰는 이유도 과거의 잘못 있는 이를 찾아 응징하자는 뜻은 아니다. 지나간 일은 지나간 일이다. 앞으로 그러한 일을 막으려면 무엇을 해야 할지를 함께 고민하는 시간이 되었으면 좋겠다.

우리나라 공직 시스템에는 혁신적 기업과 혁신적 아이템을 발굴해 세계화하려는 메커니즘이 없다. 공무원은 이권에 개입할까 두려워 국가의 미래를 책임질 혁신적 아이템을 발굴하지도 지원하지도 못하고 있다. 그저 글로벌 기업의 눈치만 보고 있다. 대한민국이 언제부터 이렇게 되었는가? 중국의 인터넷 기업이 지난 5년간 급성장한 것을 보면 그 이유를 가늠할 수 있다. 대한민국 인터넷, 과연 이대로 좋은가?

2015년 1월에 우리나라 벤처기업이 3만 개를 돌파했다는 기사를 본 적이 있는데 벤처기업 3만 개가 나와도 미국 나스닥 시장에 이름을 올리고 전 세계에 알려진 기업은 몇이나 될까? 인터넷 사업 20년을 한 나 역시 어떤 기업이 지금 미국 나스닥 증시에 있는지 잘 모른다.

모든 문제는 하나로 귀결된다. 공무원에게 있다. 그렇다고 공무원만의 문제인가? 우리나라 대부분 공무원은 참 열심히 일한다. 참 열심히 국가와 국민을 위해서 봉사한다. 그런데 지난 20년간 벤처기업 육성 분야의 성적이 별로다. 중국의 알리바바가 삼성전자(150조 원)의 약 1.6배에 달하는 270조 원의 주식가치를 만들었을 때 대한민국은 무엇을 하고 있었는가? 한국 게임 산업을 매입한 중국 텐센트의 주가 총액이 삼성전자를 앞질렀을 때 대한민국은 과연 무엇을 하고 있었는가? 한 검사를 앞세워 세계적 중견 기업으로 성장하던 넷피아를 불구로 만들었다. 그리고 그에 대한 반성도 없다. 이러한 시스템으로 어떻게 국가의 미래를 이끌어갈 세계적 소프트웨어 기업을 만들 수 있을까? 남의 것만 보고 따라 하고 한국의 빌 게이츠, 한국의 스티브 잡스, 한국의 구글, 한국의 페이스북 만들기는 20년 전이나 지금이나 반복적 구호로 그치고 있다. 남의 별만 보면서 어디로 가는지도 모르고 나아가는 것은 예나 지금이나 별반 다르지 않아 보인다. 더구나 '한국의 ○○○○' 같은 아류 만들기로는 절대 선진국이 될 수 없다. 한국의 빌 게이츠, 한국의 스티브 잡스, 한국의 구글 등 남 따라 하기와 흉내 내기는 지난 20년이면 충분하다.

우리의 공직 사회는 원목적 회복 운동이 필요해 보인다. 왜 그 자리에 있는지, 왜 안정된 급여를 받는지, 급여가 적다고 푸념할 것이 아니라 그것마저 없으면 어떻게 할 것인지 한 번쯤 되돌아보아야 한다. 수치적으로는 100만 공직자가 1기업만 지원하고 육성해도 100만 개 기업이 된다. 언제부터인가 대한민국에는 공직자들의 가슴을 뛰게 할 비전이 없다. 이제 공직도 전문화 시대이다. 국장이 되기 전에 국가가 자가 출판(국가가 출판을 지원하는) 효과가 있는 책[8]을 예비 국장에게 출간하게 하여 해당 분야의 이정표를 제시할 필요가 있다. 그리고 국가가 그 책을 매입하여 전국 도서관과 각급 학교에 배포할 필요가 있다. 학교만 해도 2만 개가 넘으니 약 3만 권을 국가가 매입할 수 있다. 권당 1만 원을 가정하면 약 3억 원의 금액이 저자에게 돌아갈 수 있다. 하나의 예에 불과하지만, 공무원이 국장이 되면 돈 걱정 없는 구조를 만들어 주어야 한다. 그리고 그 책을 통하여 해당 국장의 전문성을 검증받게 하고, 국가는 더욱 전문성이 있는 정책관을 두게 되어 각 분야의 정책 고도화가 가능하고 그것은 모든 분야의 선순환 구조를 만들 수 있을 것이다.

선심성 행정으로 소모되는 자금을 이런 생산적인 곳으로 돌리면 공직사회는 더욱 전문화되고 가정의 재정이 안정된 공직자는 아이들 학습비, 노후에 대한 걱정 없이 주어진 국사에 더욱 충실할 수 있을 것이다. 열심히 일한 공직자에게 국가가 제도적으로 노력에 대한 대가를 주는 문화를 반드시 만들어야 한다. 현실적으로 어려움이 많겠지만 일반 서점 유통 등 여러 가지 방법이 있을 것이다. 현실성이 부족하지만 어떤 식이든 지혜가 필요하다. 효과는 즉시 산업의 투명성과 산업의 발전으로 이어질 것이다. 그렇지 않

---

8) 보통 출판사에서 출간할 경우, 저자가 원고료로 10%도 받기 힘들다. 그래서 자비(자가) 출판을 하면 인쇄비와 유통비를 제외한 원고료를 받을 수 있다. 그런데 이 경우 인쇄비와 유통비가 부담이 된다. 그래서 공무원이 출간한 책이 전문성 심사를 통과하면 정부가 출판 인쇄비를 도와주고 각 정부 기관에서 동시에 해당 책을 구입하면 해당 공무원은 큰 고민을 줄일 수 있는 자금을 확보할 수 있다.

으면 공직사회의 술 문화와 정치권 줄서기 문화는 쉽게 개선되지 않을 것이다. 공직자에게 관련 분야 정책 경력을 통한 책 출간을 하게 하는 것은 공직의 보상 시스템 중의 하나가 될 수 있다. 돈의 유혹이 가장 큰 시기에 공식적으로 자금을 마련하여 바른 정책에 집중하는 효과를 볼 수도 있고, 퇴임 후 전문성을 활용하여 재취업하는 데도 큰 도움이 될 수 있다. 전문성과 실력보다는 단순 전관예우로 대접받는 시대는 과거의 부끄러운 유산이다. 신성한 공직을 사익으로 이용하여 합리적이지 않은 일에 평생을 일한 직장과 그 후배 등을 이용하는 일은 그 사람이 걸어온 인생의 단면이 된다. 이제는 떳떳이 본인의 실력을 인정받게 하는 과정이 있어야 한다. 그래야 그 전문성을 인정받아 정권에 멀고 가깝고를 넘어 전문성의 힘으로 60대, 70대, 80대까지 전문가로서 아름다운 노후, 존경받는 노후를 즐길 수 있을 것이다.

창조산업, 소프트웨어 분야에서 세계 최초이자 최고라는 수식어가 붙지 않으면 살아남을 수 없는 세상이다. 삼성은 한국의 삼성이 아니다. 그냥 전세계에서 '삼성'이다. 넷피아는 대한민국에서 시작한 작은 벤처기업이지만, 지난 20년간 전 세계인이 언젠가는 사용할 자국어로 된 실명인터넷도메인 네임 시스템을 개발하고 그 서비스를 전 세계인에게 선보였다. 자국어 실명 이름은 기업명, 정부 기관명, 상표 등이다. 이것은 단순히 실명이 아니라 기업이 홍보와 마케팅을 하여 알린 이름이다. 즉 모든 기업의 자산이다. 또 사용자이자 해당 기업의 예비고객들이 하루 중 전화번호보다 더 많이 입력하고 사용하는, 생활 속에 이미 깊숙이 자리 잡은 이름이다. 그리고 그 이름을 입력하는 사용자는 해당 기업의 소중한 고객이다.

기업명이 검색용 키워드인가? 인터넷 시대 대부분의 인터넷 이용자는 검색 포털의 회원이다. 그들의 절대적 미디어적 파워는 거짓을 진실로 보이게 끔 만들기에 충분했다. 자신들의 검색창이 아닌 인터넷주소창에 입력된 기업명의 경우 도메인네임이 아닌 검색용 키워드라고 지속적으로 왜곡하고 있다. 그 피해는 고스란히 그것을 믿어버린 수백만의 중소기업에 돌아가고 있다. 수많은 기업이 힘들여 확보한 고객을 21세기 최고의 도구인 인터넷을 통해 포털에 아무 저항도 못 하고 빼앗긴다. 기업 운영의 목적은 고객 만들기이다. 이윤도 고용도 모두 고객에게서 나오기 때문이다.

언제부터인가 우리 사회는 특별한 이유나 직업 없이 고급 승용차를 타고 다니는 이들이 많은 것 같다. 고급 승용차를 타는 것이 이슈는 분명히 아니다. 하지만 인터넷이 등장한 이후 주소창 남의 고객 가로채기는 불로소득자를 양산하였다. 아무 직업 없이 남의 고객을 가로채기하여 포털로 돌려주며 연간 5억~10억 원 벌기는 그리 어려운 일이 아니었다. 밤낮없이 열심히 일한 중소기업의 눈물과 땀은 법의 사각지대에서 불로소득자들의 배를 불리는 눈물과 땀이 되었고 아직도 계속 되고 있다. 누가 그 이득을 보고 있는지 아는 방법은 간단하다. 검색창이 아닌 인터넷주소창에 한글로 자신의 기업명을 입력하면 자신의 기업이 아님에도 아무런 안내 없이 열리는 그 기업이 바로 자신의 고객으로 이득을 취하는 불로소득 기업이다. 자신의 회사로 전화번호를 입력 시 남의 회사로 전화가 걸리는 것과 같다.

왜곡된 인터넷 구조만큼 중소기업은 자신의 비용으로 홍보한 자신의 브랜드를 단순 검색용 키워드라고 알고 있다. 그 기업의 이름을 입력한 사용자는 해당 기업의 고객임에도 자신의 고객이 아니고 포털의 검색용 키워드라고 깊게 믿고 있다. 미디어 파워가 막강한 포털이 남의 고객을 탈취하려고 만든 함정에 대다수 기업, 국가 지도자 그리고 전문가조차도 그렇게 믿게 하였다. 대다수 이용자가 인터넷 포털의 마케팅을 무의식적으로 따르고 있고 이를 통해 포털은 천문학적인 부당이득을 얻고 있다.

더 놀라운 점은 이를 바로잡아야 할 일부 언론과 언론인 출신이 이러한 중소기업 고객 탈취 먹이사슬의 수혜자로 직접 얽혀 있다는 것이다. 진실의 대변자인 언론이 자신의 목적이 무엇인지 망각한 채 중소기업의 가해자로 깊이 가담하고 있다.

사람들 대부분은 어떤 기업의 전화번호를 입력하는 사용자는 그 기업의 고객임을 분명히 안다. 그리고 인터넷도메인네임을 입력하는 사용자는 그 도메인을 가진 기업의 고객임을 명확히 안다. 그런데 '기업명.co.kr'에서 '.co.kr'를 뺀 기업명만을 입력한 사용자가 포털로 이동하는 것은 당연하게 여긴다. 참 아이러니하다.

중소기업들은 인터넷 입구에서 빼앗긴 자신의 고객이 어떻게 딴 곳으로 돌려지는지 잘 모른다. 그보다 더 심각한 것은 그것이 자신의 기존 고객인지조차 잘 모른다는 것이다. 기업명 입력 시 직접 접속되지 못하는 지금의 기형적인 구조는 기존 고객이 자신의 누리집(웹사이트)으로 방문할 때마다 포털에 돈을 지불해야만 하는 안타까운 현실이다. 심지어는 중소기업 소속 직원들이 자신이 근무하는 회사에 접속할 때에도 그런 일이 벌어지곤 한다.

전화가 직접 연결되지 않고 114로 연결된다면 기업들은 어쩔 수 없이 114에 광고를 할 수밖에 없다. 따라서 브라우저 제작사와 카르텔을 만든 인터넷 포털은 남의 것을 가로채기하는 21세기판 해적(산적)이나 다름없다.

인터넷이 등장하면서 포털은 급성장하였는데 그 구조를 정확히 아는 이는 드물다. 혹시 잘 안다고 하더라도 나서서 바로 잡으려 하지 않는다. 인터넷 세상에서 자금과 힘의 연결고리는 대부분 포털과 연결되어 있다. 남의 재산을 가로챈 천문학적 자금을 보유한 기업은 무엇이든지 할 수 있다. 일국의 대통령과 악수할 때 한 손은 호주머니에 넣은 채 다른 한 손으로 악수하는 다국적 기업 회장의 용기는 그냥 나온 것이 아니다.

포털은 지식인들이 사용하는 메일을 대신 운영하면서 이를 그들만의 방법으로 관리한다. 그만큼 포털의 지배력은 막강하다. 포털은 이미 여론과 언론을 지배한 지 오래다.

우리나라 모 포털은 대표이사가 판사 출신이고 부사장이 부장 검사였다. 본부장(센터장)에는 언론인 출신이 포진하고 있다. 우리나라 기업 역사에 단 한 번도 없었던 인적 구성이다. 왜 그럴까? 이에 관심 있는 개인이나 언론사 등에서 이를 분석한다면 참 재미있는 결과가 나오지 않을까 싶다.

빼앗길 수 없는 꿈

일단 한국인터넷정보센터와의 갈등은 마무리되었지만, 그것이 끝은 아니었다. 그 무렵 이 기관과 이름이 비슷한 한글인터넷센터(HINC)라는 이름의 기업이 하나 만들어졌는데 이 회사가 다시 우리에게 제동을 걸어왔다. 처음에는 M사에 대응하기 위해 토종 한국 기업들이 모인다는 취지로 19개 업체를 컨소시엄으로 구성했지만 결국 회사를 설립한 지 한 달여 만에 M사의 자회사격인 리얼네임즈와 제휴를 맺고 리얼네임즈의 한국 에이전트가 된 것이다.

결국, 한국인터넷정보센터 송 원장이 하고자 했던 일이 현실이 되었다. 이 일로 넷피아는 다시 힘겨운 싸움을 해야 했다. 상대가 공공기관에서 민간 기업으로 바뀌었을 뿐 싸움은 끝이 아니라 시작이었다.

놀라운 일이지만 예상했던 대로 한국인터넷정보센터의 원장이 한글인터넷센터 설립 행사에서 축사를 하였는데 이 때문에 사람들은 한국인터넷정보센터가 이름도 비슷한 한글인터넷센터를 지원하는 것으로 생각하게 되었고 우리는 한국인터넷정보센터가 M사와 제휴해 하고자 했던 일을 한글인터넷센터라는 민간 기업을 통해서 대신하려고 한다는 의심을 하지 않을 수 없었다. 그리고 이러한 의혹은 곧 사실로 드러났다. 한글인터넷센터가 넷피아와 동일한 서비스를 제공하면서 한국에서 번 등록비의 30%를 미국 리얼네임즈 측에 로열티로 지급하는 사업을 하였으니 말이다.

결국, 한국의 넷피아를 없애려고 정부 산하기관을 이용한 M사의 전략이

먹혀든 셈이다. 넷피아가 사라지면 M사는 전 세계 브라우저에서 기업명으로 입력되는 모든 기업의 고객을 자사의 고객으로 만들 수 있게 되고, 민간 기업인 한글인터넷센터는 M사의 한국 대리점 역할을 하면서 안정적으로 수입을 확보할 수 있으며 공직에서 퇴임하는 이를 위해 평생직장을 미리 만들 수 있게 된다. 이용자 후생성을 위한다는 핑계로 퇴임 후에 앉을 자리 만들기를 시도한 셈이다. 결국, 한국인터넷정보센터의 송 원장은 한국의 벤처기업을 글로벌 기업으로 성장시키려 노력하기보다는 글로벌 기업의 한국 대리점과 연계해 지속적으로 수익을 창출하고 안정된 노후를 보장받는 쪽으로 생각이 기울어 있었던 것으로 보인다.

한국인터넷정보센터의 설립 목적은 국민과 이용자의 후생이다. 기업이 글로벌 경쟁력을 높일 수 있도록 지원하는 산업 시대처럼 달러 벌기가 아니다. .kr을 판매해서 얻은 수익은 글로벌 인터넷 기업의 진흥을 위한 기반 수익이 아니라 이용자의 후생성을 위한 안정적인 인터넷 운영이 주목적이다. 이는 중요한 일이다. 그러나 그 원래 목적이 빠져 있다. 기업의 경영 생산성 향상과 인터넷 기업의 진흥이 그것이다. 인터넷진흥원의 목적은 경제 주체를 위한 인터넷 진흥이 되어야 한다. 인터넷은 경제 주체인 기업, 개인(가계), 정부의 발전을 위한 하나의 도구일 뿐이다.

무한한 사이버 공간에서 '국토는 좁지만 사이버 영토는 세계 최대로' 만들기 위한 사이버 공간 운영 전략은 정부 어디에서도 찾아보기 어렵다. 진정한 인터넷 강국이라면 주인 없는 사이버 공간에 대한 점유율이 인터넷 진흥 관련 국정 지표에서 가장 우선되어야 한다. 이미 있는 것을 나눠 먹자는 생각은 너무 위험한 발상이다. 이미 있는 것을 기반으로 사이버 공간을 개척해야 한다. 그곳에서 새로운 일자리가 나온다. 농업 시대에 일자리 창출은 농지 개척이었듯이 사이버 시대에 일자리 창출은 사이버 농지의 개척에 달려 있다. 그것이 인터넷진흥원이 기반 사업으로 해야 할 첫 번째 목적 사업이 되어야 한다. 나머지는 그것을 지원·육성하기 위한 기반이 되어야 한다. 인터넷 시대에 진정한 국가 경쟁력과 일자리 창출은 주인 없는 사이버 농지를 얼마나 잘 개척하고 육성하느냐에 달려 있다. 그것을 정확히 알면 일자리 정책은 그때부터 탄력을 받을 수밖에 없다. 그것을 모르면 선순환 에코(메아리) 시스템은 잘 작동하지 않게 되고, 표면적·일회성 사업만 난무하며 근본 해결에는 더 많은 시간과 비용이 소요될 것이다.

4차 산업을 리드하자 (사이버 공간과 청년 일자리)

세계 최고 IT 기업 삼성의 본사가 한국의 서울에 있다. 그동안 글로벌 기업 본사를 방문하려면 대부분 미국, 유럽행 비행기를 타야 했다. 그런데 지금은 세계인이 한국행 비행기를 타야 한다.

이 얼마나 설레고 가슴 뿌듯한 이야기인가! 바로 우리가 그것을 이루었다. 정보화 사회를 이끈 까다롭고 슬기로운 지식정보 소비자인 국민이 있기에 가능한 일이었다. "GE의 주식을 팔면 한국의 상장사 모든 주식을 살 수 있다"고 하던 시절이 있었다. 지금부터 약 15년 전인 그때, 한국에도 GE 같은 기업을 만들자는 움직임이 있었고 그로부터 불과 15여 년 만에 우리는 세계 1등 IT기업을 만들었다. "혼자 꿈을 꾸면 꿈이지만 함께 꿈을 꾸면 현실이 된다고 하였다."

전 국민의 가슴을 설레게 한 20년 전 꿈이 국민적 동기부여가 되어 우리는 멋지게 성공할 수 있었다. 하지만 숨 돌릴 여유도 없이 그만한 위기도 함께하고 있다.

20년 전 비전을 현실로 만든 대한민국. 이제 그다음은 무엇일까? 21세기 현재 각국은 청년 일자리 창출에 여념이 없다. 새로운 일자리 창출은 신산업에서 더 많이 일어난다. 21세기 인터넷 시대에는 사이버 공간 개척이 신산업이다. 사이버 공간은 그 자체의 산업도 있지만 그 자체가 기존 산업의 마케팅 공간이다. 바로 4차 산업이 펼쳐지는 신기루다.

그럼 4차 산업(Quaternary Industries)이란 뭘까?

　최근 언론에서 4차 산업혁명을 자주 다룬다. 하지만 그것이 3차 산업 다음의 4차 산업인지 2차 산업의 4차 산업혁명인지 구분할 필요가 있다. 2차 산업(Secondary Industries)은 1차 산업(Primary Industries)을 기반으로 만들어진다. 3차 산업(Tertiary Industries)은 1차, 2차 산업을 기반으로 형성된 산업이다. 4차 산업 (Quaternary Industries)은 1차, 2차, 3차 산업이 혁신적 기술과 함께 가상공간을 통해 서로 융합된 산업이다. 즉 기존 1차, 2차, 3차 산업이 혁신적 기술과 인터넷으로 (가상공간과) 융합한 산업으로서, 시공간을 초월한 신산업(Industry 4.0)으로 발전한 산업이다. 2차 산업이 3차 산업혁명인 컴퓨터 출현 이후 지식 기반의 혁신적 기술과 인터넷의 가상공간과 융합하여 4차 산업혁명을 일으켜 3차 산업 다음의 4차 산업이 가능하게 되었다.

　4차 산업은 구체적으로 이렇다.

　#1. 영화 〈인터스텔라〉처럼 시공간과 산업을 초월하여 1, 2, 3차 산업이 융·복합적으로 같은 시간대에서 공존할 수 있는, 시공간이 융·복합화되는 산업

　#2. 혁신적 기술의 발달로 지식 정보화를 넘어 인공지능 사회, 인공장기 사회로 사람과 기계가 융합되는 의료 혁명이 일어나는 산업

　#3. 혁신적 기술로 After 서비스에서 Before 서비스로 고객과 소비자의

원목적과 참가치에 더 가깝게 다가갈 수 있는 공급자와 소비자가 컨버전스되는 산업

#4. 빅테이터 기술로 패턴 분석, 응용 기술로 미래의 일어날 일에 미리 대비하여 사전적 조치를 할 수 있는 과거와 미래가 컨버전스되는 산업

#5. 지식 정보화 사회에 기반을 둔 산업으로 정보를 얻는 도구는 각 나라의 언어이고 언어자원이 경제 자원인 산업

#6. 가상공간인 사이버 농지의 개척으로 시공간을 초월한 새로운 일자리가 창출되는 산업

핵심은 기존 산업의 경쟁력 향상이다. 1차 산업은 사이버 공간을 통하여 더 많은 고객을 만날 수 있다. 2차 산업, 3차 산업도 마찬가지이다. 사이버 공간은 1차, 2차, 3차 산업에 혁신을 가져오는 공간이다. 지식 정보화 사회로 불리는 지금은 새로운 산업의 시대로 분류될 수 있다. 바로 4차 산업 시대다. 4차 산업은 1차, 2차 산업에 속한 이들이 3차 산업인 서비스와 유통을 스스로 전 세계를 상대로 할 수 있는 융·복합 산업이다. 사이버 공간을 활용한 마케팅을 1차, 2차 산업이 오프라인에서 직접 할 수 있고 스스로 유통과 서비스를 할 수 있는 사이버 공간과 융·복합된 산업이다. 생산자가 직접 판매하므로 소비자는 더 빠르고 싱싱한 과일과 농·축산물을 먹을 수 있고 유통마진의 최소화로 더 싸게 제품을 구매할 수 있다. 또, 생산자는 회원제 등으로 고정 고객을 확보해 제품을 안정적으로 생산, 공급할 수 있다. 스크린으로 주문하고 구매하는 산업으로 스크린 세대의 일자리를 더 많이 필요로 한다. 즉 생산, 유통, 서비스를 생산자 또는 유통자가 혼자서 가상

공간에서 직접 전 세계를 대상으로 할 수 있다. 기존 산업에서처럼 오프라인 매장이 사이버 공간으로 충분히 대체된다. 기존 산업의 생산성 향상과 함께 국내에서 직접 외국의 제품을 구매하는 직구 사업도 가능하고 전 세계로 직판사업도 가능하다.

따라서 수백만 소상공인과 농어촌이 도시의 고객과 직접 연결되는 선순환 인터넷 구조를 만들어 주어야 한다. 좋은 제품이나 서비스의 이름을 정확히 알면 포털에 들르지 않고 직접 해당 장소(사이트)로 연결될 수 있어야 한다. 포털로 중간에 거치게 되면 중간에서 다른 곳으로 연결될 수도 있다. 지금은 직접 해당 제품이나 기업 가게로 갈 수 없다. 이름을 정확히 알아도 직접 접속할 방법이 없기 때문이다. 대부분 포털을 거쳐야 한다. 이름을 잘 모르거나 처음 찾을 때는 포털이 참 좋은 서비스이다. 그런데 정확히 알고 이름을 입력했는데 짝퉁이나 경쟁제품이 나오고 소비자를 헷갈리게 하면, 신뢰를 만든 기업은 갈수록 피해를 보게 된다. 신뢰를 만든 이가 피해를 보고 비슷한 이름을 가진 이가 이득을 얻는다면 바른 구조가 아니다. 악화가 양화를 구축하는 구조다. 21세기 인터넷시대의 총아인 포털이 이런 구조를 만들고 있다. 포털의 키워드 광고가 그런 역할을 하고 있다. 기업들도 포털에 키워드 광고를 하면 효과가 좋다고 한다. 그래서 "○○○ 검색창에 '기업명/제품명'을 입력하세요!"라고 ○○○ 검색창을 대신 홍보한다. 그럴수록 자신의 고객은 직접 연결되지 않고 ○○○ 포털로만 간다. 만약 자신의 사이트로 직접 연결되는 검색창이 있다면 직접 접속되기에 기존의 단골을 위한 자기 기업의 광고가 되지만, 직접 연결되지 않고 포털로만 간다면 자신의 고객에게 자신이 아닌 포털로 접속하라고 하면서 자신의 비용으로 포털 홍보를 대신해 주는 형국이다.

산업시대에 소통을 위한 최고의 도구는 전화다. 지식정보산업시대에 소통의 도구는 인터넷이다. 그 인터넷이 전화처럼 원하는 목적지에 직접 연결되지 않는다. 이유는 (영문)도메인네임을 사용자가 잘 외우기 어렵고 정확한 이름(기업명)을 입력했을 때 직접 연결될 수 없게 포털이 방해했기 때문이다.

즉 현재 문제가 되는 인터넷 구조는 사용자가 가장 손쉽게 사용하는 그(기업명이나 가게) 이름을 입력했을 때 모두 포털 자신의 고객이 되도록 인터넷 브라우저 제작회사와 함께 카르텔을 만들었다. 그리고 온갖 로비를 하여 이것이 가장 편한 최적의 사용자 서비스라며 잘못된 관행을 만들었다. 청와대가 대통령령으로 인터넷주소자원관리법을 시행하면서 "인터넷주소창에 입력된 기업명은 인터넷주소다"라는 문구를 시행령에 포함만 하면 기업명을 입력했을 때 영문도메인네임처럼 해당 기업으로 직접 연결된다. 법(인터넷주소자원관리법) 시행 후 직접 연결되지 않고 포털로 돌리면 불법이 되고 포털은 그 기업에 해당 입력 건수만큼 손해를 배상하게 되는 근거가 된다. 어렵지 않게 이런 왜곡된 구조가 간단히 해결될 수 있는데도 포털의 로비로 말미암아 인터넷주소자원에 관한 법률 시행령이 아직도 가동되지 못하고 있다. 정부가 정부입법으로 법 개정을 할 때는 그만한 이유가 있어야 했다. 그런데 수십만 중소기업이 매일 피해를 보고 있어도 그 대안이나 해결책이 되는 '기업명 입력 시 직접 연결되는 인터넷주소자원에 관한 법률 시행령'이 아직도 가동되고 있지 않다. 포털의 힘이 대통령의 힘보다 더 위에 있음을 보여주는 증거다.

이처럼 왜곡된 사회·경제적 구조에서의 경제 활성화는 근본적으로 한계가 있다. 자신의 기존 고객조차도 포털을 거쳐 들어오게 하고, 잠재고객이 아닌 기존 고객을 찾아오게 하는 데 매출의 10~20%대를 키워드 광고비용으로 쓰게 하는 구조는 잉여 이익을 더 남길 수 없는 구조이기에 자체 경쟁력이 있을 수 없다. 마치 매번 산토끼(잠재 고객)를 잡으려고 집토끼(기존 고객)를 놓치는 것과 같다. 즉 이미 단골이 된 고객이 직접 해당 기업으로 오는 방법이 마땅치 않아 매번 포털로 가야 하며, 그곳에서 기업 자신에게로 오는 링크가 없으면 다른 곳으로 연결된다. 따라서 중소상공인은 이곳 포털에서 매출의 10~20%에 해당하는 높은 광고비를 내야 하고, 그렇지 않으면 기존 고객조차 다른 곳으로 연결된다. 기존 고객조차 다른 곳으로 연결된다. 심지어 중소기업 직원조차도 자신이 근무하는 회사의 웹사이트에 들어가기 위하여 (컴퓨터를 켜면 열리는 포털에서) 회사의 이름을 검색하고 검색된 회사의 광고링크를 클릭한 후 회사 웹사이트로 접속하는 경우도 있는데, 이때 해당 기업은 자사의 직원이 자사의 웹사이트로 들어오게 하는 데도 매번 포털에 돈을 주게 된다. 이런 있을 수 없는 구조를 막기 위해서 각 기업은 직원들이 컴퓨터를 켜면 열리는 첫 페이지를 자신이 근무하는 회사의 페이지로 설정하도록 지침을 내려야 한다.

국내 직구·직판이 구조적으로 성공해야 그 경쟁력으로 해외 직구·직판도 가능하다. 생산자와 소비자가 아무 비용 없이 또는 최소의 비용으로 직접 연결되는 구조를 만드는 게 최우선 과제이다. 청년을 위한 대량의 일자리 창출은 1차, 2차 산업과 서비스 산업의 경쟁력을 높이는 가상공간의 활성화에 달려 있다. 가상공간의 활성화는 오프라인 산업의 활성화로 이어진다. 가상공간이 활성화되면 직판·직구는 물론이고 산업 전체의 생산성이 높아진다. 그곳은 스크린 세대인 청년들의 일자리가 더욱 많이 필요해지는 일터이다.

청년의 교육도 4차 산업에서 일자리를 구할 수 있는 교육이 병행되어야 한다. 국내 및 글로벌 직구와 직판을 위해서 기업과 소상공인의 신뢰 구축에 더 많은 투자를 하여야 한다. 직구와 직판이 가능한 교육과 환경 구축에 정부가 매진해야 하는 이유다. 또, 신뢰를 위한 정확한 실명 이름과 브랜드로 전화처럼 직접 연결 되게 함은 소비자에게 생산자와 공급자를 식별하게 하는 필수요소이고 신뢰사회의 기본이다.

이러한 요소가 선순환을 이루어 100만 중소기업 및 소상공인이 스크린에서 일하는 청년 및 50~60대 퇴직자, 경력단절 여성, 귀농·귀촌한 도시 직장인 1명씩을 필요로 하면 간단히 일자리 100만 개가 생기게 된다. 이들이 하는 일은 SNS 홍보 마케팅, 판로지원, 고객관리 등 원격으로 할 수 있는 모든 일이다. 3~5개 기업에서 각각 월 30만 원~50만 원만 받아도 월 90만 원~250만 원이 된다. 복잡한 도시에 살지 않아도, 매일 출퇴근을 하지 않아도 온라인으로 매일 출근하여 중소기업을 지원할 수 있는 일은 수없이 많다. 집은 이미 잘 구축된 첨단 사무실인 만큼 재택근무는 저출산 문제를 푸는 가장 합리적인 해법이다. 이들 SNS 전문가를 육성하는 일은 2012년경 넷피아 SNS 마케팅 센터를 통하여 그 첫선을 보였고, 2013년경 서울 광화문에서 '광화문의 아침'으로 방향을 잡았다. 즉 각자가 페이스북 페이지 등을 통하여 각자의 모임을 만들고 소통공간을 통하여 스스로 먹고살 수 있는 터전을 만들어 나갔다. 그 후 2015년경 서울시에서 운영하는 '50플로스센터' 등이 생겼다. 우리 사회의 고민 세대와 미취업자들을 SNS 등 판로지원 분야 전문가로 육성하여 중소기업의 경영 활성화를 돕는 일, 사이버 공간을 통하여 원격으로 중소기업을 지원하는 일, 이들을 비즈니스로 묶어주는 일은 새로운 비즈니스 모델로도 충분해 보인다. 풀어야 할 일은 많겠지만 그 것만이 시대가 요구하는 정답이다. 중소기업 및 중소상공인은 새로운 일자리를 창출하는 신산업의 초지이기 때문이다.

산업화 시대의 청년들에게 일손이 많이 필요한 농촌으로 가지 않는다고 나무랄 수 없었듯이 지금의 청년들을 나무랄 수만은 없다. 기성세대인 우리가 바른 인터넷 생태계를 만들어 주고 더 많은 스크린 일자리를 만들어 주어야 한다. 하지만 지금의 청년들에게도 아쉬움은 있다. 왜곡된 사이버(인터넷) 공간이 산업을 위축시킬 때 청년들은 그 구조와 사이버 공간의 역학구조를 면밀히 파악하고 스스로 하지 않으면 안 되는 일을 해야 했다. 지금의 기성세대가 산업화와 정보화, 민주화를 위해 청년 때부터 사회 운동을 했던 것처럼 청년들은 지금의 왜곡된 사이버 공간의 역학구조를 깨닫고 경제정의, 사회정의를 위해 왜곡된 인터넷 구조를 바로잡는 데 앞장을 섰어야 했다. 스크린으로 보이는 사이버 공간은 미래 청년들이 살아갈 필수적 사회공간이기 때문이다. 기성세대는 사이버 공간의 역학 구조를 잘 이해하기 어렵다. 그래서 누구보다 스크린과 사이버 공간을 잘 아는 청년들이 사이버 공간의 경제 정의와 사이버 공간의 경제 민주화를 위해 노력해야 한다.

청년들과 기성세대가 힘써 중소상공인이 자신의 이름으로 (포털 없이) 고객과 직접 만날 수 있는 사회·경제적 인프라를 만드는 것, 그것은 4차산업의 필수요건이자 기본 인프라다. 스크린 속 가상공간, 그곳에서 수많은 일자리가 생길 수 있다.

청년들은 어릴 적부터 스크린에 잘 훈련되어 있다. 그리고 언어의 습득이 어른들보다 더 빠를 수밖에 없다. 컴퓨터와 연결된 가상공간에서 기존 산업인 1차 산업과 2차 산업을 지원할 수 있다. 전 세계를 대상으로 시장을 넓힐 수 있어서 상당한 일자리가 필요해진다. 그런 환경을 잘 구축하고 잘 만들면 사이버 세상을 통해 기존의 산업 경쟁력을 높일 수 있고 청년들의 일자리 창출이 더욱 쉬워질 것이다. 그곳은 바로 청년들이 일할 수 있는 스크린 속 가상공간이다.

사이버 공간을 통한 마케팅과 운영에는 청년들이 적임이다. 그런데 이런 4차 산업에서는 기존 산업에서 겪지 못한 수많은 일이 생길 수밖에 없다. 4차 산업이 가능한 산업 생태계가 우선되어야 하고 그 구조가 선순환적이어야 하는 이유다.

4차 산업에서 더욱 중요시해야 할 부분은 신뢰이다. 신뢰를 얻으면 전 세계가 매력적인 큰 시장이지만 신뢰를 한 번이라도 잃으면 전 세계의 시장을 잃을 수 있다. 전 국토를 가장 효율적으로 운영하는 일, 그것은 사이버 공간을 활용하는 일이다. 전남 강진의 한 시골집이 서울의 여행객을 강진여행의 단골로 맞이할 수 있다. 강화도와 경남 의령의 한 떡집에서 순수 토종 우리 농산물로 떡을 만들어 신뢰가 이미 구축된 전국의 회원들에게 중간 유통자 없이 직접 판매할 수 있다. 값싼 수입 식자재로 만든 식품에서 해방되는 길도 바로 사이버 공간과 지방의 융합에 있다. 그것은 농어촌의 발전과 선순환 활성화에 상당 부분 기여할 수 있으며, 이미 수많은 직장인과 젊은

이가 귀촌을 했거나 준비하고 있기에 충분히 가능하다.

큰 국가 예산 없이 생각의 틀을 원목적에 맞게 바꾸고, 21세기 총아인 왜곡된 인터넷의 구조를 바로잡기만 해도 4차 산업은 즉시 활성화될 수 있다.

국내에 구축된 바른 인터넷 생태계는 국내 내수 산업을 키운다. 작은 소기업이나 농어촌에서 국내 시장을 상대로 신뢰를 얻으면 국제 경쟁력을 키울 수 있다. 우리의 앞선 인터넷 기술과 스크린 세대가 하나가 되면 지구촌 곳곳을 우리의 거대한 시장으로 만들 수 있다. 경쟁력 있는 제품을 생산하는 중소기업이 그것을 지원해주는 청년들의 도움을 받으면 전 세계 시장을 상대로 마케팅을 펼칠 수 있다. 이는 정부가 성공리에 추진한 FTA가 새로운 영역에서 효과를 발휘하는 계기가 된다. 새로운 일자리 창출은 절대적으로 새로운 산업인 제4차 산업의 정착과 발전에 달려 있다. 정부가 이미 지혜롭게 만들어 둔 각국과의 FTA는 제4차 산업을 우리 대한민국이 선도할 수 있게 하는 법적 글로벌 인프라다. 그것은 앞선 정보화로 잘 구축된 정보화 인프라를 활용하여 각 지방의 경쟁력 있는 신뢰제품을 각국 회원들에게 지속적으로 직판할 수 있는 제4차 산업을 위한 법적 인프라다.

1, 2, 3차 다음의 4차 산업은 지식 정보화 없이는 불가능하다. 단순 지식 정보화만으로는 4차 산업을 이끌 수가 없지만 지식 정보화, 지능화, 가상공간과 연동한 세계화로 1, 2, 3차 산업을 국민의 의식 수준과 함께 고도화해야 새로운 4차 산업을 선도할 수 있다.

"공업화로 대변되는 2차 산업은 영국이 주도하였다면 지식 정보화, 인공지능화 산업사회로 대변되는 4차 산업(Quaternary Industries)은 대한민국이 주도하자." 생각의 틀을 바꾸면 세상의 패러다임을 바꿀 수 있다. "20년 전 꿈을 현실로 만든 멋진 대한민국, 20년 후를 위한 멋진 꿈을 함께 꾸자. (앞선) 정보화를 기반으로 4차 산업을 선도하자."

현재 국내 대기업의 유보금은 2015년 기준 약 700조 원이라고 한다. 이는 지난 30~50년간 정부가 분야별로 몰아주기로 키운 결과이고 공무원과 우리 국민이 성실히 일해 번 결과다. 문제는 중소기업이다. 이 유보금은 중소기업 활성화에 상당 부분 재투입되어야 한다. 700조 원은 100만 중소기업 한 곳당 7억 원이 배당될 수 있는 큰돈이다.

단순 계산을 해봐도 7억 원이면 연봉 5,000만 원을 받는 급여자 14명을 고용할 수 있다. 100만 중소기업이 1년에 모두 고용을 한다면 무려 1,400만 명을 고용할 수 있는 규모다,

10년 동안 점진적으로 고용한다 해도 연간 140만 명의 신규 고용을 창출할 수 있는 큰돈이다. 왜 일자리가 늘지 않는지 단적으로 보여주는 대목이다. 이렇게 큰 유보 자산이 돌지 않기 때문이다. 물론 유보금이 모두 현금은 아니다. 유보금은 자본금 항목의 자본잉여금(주식발행초과금)과 이익잉여금을 합쳐 부른다. 비록 700조 원이 현금은 아닌 현금화할 수 있는 돈과 시설투자 등이 합해진 숫자라고 해도 현재 대기업의 자산이다.

박정희 대통령 시절 기업과 나라의 가장 큰 고민은 바로 돈이 없다는 것이었다. 기업도 나라도 돈이 없었다. 그러나 지금은 선진국보다는 부족하지만 그래도 그때보다 돈은 충분히 있다.

대기업이 생각의 틀을 시대에 맞게 바꾸게 해야 한다. 대기업이 이룬 성과를 존중하고 그 일가를 칭송해야 한다. 그리고 4차 산업혁명이 몰고 온

제3차 산업 다음의 제4차 산업에 맞게 바꾸어야 한다. 그래야만 우리나라는 세계적 패러다임인 제4차 산업을 전 세계적으로 선도할 수 있다.

대기업이 시대의 패러다임을 혁신적인 중소기업과 함께 바꿀 수 있게 해야 한다. 다시 신나게 전 세계를 향해 뛸 수 있도록 동기를 부여해야 한다. 그것은 바로 혁신의 정치에 대한 생각 바꾸기를 통해 가능하다. 대기업을 존중하고 대기업을 도우며 혁신적인 중소기업과 함께 전 세계의 분야별 헤게모니를 잡을 수 있도록 정치가 도와야 한다. 그리고 언론은 그 업적을 국민이 충분히 알 수 있도록 해야 한다. 정치란 국민을 돕는 것이다.

기업들은 700조 원의 유보금 중 약 20%가 현금 형태(현금+단기금융상품)라고 한다. 즉 약 140조 원이 현금화할 수 있는 자산이라고 재계는 말한다. 현금화할 수 있는 부분이 얼마이건 중요한 것은 자본금 항목에 분류된 유보금이 700조 원 이상이라는 것이다. 이 숫자는 대한민국을 4만 불, 6만 불 국가로 바꿀 수 있는 재원이다. 지혜가 필요한 이유다.

약 100만의 중소기업에 경영 환경 개선 목적으로 중소기업 한 곳당 1억 원씩 유보금을 투입하려면 100조 원이면 가능하다. 필요시 현금과 대기업이 가진 시설물을 활용케 하여 중소기업 경영환경에 도움이 되면 그것은 대기업의 제품 경쟁력에도 도움이 된다.

유보금 항목에 포함된 대기업의 각종 복지 플랫폼과 교육 및 운영 시스템, 연수원 등을 중소기업이 저렴한 가격으로 공유하게 한다면 해당 시설의 활용률을 높이고 대기업과 중소기업의 복지 격차를 상당 부분 줄일 수 있다.중소기업 직원들이 대기업 직원들이 누리는 후생복지의 50%만 누려도 중소기업의 사람 구하기는 지금보다 더 많이 개선될 것이다. 그것은 산업의 초지인 중소기업이 사람을 키우는 초지가 되고 대기업으로 이동할 수 있는 인재들의 요람이 되어 대기업에도 큰 도움이 될 것이다. 대기업의 유보금은 경제공동체 개념으로 어떤 방식이든 가치 창조적 선순환 환원 구조를 만들어야 한다.

700조 원대의 대기업 유보금은 중소기업 없이 대기업만으로 이룬 성과는 분명 아니다. 대기업은 인정하기 싫겠지만, 하청에 하청의 힘으로 또는 중소기업 기술과 아이템 뺏기, 사람 빼가기 등 갖은 방법을 다 동원하여 거둔 결과다. 전체 고용의 88%를 차지하는 중소기업 직원들의 땀과 눈물이 대기업 임직원의 땀과 함께 모여 유보금 700억 원이 되었음을 잊어서는 안 된다.

대기업의 유보금을 중소기업 경영환경 개선자금으로 유도하는 정책은 분명 중소기업 경쟁력 향상에 큰 도움이 될 것이다. 쉽지는 않겠지만 대기업의 유보금 중 일부가 중소기업 환경개선 용도로 사용되고 대기업이 보유한 각종 복지시설을 중소기업이 저렴한 가격으로 공유 또는 활용할 수만 있다면 경제의 봄비 효과로 중소기업이 인재를 구하는 데 더 도움이 될 것이다.

지금 대한민국은 극대 극의 구조이다. 좌 아니면 우, 진보 아니면 보수, 대기업 아니면 중소기업, 소수의 명문대 아니면 일반대로 극도로 이분화되어 있다. 이를 해결할 최고의 방법은 생각의 틀을 바꾸는 것이다. 정치 바꾸기, 정권 바꾸기는 더는 답이 아니다. 지난 30여 년간 정치 개혁을 외쳤어도 정치는 바뀌지 않았다. 이제 생각 바꾸기를 해야 한다. 모든 것은 원목적이 있다. 원목적에 맞는 생각 바꾸기를 해야 한다.

정치도 더는 통치여서는 곤란하다. 누가 누구를 다스린다는 것인가? 새

원목적 회복 캠페인

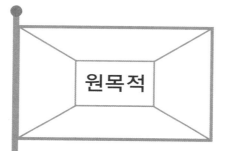

불과 50년 만에
전 세계 10위권
경제성장과 민주주의를 정착시킨
위대한 대한민국!

원목적에 맞게
생각의 틀(프레임)을 바꾸면
세기의 패러다임을 주도할 수 있다.

원목적 회복 생각 바꾸기 질문

원목적 사각형이 들어가 있나요?
돌출되어 있나요?

로운 것을 창조하고 돈을 버는 것을 고민하지 않고 쓰는 것만 고민하는 직업군이 어떻게 새로운 것을 창조하기 위하여 밤낮 고민하는 전문가를 다스린다는 것인가? 이제는 전문화의 시대다. 해당 분야에서 전문적 고민을 하는 수많은 개척자와 연구원과 기업을 도와야 한다. 특히 불가능에 도전하는 이 땅의 수많은 개척자를 혁신적으로 도와야 한다. 그것을 위한 결과론적 평가 기준이 아닌 과정론적 평가 기준을 만들고 소중한 국고를 중장기적 ROI에 맞추어 집행하여야 한다.

대부분의 정책자금 확보는 빈익빈 부익부라 할 정도로 로비력에 달려 있다. 아는 사람이 있으면 더 쉬운 것이 사실이다. 그러나 그 사각지대에서도 미래의 혁신적인 아이템이 나올 수 있다. 이들을 찾아가서 돕는 공무 시스템이 절실히 필요한 이유다. 여기에는 은퇴한 50~60대를 활용할 수 있다.

정치는 또 각 분야 공무원과 준공무원을 돕는 일이다. 그동안은 대접받는 구조였다면 이제는 현장에서 고생하는 그들을 어떻게 도울 것인지 고민하는 정치여야 한다. 예산을 다루고 감시하는 위치에 있기에 현장에서 가치 창조를 위해 노력하는 이들에게 권력이고 권위가 되어서는 안 된다. 그들을 돕는 정치여야 한다. 그들 공무원과 준공무원을 위해 무엇을 도울 것인지 월간 계획서를 만들어 국회 누리집에 올리고 국민의 검증을 받아야 한다. 엄청난 국가 예산으로 급여를 받으면서 급여를 주는 국민에게 월간 계획 공유도 없이 대접만 받는 곳이 국회가 아니다.

고시를 통과한 머리 좋은 사람들에게 국사를 기획하게 하고, 현장에서 국민의 아픔을 느끼게 하고, 국민을 돕는 작은 업적들을 이루게 해야 한다. 그리고 그런 업적을 축적한 그들을 합리적으로 평가할 수 있는 승진구조를 만들어야 한다. 정치에 눈치 보고 지역, 학교, 당파에 줄서기를 하는 아무 실적 없는 공무원은 (고위직으로) 절대로 승진할 수 없게 하는 인사 시스템을 만들어야 한다. 그것이 돕는 정치 시스템이다.

최저 생계비용인 월 100만 원을 벌려고 고달픈 생활을 하는 수많은 국민을, 현실이 답답하고 미래가 깜깜한 국민을 다스리는 정치가 아닌 돕는 정치, 곧 정조(政助)여야 한다. 그것이 이 시대가 요구하는 원목적에 충실한 정치상이다. 그리고 단돈 월 100만 원도 직접 벌지 않는 정치인들이 기자들에게 단체로 쓰는 저녁 한 끼 값은 그것을 대접받는 기자들의 한 달 월급일 수 있음을 알아야 한다.

언론인도 원목적에 맞는 언론상을 스스로 만들어야 한다. 언론이 원목적에 맞게 스스로 바로 서지 않으면 나라는 절대로 바로 설 수 없다. 언론은 해당 분야의 이정표이고 등대이다. 등대는 방향이고 기쁨이고 행복이다. 등대가 왜곡되면 해당 분야는 길을 잃고 방황한다. 기상이 나빠지면 왜곡된 등대로 인해 큰 재앙을 부른다.

어떤 상황에서도 국민을 돕는 것, 그것이 정치다. 국민을 돕는 모든 것은 정치다. 기업도 국민을 돕기에 그 자체로 정치다. 그래서 (벌고 쓰기를 스스로 하는) 모든 기업인은 이미 정치인이다.

이젠 힘 있는 직업군이 먼저 생각 바꾸기를 해야 한다. 생각의 틀을 바꾸면 마음이 융합하는 길이 보이고 시대의 패러다임을 바꿀 수 있다.

정치의 원목적은 국민을 돕는 것이다. 그래서 정치가 아닌 정조가 되어야 한다. 정조는 정치 혁신의 키워드다.

한글인터넷주소 왜 팔지 않았나?

자국어실명인터넷도메인네임 루트를 만든 넷피아를 외국 기업에 절대로 팔 수 없다는 신념 하나로 이를 악물며 버텨온 나로서는 이러한 일들이 너무 힘겨운 싸움이었다. 하지만 나는 결코 그들에게 밀릴 수 없었다. 전략적인 대응책이 필요했다. 어차피 힘겨루기로는 상대가 안 되는 거대 군단이기에 넷피아는 기술과 제휴를 통해 승부를 걸기로 했다. 이렇게 정면승부가 불가피해지자 언론에서는 우리의 대결구도를 '다윗과 골리앗의 싸움'에 비유하며 다루었다. 넷피아가 리얼네임즈를 상대로 싸우면 6개월 이상 버티지 못할 것이라는 전망이 나왔고, 만약에 버텨낸다면 그것은 기적이라고 했다.

기업이 회사를 잘 키워 파는 것은 기업이 성장하는 방법의 하나다. 그러나 그 제품이 한글일 경우는 달랐다. 넷피아의 사업은 한글로 시작하여 각국의 모국어(native language)와 국어(national language)를 사용하는 자국어실명인터넷도메인네임 사업으로 발전하였다.

자국어인터넷주소 사업은 www와 같은 영문도메인네임이 세계화할 때 인터넷 식별 이름이 www가 아닌 자국어 실명으로 인터넷이름(주소)을 만들어 사용하는 방식이다. 특히, 이 사업은 한글을 기반으로 한 사업이다. 한글은 이 사업을 가능하게 한 최초의 글자이기 때문이다. 우리글 한글이 있었기에 그 필요성을 알고 자국어 인터넷주소 사업을 추진하였던 것이다. 그래서 우리는 한글인터넷주소 사업을 매각할 수 없었다.

한글이어서, 우리 글자여서 그렇게 큰돈을 포기한 것만은 아니다. 젊은 우리가 해야 할 평생 사업이라는 일종의 장인 정신이 가슴 깊은 곳에서 불타고 있었던 게 그 큰 이유일 것이다. 실명으로 된 자국어실명인터넷도메인네임을 전 세계인이 사용할 수 있도록 하는 일! 이처럼 값진 일을 해볼 수 있는 사람이 몇이나 될 수 있을까. 우리는 그 매력 때문에 고생임을 알고도 달콤한 수백억 원을 뿌리쳤던 것이다.

당시 넷피아의 현금 규모는 3억 원이었고 리얼네임즈는 1,500여억 원이었다. 넷피아가 자신보다 500배나 덩치가 큰 기업과 경쟁하기 시작한 것이다. 그러나 실상은 리얼네임즈와의 대결 구도로만 끝나지 않았다. 리얼네임즈의 국내 등록 대행사였던 한글인터넷센터로 19개 국내 관련 업체들이 몰리게 된 것이다. 그들이 리얼네임즈를 선택한 것은 아마도 넷피아보다는 리얼네임즈의 자본력과 글로벌 네트워크에 승산이 있다고 판단했기 때문이리라.

이미 시장에서는 리얼네임즈의 한국 대행사를 맡은 한글인터넷센터(주요 대기업과 중견기업 19개 업체의 컨소시엄) 및 M사 연합과의 경쟁에서 넷피아가 패배할 것이라는 분위기가 팽배하였다. 그런 상황에서 내가 가장 분노했던 것은, 우리나라 정부 산하기관이 국내 창업벤처인 넷피아를 지원하기보다는 오히려 M사가 20%의 지분을 투자한 미국계의 리얼네임즈와 그 한국 대행사인 한글인터넷센터를 노골적으로 지원했기 때문이다. 이 때문인지 확실히는 알 수 없으나 그 후 나를 포함한 넷피아의 일부 직원은 검찰과 경찰 등에 불려다니기 시작했다.

이런 와중에 참으로 용서할 수 없는 일이 일어났다. 한국인터넷진흥원의 A 원장이 넷피아가 낸 특허에 공식적으로 이의를 제기한 것이다. 정부 산하기관이 그것도 인터넷을 진흥해야 할 기관의 장이 자신의 이름으로 벤처기업이 낸 특허에 공식적으로 이의를 제기한 것이다. 대한민국 인터넷정책과 그 미래가 보이는 대목이었다. 관련 기록은 특허청에 그대로 기록되어 있으니 누구든지 이를 확인할 수 있었다.

그렇게 넷피아는 한글인터넷센터와 M사 등과의 피 말리는 전쟁을 치렀고, 국제적으로도 인터넷주소에 대한 표준을 다루는 ICANN과 IETF(Internet Engineering Task Force) 등에서 서로의 방식에 대한 정당성과 세계 표준화를 위한 전쟁을 벌였다. 당시의 1년은 그저 1년이 아니라 100년처럼 느껴진 길고 긴 전투였다. 그 후 2001년 5월. 리얼네임즈는 넷피아에 2차 협상 제의를 해왔다. 이번에는 리얼네임즈의 CEO이자 창립자인 키스 티어 회장이 서울을 직접 방문해서 협상을 이끌었다.

당시 넷피아는 한국 시장에서 주요 ISP들과의 제휴를 통해서 80%가 넘는 인터넷 사용자 기반을 확보한 상태였고, 리얼네임즈보다 훨씬 우월한 지위에서 서비스를 확대하고 있었다.

리얼네임즈가 우리에게 건넨 최종 제안은 그들로서는 파격적인 제안이었다. M사 브라우저 주소창에 우리의 한글인터넷주소를 사용할 수 있게 해주는 조건이었다. M사 브라우저의 시장 점유율이 90%를 웃도는 상황에서 주소창에 실명인 기업명과 모든 키워드형을 입력하면 100% 넷피아로 연결해 준다는 제안이었다. 즉 브라우저 주소창을 넷피아 전용창으로 만들어 주겠다는 내용이었다. 하지만 우리는 이미 80%가 넘는 인터넷주소창의 점유율을 확보하고 있었으므로 그들의 제안은 그다지 결정적인 매력은 되지 못하였다.

그들의 제안은 인터넷주소창의 기업명과 브랜드명을 입력한 모든 기업의 고객을 가로채 모두 넷피아로 보내줄 테니 넷피아에 등록되는 한글주소 1건당 연 등록비 10달러를 리얼네임즈에 내라는 것이었다. 이는 그들의 한국 서비스 비용인 연간 약 200불(약 20만 원)을 받지 않는 대신 연간 단 10불을 달라는 것으로 그들로서는 아주 파격적인 제안임이 분명했다. 또 넷피아에서는 수십억 원의 초기 라이센스 비용을 받지 않겠다는 것이었다. 한국의 리얼네임즈 대행사가 거금의 라이센스 비용을 낸 것을 고려하면 그 또한 매력적이고 파격적인 제안이었다. 하지만 이미 국내 시장의 80%를 점유한 후 전 세계 시장으로 그 범위를 넓혀가는 넷피아가 보았을 때 그들의 제안은 무척이나 다급한 것이었다.

넷피아를 그토록 괴롭히던 한글인터넷센터의 관리 권한을 우리에게 주고 국내 독점권도 인정하겠다는 내용도 있었다. 그들이 말하는 가장 파격적인 제안의 핵심은 진정으로 우리에게 필요한 그들의 기술과 노하우, 글로벌 서비스 영역 등이 아닌 어이없게도 한국에서 넷피아를 괴롭히는 자신들의 대행사를 넷피아 밑으로 넣어주겠다는 것이었다.

한국 에이전트였던 한글인터넷센터 측에서는 자발적으로 리얼네임즈를 찾아와서는 수백만 달러의 라이센스 비용을 지급하고 한글인터넷 키워드 서비스를 하고 있다고 우리를 은근히 위협하기도 하였다. 리얼네임즈가 우리에게 건넨 이 제안은 이미 리얼네임즈에 비싼 비용을 주고 국내 에이전트 계약을 했던 한글인터넷센터를 배제하고 한글주소에 대한 넷피아의 국내 독점적 권리를 인정해 주겠다는 내용이었다. 우리를 그토록 음해하고 괴롭히던 한국인이 만든 그들의 대행사인 한글인터넷센터의 생살여탈권을 넷피아에 주겠다는 뜻이었다. 넷피아와 한글인터넷센터의 관계가 어떤 관계인지를 잘 알고 있었던 리얼네임즈가 우리에게 내세운 전략이었다. 그들의 가치는 다름 아닌 정부 산하기관에 의한 폄훼와 음해, 여론전으로 넷피아 홈집 내기에 선수인 그들 대행사의 힘 그 자체였고 그것이 가장 큰 숨은 협상 가치이자 조건이었던 셈이다. 그들의 로비력이 어느 정도인지를 가늠하게 해준 제안이자 한국에서 왜 글로벌 소프트웨어 기업이 나올 수 없는지를 한눈에 알 수 있게 해준 사건이었다. 이는 곧 한국의 소프트웨어 기업이 세계화할 때 어떤 부분이 가장 큰 걸림돌인지를 말해주는 대목이었다.

그들과 연계된 보이지 않은 검은 힘, 우리가 그들의 한국 대행사를 없앨 수 있는 위치가 되어 그 연결고리를 끊으며 또다시 피 튀기는 전쟁을 하게 하려는 그들의 의도는 참으로 대단한 전략이었다. 그동안 지겹게도 우리를 괴롭힌 그들을 없애 희열을 느끼게 해주겠다는 참으로 고약한 조건이었다.

또 국내에서는 시장을 통일할 수 있으니 DNS 관련 기술을 개발하지 말라는 내용도 들어 있었다. 전화 시대의 교환기처럼 인터넷도메인(IP주소)과 영문도메인네임을 연결하는 교환기인 DNS처럼 자국어 실명을 주소창에 입력하면 영문도메인네임이나 인터넷도메인(IP address)으로 연결하는 시스템이 넷피아가 개발한 자국어실명인터넷도메인네임 시스템이다. 넷피아가 개발해 전 세계 여러 나라에 구축하고 있는 이 자국어인터넷도메인네임 루트를 한국의 리더들은 몰라도 이들은 아주 잘 알고 있었다. 이들의 제안은 그것의 개발과 확산을 막기 위한 회유에 불과했다. 당연히 넷피아 내부에서는 갑론을박이 일어났다. 이제는 고생 그만하자는 의견과 리얼네임즈와 M사의 간계에 빠져서는 안 된다는 의견으로 나뉘었다.

임직원들과 나는 많은 고민을 했다. 그들의 조건을 분석해 보니 그들의 전략은 우리가 해외로 진출하려는 것을 사전에 차단하려는 것이었다. 국내는 우리가 약 80%대의 시장 점유율을 유지하고 있어서 걱정이 덜 되었지만, 한국에서 우리를 지속해서 괴롭히는 세력을 일시에 없앨 수 있는 부분은 이들로부터 온갖 괴롭힘을 당해온 우리로서는 달콤하고 매력적인 것임이 틀림없었다. 그리고 시장 점유율을 안정적인 90%대로 유지하면서 ISP 등 통신사로부터도 자유로울 수 있어 잠재적인 위협을 없애는 길일 수 있었다.

그들의 제안을 받아들이면 국내에서는 안정적인 서비스를 당분간 할 수 있겠지만, DNS 관련 기술 개발을 할 수 없게 돼 회사의 미래를 없애는 것과 같았다. 만약 우리가 리얼네임즈와 제휴할 경우엔 우리 고유의 서비스 방식인 자국어실명인터넷도메인네임 방식을 포기해야 함은 물론 외국으로 우리의 기술 수출도 불가능해진다는 것이었다. 이는 결국 대한민국이 자국어 인터넷주소의 전 세계 종주국이 될 수 없다는 것을 의미했다. 여러 고민 끝에 우리는 리얼네임즈의 2차, 3차 모든 제안을 거절했다.

우리는 약자였지만 나는 당시 제휴마케팅을 맡고 있던 노은천 팀장과 함께 기업과 기관들을 찾아다니며 그들을 우리 편으로 만들기 시작했다. 2000년 8월 하나로통신과 계약을 체결한 뒤 연이어 하이텔, 에듀넷, 한국무역정보통신 등 7개 ISP 업체와 제휴협약을 맺으면서 나름대로 네트워크도 형성하였다. 이후에는 KT, 온세통신, 나우누리 등 국내 주요 10대 ISP 업체들도 인터넷주소의 한글화에 동참하면서 90%에 가까운 인터넷 이용자들에게 한글인터넷주소를 제공할 수 있는 기반이 만들어졌다.

그 후 차츰 넷피아를 인정한 우군이 확보되면서 우리는 더욱 확실한 자신감이 생겼다. 리얼네임즈가 아무리 강자라 해도 약자인 넷피아 역시 나름의 전략이 있었기에 절대 두렵지 않았다. 나는 그렇게 우군을 만들어 가며 M사의 독점적 지위 남용을 알리는 일에 주력하였다. 당시 M사는 OS(-operating system) 시장의 독점적 지위를 이용하여 브라우저 시장까지 장악하고는 인터넷주소창에 키워드 타입의 기업명을 입력하는 사용자를 모두 해당 기업이 아닌 자사의 고객으로 돌리는 불공정 행위를 하고 있었다. 게다가 당시 한국에서 M사의 익스플로러 브라우저는 시장점유율이 90%가 넘었으므로 우리는 이 사실과 함께 국내외에 M사의 불공정 행위를 이슈화하여 알리기 시작했다.

2001년 12월 국내 정보통신 기술 표준화에 관한 업무를 담당하는 한국정보통신기술협회(TTA)에서는 넷피아와 리얼네임즈 분쟁의 가장 핵심이 되었던 서비스 방식에 대해 새로운 표준을 정했다. 그 내용은 "이용자가 인터넷키워드 주소를 질의할 때 해당 객체 주소로 변환하기 위해서는 반드시 이용자가 지정한 네임 서버를 통해야 한다."는 것으로 넷피아가 주장해온 것과 일치하였다.

우리는 천군만마를 얻은 기분이었다. 리얼네임즈, 한글인터넷센터, 한국인터넷정보센터, 넷피아 등이 치열하게 공방을 벌이며 함께 만든 표준이 넷피아가 주장하는 방식으로 결정된 것이다. 이처럼 첨예한 표준 방식이 가장 합리적 방식으로 결정된 데에는 주요 통신사와 지각 있는 위원들의 도움이 컸다. 무엇보다 관련 분야를 잘 이해하고 원칙을 잘 지켜주신 TTA 임주환 원장의 도움이 컸다.

당시엔 한국인터넷정보센터(KRNIC)가 사무국을 맡았는데 이곳에서 표준을 만드는 당사자인 넷피아는 참관인 자격으로, 리얼네임즈는 특별위원 자격으로 지정해 넷피아가 거세게 항의하기도 하였다. 이런 우여곡절 끝에 분쟁의 쟁점인 표준화를 위한 구도는 리얼네임즈와 한글인터넷센터, 한국인터넷정보센터 측과 넷피아로 양분된 듯한 상태였지만 한국정보통신기술협회(TTA)에서는 최종적으로 넷피아가 주장하는 방식을 표준으로 정하였다. 이는 '인터넷 키워드 서비스용 클라이언트 프로그램과 키워드 네임 서버 간의 연결방법 표준'이란 이름으로 지루하게 시작된 표준 방식의 논쟁에 마침표를 찍는 일이었다. 당시 모든 걸 관심 있게 지켜보던 언론에서는 이 사실을 1면에 실었다.

그 후 나는 기술 개발에 계속 투자하는 동시에 2002년 초까지 M사의 불공정 거래를 문제 삼았다. 그때는 M사와 리얼네임즈의 계약이 만료되어 가는 시점이었다. 미국 법원에서도 윈도우에 인터넷 익스플로러를 끼워 파는 불공정 행위에 대해 회사를 분할하고자 하는 등 여러 이슈가 있던 시점이었다.

결국, M사와의 협력에 모든 것을 의존했던 리얼네임즈는 2002년 6월 M사와 재계약하는 데 실패하면서 파산을 맞게 되었고 이로써 경쟁 자체도 성립하지 않을 것으로 보였던 넷피아와 리얼네임즈의 싸움은 넷피아의 승리로 마무리되었다. 최악의 상황에서도 한글의 자존심을 걸고 끝까지 버텨낸 한판 대결이 3년 만에 끝을 보게 된 것이다.

만약 2001년도에 리얼네임즈와 제휴를 했더라면 계약의 독소 조항들 때문에 어쩌면 넷피아도 문을 닫게 되었을지 모른다. 인터넷주소창에서 일어난 21세기 최대의 남의 고객 가로채기 사건은 넷피아가 그 당시 사라졌다면, 그 내막조차 모른 채 덮어졌을 것이다. 대부분의 기업은 인터넷주소창에 그 기업의 이름을 입력하는 사용자를 단순 키워드 입력자나 인터넷 사용자 정도로만 생각한다. 그러나 .co.kr이 없는 기업명 그 자체를 입력하는 사용자는 전화번호를 입력하는 사용자처럼 그 기업의 중요한 자산인 고객이다.

우리가 리얼네임즈와 경쟁을 벌이는 동안 리얼네임즈는 거대한 자본력으로 글로벌 마케팅과 홍보 활동에 많은 투자를 했다. 그리고 넷피아와 리얼네임즈의 경쟁이 업계의 이슈로 떠오르면서 주소창의 실명 자국어인터넷주소 기술에 대한 외국의 관심도 높아졌다.

전 세계를 대상으로 경쟁하던 두 회사 중 한 곳인 리얼네임즈가 2002년 중반 문을 닫게 되면서 세계 시장은 넷피아의 단독 체제가 되었다. 리얼네임즈의 고객이었던 전 세계 기업들이 넷피아를 주목하게 되었고 국내 기업들의 데이터베이스가 모두 넷피아로 이관되었다. 한글인터넷주소를 모델로 한 95개국의 실명 자국어인터넷주소 세계화도 현실로 다가왔다.

2002년 한국에서는 한글인터넷주소 사용 건수가 하루에 무려 2,500만 건에 달했고 인터넷 이용 건수도 급속히 증가하였다. 전화번호를 입력하면 직접 연결되듯이 국내에서는 인터넷 이용자 80% 이상이 언제 어디서나 기업의 브랜드와 기업명으로 된 한글인터넷주소를 사용하게 되었다. 기업명 그 자체만으로 된 한글인터넷주소라는 신산업이 드디어 de facto standard(시장에서의 표준)를 이룬 것이다.

이처럼 넷피아는 아무도 가지 않은 광활한 사이버 공간에 자국어(한글)

인터넷주소라는 새로운 길을 만들었고, 대한민국 국민은 전 세계 최초로 한글인 자국어로 된 인터넷도메인네임을 사용하는 국민이 되었다. '잠을 자면 꿈을 꾸지만 노력하면 꿈을 이룬다.' 는 말처럼 우리는 그 꿈을 이루었다. 넷피아는 우리의 원천기술로 전 세계 자국어실명인터넷도메인네임이라는 새로운 서비스를 만들었고, '하면 된다.', '꿈은 꿈꾸는 자의 것이다.'라는 말이 현실이 될 수 있음을 보여주었다.

자국어 인터넷주소 사업은 넷피아가 세계 최초로 만들어 세계화하고 있는 실명 인터넷주소(이름) 사업이다. 전 세계가 하나로 연결되는 초연결 사회인 인터넷 세상에서 대한민국의 한 벤처기업이 인터넷 환경에서 실명으로 전 세계의 이름 체계를 구축하는 새로운 장르를 만들어 산업화하고 세계화한 사업으로, 어느 나라도 시도해보지 못한 글로벌 프로젝트이다. 각 분야의 수많은 사람이 지원하였고 세계의 수많은 학자가 함께한 초대형 사업이다.

넷피아의 전신인 IBI는 1995년부터 한국에서 최초로 가장 체계적이고 널리 인터넷도메인네임을 상업적으로 대한민국에 보급한 회사이다. 1996년 미국의 .com, .net, .org 도메인 등록정책을 한국어로 번역하여 IBI.net 웹사이트에 올리고 모든 기업에 도메인네임 등록 캠페인을 벌였다. 그리고 한글로도 인터넷주소가 가능한 한글인터넷주소를 개발하여 전국에 보급하였다. 그것이 기반이 되어 자국어인터넷도메인네임으로 발전하였다. 지금은 과거의 유비쿼터스 영역인 IOT(Internet of things) 분야에 이름을 붙이는 IOT 네임으로 발전하고 있다.

전 세계 모든 기업과 개인, 더 나아가 인터넷과 연결된 모든 사물에 인터넷 식별체계인 이름을 붙이는 일을 주 사업으로 하고 있다. 물론 넷피아가 아닌 다른 기업이 할 수도 있지만, 넷피아가 인터넷 네임 분야에서는 가장 많은 연구와 시간을 집중해온 것은 사실이다.

그동안은 'Netpia'란 이름으로 자국어실명인터넷도메인네임을 알렸지만, 앞으로는 인터넷 기업명을 입력하는 사용자는 누구의 고객인지 분명히 알리고 싶다. 그리고 우여곡절 끝에 살아남아 창립 20주년을 맞이한 지금은 인터넷이 연결된 모든 사물에 실명도메인네임(이름)을 붙여 전 국민이 사물을 좀 더 편하게 관리할 수 있는 사물인터넷 시대를 준비하고 있다.

유엔에서 인정하고 초청한 자국어인터넷주소

2002년 말에 접어들면서 넷피아는 비로소 안정적인 성장 대로에 들어서게 되었다. 리얼네임즈와의 싸움에서 거둔 승리는 피 말리는 전쟁의 성과였고 그 고비를 넘기며 얻은 결과는 기대 이상으로 달콤했다. 그 덕분인지 나는 2002년 전국경제인연합회의 최우수 경영인상과 제2건국범국민추진위원회가 선정한 신지식인 대통령 표창을 받았다. 그리고 넷피아는 디지털 이노베이션 대상 IT 분야에서 100대 기업에 선정되었고, 한국인터넷기업협회에서 선정한 인터넷 기업 기반산업 부문에서 최우수상을 받았다. 한글인터넷주소 서비스 일일 사용 건수도 어느덧 2,500여만 건에 이르면서 상용화 서비스 3년 만에 120배가 넘는 성장을 기록했다. 이는 힘들 때마다 포기하고 싶었던 마음을 억누르며 버텨 온 시간에 대한 커다란 보상이었다.

이후 넷피아는 국내 주요 50개 ISP 업체들과 제휴하며 한글인터넷주소 인프라의 확산에 힘썼고 국내 50만 개의 유료 등록을 통해서 새로운 인터넷도메인네임인 한글인터넷주소의 성공적 모델을 만들었다.

정부에서도 많은 도움을 주었다. 행정자치부 산하 250개 지방자치단체와 전국 검찰청에서 한글인터넷주소를 100% 등록해 주었다. 1년에 6만 원 하는 정부 기관명으로 된 한글인터넷주소를 등록해 줌으로써 정부 역시 더 편하고 쉬운 정보 접근 방법을 국민에게 제공할 수 있게 되었고 이를 통해 국내의 정보격차 해소와 전자정부 구현에도 이바지하였다. 그리고 17대 총선에서는 후보자의 90% 이상이 홈페이지를 한글인터넷주소로 등록하여 모든 유권자가 한글 이름으로 후보자의 홈페이지를 방문할 수 있었다. 기업체에서는 소비자가 자사 홈페이지를 쉽게 찾을 수 있도록 브랜드명과 제품명을 한글인터넷주소로 등록하는 등 한글인터넷주소를 효과적인 기업 마케팅 전략으로 활용하였다.

이렇게 탄력을 받은 넷피아는 더 넓은 세상을 향하여 매우 빠른 속도로 성장 가도를 달리기 시작했다. 세계 시장에서도 넷피아의 기술에 긍정적인 반응을 보이자 나는 더욱 적극적으로 세계화에 나섰다. 각국에서는 '넷피아의 자국어인터넷주소'에 큰 관심을 보였고 국제사회에서 인정받기 위한 우리의 노력은 굵직굵직한 성과로 나타났다.

태국 씨린턴 공주의 넷피아 방문 기념 사진 (가운데-씨린턴 공주, 오른쪽부터 티라베치얀 태국 대사, 유종하 전 외무부 장관, 태국 대사의 부인, 넷피아의 이판정 대표이사)

2003년에 UN에서 주관한 정보화 사회를 위한 국제정상회의인 WSIS (World Summit on the Information Society) 서아시아 준비회의에 초청을 받아 참석하게 되었는데 이 자리에서 우리는 '자국어인터넷주소' 프로젝트를 발표하여 중국과 아랍권 국가들로부터 아주 뜨거운 호응을 받았다. 그리고 이를 계기로 일본과 중국 등 아시아에 집중되었던 '자국어인터넷주소'에 대한 관심을 전 세계로 확대하기 시작했다. 그 여파는 유엔 산하기관인 국제전기통신연합(ITU)으로 이어졌고, 2004년에는 '인터넷 거버넌스(Internet Governance)' 분야의 전문가 자격으로 공식 초청을 받아 '키워드형 구조의 자국어인터넷주소가 비영어권 국가의 지식정보화사회 진입과 경제발전에 어떻게 공헌할 수 있는가'를 주제로 발표하여 큰 호응을 얻었다.

또한, ITU 멤버십이 없는 회사인데도 세계통신표준총회(WTSA)에 초청받아 자국어인터넷주소의 세계 표준화를 제안하였다. 2004년 말에는 전 세계 정보격차 해소를 위해 구성된 유엔 산하 인터넷 정책 워킹그룹 WGIG(Working Group on Internet Governance)의 위원으로 넷피아의 천강식 이사가 한국을 대표하여 선임되었다. 그때 지원해 준 사람은 중국의 후알린 자오 박사였다. 후알린 박사는 이후 2014년 부산 ITU 세계 총회에서 19대 ITU 사무총장으로 선임되었다.

세계 시장에서 국제 표준화를 이루려는 우리의 노력은 2005년 터키와의 자국어인터넷주소 계약 체결을 시작으로 하나둘씩 결실로 이어졌다. 터키의 파트너는 이름이 코레이(Koray)였는데 아버지가 한국전쟁에 참전하면서 지어준 이름이라고 하였다. 우리도 시골에 가면 월남전에 참전하면서 지은 이름으로 김월남, 이월남 등이 있듯이 비슷한 이름이었다.

2005년 11월 23일 넷피아를 방문한 러시아의 국영통신사 이타르타스(ITAR–TASS) 비탈리이그나 체코 사장(우측)과 이판정 사장

터키는 초기 라이센스 비용으로 100만 불을 받아야 하지만, 아버지가 한국전에 참여하여 오늘의 넷피아가 있는 것이라며 깎아달라고 하였다. 틀린 말은 아니어서 이사회 협의를 거쳐 좋은 모델을 만들고자 30만 불을 특별 할인하여 70만 불에 계약하였다.

그해 9월 넷피아의 해외 부문을 맡은 이병훈 대표는 여러 나라와 라이센스를 계약하고 실행하는 데 필요한 글로벌 경영시스템을 구축하였다. 이병훈 대표는 국제사업 분야의 전문가로 넷피아가 자국어인터넷주소를 세계화하는 데 큰 기틀을 마련하였는데 이러한 이 대표의 노력에 힘입어 넷피아는 해외사업을 더욱 전문화하고 고도화하게 되었다.

넷피아는 95개국 자국어인터넷주소에 대한 인프라를 구축했다. 한국, 터키, 인도네시아, 몽고 등에서 상용화 서비스를 시행했다. 칠레, 멕시코, 말레이시아, 태국, 레바논, 방글라데시, 카자흐스탄 등에서는 상용화 서비스 준비를 위한 테스트를 마쳤다. 체코, 불가리아, 그리스, 이집트, 대만, 베트남 등과는 자국어인터넷주소 솔루션 수출을 위한 MOU를 맺었다.

자국어 인터넷주소의 글로벌 진출을 향한 우리의 노력은 넷피아의 영업 성과로만 그치는 것이 아니었다. 전 세계의 공익적 측면에서도 큰 의미가 있는 일이 되었다. 무엇보다 사용자는 자국어로 된 기업명 그 자체를 영문 도메인네임보다 더 편하게 입력할 수 있게 되었다. 그리고 이 서비스에서 키워드형인 실명을 입력하는 사용자는 분명한 그 기업의 고객이다. 각국의 고객은 이제 기업명만 알면 그 기업에 직접 바로 접속할 수 있게 돼 해당 기업은 고객과 더 편하고 손쉽게 만날 수 있게 되었다. 특히 중소기업의 마케팅 활동에 크게 이바지하여 매출 증대를 통해 국가 경제 활성화에 없어서는 안 될 필수 플랫폼이 되었다. 한강에 다리가 없어 배만 다닌다면 선착장 수입은 크겠지만, 과연 경제는 어떻게 될까? 기업이 고객을 더 많이 더 쉽게 만날 수 있을까?

이처럼 자국어인터넷주소는 영문 도메인과 달리 인종, 국가, 계층을 막론하고 자국어를 읽고 쓸 줄 아는 사람이라면 누구나 무한한 정보의 바다로 들어갈 수 있도록 연결하는 지식과 정보 접근의 다리가 되어 주었다. 자국어실명인터넷도메인네임은 인터넷주소를 자국어로 하는 것 이상의 가치를 지니게 되어 세계 각국의 중요한 필수 인프라로 거듭나고 있으며 그 사용 빈도수가 도메인은 물론 전화보다 훨씬 많아 기업 마케팅의 필수 도구가 되고 있다.

한국의 작은 벤처기업 넷피아가 21세기 전 세계 인류의 가장 큰 도구인 인터넷에 자국의 글로 기업과 고객이 가장 편하게 만날 수 있는 자국어 실명 인터넷 다리를 구축하였다. 사이버 공간에 영역을 구분 짓는 인터넷도메인을 자국어 실명으로도 사용할 수 있게 된 것이다.

대치동 은마아파트 상가의 창문도 없던 사무실에서 시작한 일이 어느새 세계 시장을 향해 힘차게 뻗어가고 있으니 감회가 새로웠다. 그동안 흘린 땀과 눈물이 결코 헛되지 않았다는 안도와 함께 동고동락해오던 넷피아 가족 모두에게 한없이 고마웠다.

과거에 대한 성찰과 선진국으로 가는 길

남의 것을 따라 하는 방식으로 세계 10위권은 가능하다. 그러나 그것으로는 진정한 선진국이 될 수 없다. 새로운 분야를 개척하고 남이 우리를 따라오게 하는 분야에서 세계 1위가 많이 나와야 비로소 진정한 선진국이 될 수 있다.

새로운 장르를 개척하여 전 세계 인류에 이바지하려면 상식이 통하는 사회문화가 뒷받침되어야 한다. 남을 따라가는 데 익숙한 사회문화에서는 강자의 상식이 더 합리적이고 지배적인 상식으로 보일 수 있다. 보편적이고 합리적인 상식은 오히려 이상한 것으로 보이고 그것을 추구하는 사람들은 더 이상하게 보일 수 있다. 그것은 극복하기 어려운 현실적 삶이기도 하다. 하지만 모든 일에 원목적이 무엇인지만 확실히 하면 현실적 한계 역시 어렵지 않게 극복할 수 있을 것이다.

넷피아와 유사한 길을 걷는 사람이라면 당연히 이런 생각을 할 수밖에 없을 것이다. 기업은 목적과 목표 달성을 위해서 필요하면 법까지 만든다. 사회적 불합리로 기업을 영위할 수 없다면 이를 개선하려는 노력 또한 당연히 기업의 몫이다. 아마도 그래서 나는 기업을 운영하면서 사회문화와 정신문화 발전에 더 많은 관심을 기울여 오해 아닌 오해를 참 많이 받은 것 같다. 우리 사회에 없던 것을 만들어 그것을 세계화하자니 사회 문화와 환경이 가로막고 있다. 그것을 극복하고자 몸부림치다 보니 주제넘은 행동과 말을 한 것 같다. 그간 그런 부분으로 불편한 분들이 계셨다면 이 글을 통해 사과드린다. 능력도 부족한 사람이 주제넘은 일을 벌여나가다 보니 주제넘은 생각과 오해받기 충분한 이야기를 할 수밖에 없었음을 조금이나마 이해해 주시기 바란다. 하지만 그것이 사회적으로 피해가 가는 일이 아니라면 비록 주제넘은 다소 불편한 이야기이지만 좀 더 밝은 사회를 위한 제안으로 이해해 주시길 희망한다. 누구든지 스스로 당해보지 않으면 그것을 이해하기 어려울 것이다. 그러나 직접 당해보고 나서 알게 되는 것보다 이해와 배려로써 알게 되면 직접 당하게 되는 일을 사전에 막을 수도 있을 것이다.

합리와 상식의 사회문화가 덜 정착된 나라는 비효율적인 길을 따르는 것에 관성이 생겨 비효율적인 것을 전혀 이상하게 보지 않는 경향이 있는 것 같다. 등산하다 보면 이런 현상을 쉽게 접하게 되는데 더 쉽고 빠르게 가려고 지름길을 만들거나 사람을 피해 험한 곳으로 발길을 돌리는 사람들을 보면 왠지 거슬린다.

일부는 손가락질의 대상이 되기도 한다. 그러나 한 번 더 생각해보면 그런 사람들 덕분에 정체가 그만큼 덜 되는 것 또한 사실이다. 비합리적 관행 때문에 금지의 표시가 없는 외딴 산길에서 길게 줄을 서서 아까운 시간을 낭비하며 고생하는 경우는 허다하다.

금지의 시설과 표시가 없을 경우 금지의 상황이 아니라고 판단하여 스스로 길을 만들어 길게 늘어선 대열에서 나와 주는 이들은 고마운 사람들이다. 반대편에서 오는 이들에게 피해가 되지 않으면 스스로 새로운 길을 시도하여 공동의 적체를 줄이는 이들을 비난하지 않는 합리적인 사회문화가 절실하다.

선진국에서는 하지 말라고 지정한 곳이 아니면 해도 무방하지만, 한국 사람들은 해도 된다는 허락의 문화에 익숙해 있다. 갈수록 다양성이 존중되는 사회에서, 사회적으로 국가적으로 하면 안 되는 부분만 정하고 그 나머지는 자신의 책임으로 해도 되는 사회문화(성숙한 법과 규율체계)에 아직은 이르지 않은 까닭이다. 소득 수준 2만 불을 넘는 사회가 해도 된다는 것을 지정하는 허락의 사회구조이다 보니 허락을 위한 공무원의 숫자가 더 많이 필요해진다. 그러다 보니 사소한 부분도 관의 허락을 받아야 하는 탓에 허락을 위한 일 아닌 일들인 규제가 늘어나고 늘어난 비효율인 규제를 풀기 위하여 아는 사람을 찾게 되는 지연, 혈연, 학연의 연줄 문화가 형성되는 것이 인지상정이 된다. 국가 경쟁력은 당연히 떨어질 수밖에 없다. 그리고 이 때문에 허락을 위한 공무원의 숫자가 더더욱 많이 요구되고 공무원의 일도 점점 늘어나 공직의 과로와 공직의 비효율 악순환은 반복된다.

특히 신산업 등 새로운 패러다임의 영역은 그만큼 더 국가 경쟁력이 결정적으로 떨어질 수밖에 없다. 새로운 신산업은 초기의 헤게모니를 선점하는 것이 매우 중요하다. 그리고 이를 위한 가장 좋은 정책은 어느 정도 사회문제가 되어도 돌이킬 수 없을 정도가 아니면 무엇이든지 하게 내버려 두어 선입견으로 묶지 않는 것이 중요한 정책 포인트다. 그래야만 글로벌 헤게모니를 선점할 수 있다. 우리나라 게임산업이 초기에 국제 경쟁력을 갖춘 것도 이런 효과 덕택이다.

또, 상황에 맞는 법률과 정책으로 전 세계 인터넷도메인네임 루트를 선점한 미국의 사례가 대표적이다. 영문도메인네임 루트는 미국이 가지고 있다. 그 속에서 글로벌 빅데이터를 만들 수 있다. 이슈가 있는 나라는 해당 국가 도메인네임 루트를 내리면 해당 국가 전체의 인터넷이 작동을 멈춘다.

20여 년 전 미국은 도메인네임을 안정적으로 세계에 보급하기 위하여 미국 상무부 주도로 인터넷 정책기구인 ICANN을 만들었다. 우리나라도 자국어인터넷주소(자국어실명인터넷도메인네임)에 관한 국제기구를 정부 주도로 만들었어야 했다. 모바일 시대인 지금 작은 모바일 화면에서 영문도메인네임을 입력하기는 만만치 않다. 그래서 음성으로 입력한다. 계층형인 영문도메인은 음성으로 입력하기에는 상당히 제한적이다. 그래서 계층형이 아닌 실명이 절대적으로 중요한 인터넷이름체계이다.

넷피아가 20여 년 전 설계한 자국어인터넷주소는 모바일 시대가 되면서 그 중요도와 필요성이 크게 증대되었다. 이제 남은 것은 우리나라에서 세계 최초로 설계한 자국어인터넷주소를 법적으로 보호하는 길이다. 이미 개정한 인터넷주소자원에 관한 법률 시행령에 자국어인터넷주소를 포함하여 대통령령으로 시행해야 한다.

대한민국이 운 좋게 20년 전 만든 자국어인터넷주소는 지금의 왜곡된 인터넷구조를 경제 활성화 구조로 만들 필수 인터넷 인프라가 되었다. 이제는 각국 정부와 함께 각국의 경제 활성화 플랫폼으로 만들어야 할 필수 인터넷 인프라가 되었다. 지난 10여 년 사이 스마트폰은 전 세계인의 필수 휴대품이 되었다. 스마트폰에서 검색할 때 영문도메인네임을 입력하여 검색하는 빈도수는 키워드와 실명자국어주소로 검색하는 빈도수와는 비교가 되지 않을 정도가 되었다. 이젠 말로 직접 입력하는 시대다. 말(구두)로도 모든 인터넷 목적지에 연결될 수 있는 자국어인터넷주소는 20여 년 전 아시아 인터넷의 아버지 전길남 박사의 도움으로 가능했으며 대한민국의 넷피아 연구원이 만들었다.

초기 인터넷이 발달한 이유 중 하나로 "공무원이 인터넷을 잘 몰라~"라고 하는 말이 실감 난다. 그 때문에 정부와 공무원만이 할 수 있는 정작 중요한 부분을 하지 못할 수도 있다. 약 100만 명(공무원 1명당 인구 50명)이나 되는 공무원 숫자가 부족하다고 한다.[9] 이 얼마나 비효율적 구성인가! 이러한 인구 구성은 역으로 중소기업 사장들이 이들을 먹여 살리려고 얼마나 고생을 하는지 잘 대변한다.

1명의 공무원이 3개 중소기업을 담당하여 그 어려움이나 필요사항을 매일 1시간만이라도 도와준다면 약 300만 개의 중소기업이 도움을 받을 것이다. 이를 위해선 먼저 고용노동부가 고용행복부와 노동안전부로 구분되어야 한다. 고용 없이 노동 문제는 생기지 않는다. 창업과 기업의 투자가 우선이다. 고용을 할 수 있는 환경을 전 세계에서 가장 좋게 만드는 일, 그것은 고용행복부가 앞장을 서야 한다. 고용행복부는 글로벌 기업 유치, 대기업의 바른 투자, 중소기업의 창업 및 활성화 지원 등 고용과 관련한 모든 업무를 타 부서와 협업하거나 경쟁함으로써 최적의 고용 환경을 만드는 데 책임을 져야 한다. 중소기업에 이슈가 생기면 고용행복부와 노동안전부 관계자들이 서로 대립하는 입장에서, 중소기업과 노동자 입장에서 정부 대 정부로 생산적이고 합리적인 논쟁을 할 필요가 있는 이유이다.

---

9) 공무원 등 전체 공공부문(공무원+군인+경찰+공기업 직원+준정부기관 직원+기타 공공기관 직원)을 합치면 약 200만 명으로, 인구 25명당 1명의 공무원과 준공무원이 있는 셈이다(출처: 공공기관 경영정보 공개시스템), 이 중 경제활동인구(2,695만 5,000명; 2016년 통계청 기준)로 계산하면 일반 국민과 공무원의 비율은 약 15 : 1이다. 이는 공무원 등 공공부문 직업군이 왜 선호되는지를 나타내는 숫자이며, 혁신적 국가 개혁이 없으면 국가의 미래가 어떻게 될지 보여주는 숫자이기도 하다. 따라서 공적 부조를 제외한 영역에서 국가 예산에 ROI(투자수익률)를 도입할 필요성이 있다.

국가도 골든타임이 있다. 지금 대한민국은 양쪽에서 서로를 탓하며 골든타임을 놓치고 있다. 이 때문에 엄청난 사회적 비용을 치르고 있고 합리적 창조를 시도하는 이들을 만들지는 못하고 있다. 넷피아의 사례도 그중 하나다.

대한민국 정부는 반드시 지원했어야 할 전 세계 자국어실명인터넷도메인네임 사업을 위해 지난 20년간 무엇을 도왔는지? 또 그 반대편에서는 어떤 돌을 던졌는지? 지난 20년간 한국인터넷정보센터(한국인터넷진흥원)가 넷피아에서 받은 공문과 대한민국 검찰의 넷피아 압수 수색 기록은 그 사례연구가 될 수 있을 것 같다. 넷피아의 아픈 사례를 교훈 삼아 넷피아 같은 피해가 더는 일어나지 않기를 바랄 뿐이다. 혁신적 사고와 합리적 창조가 숨 쉬는 21세기 대한민국의 미래 20년을 바로 알고 바로 가고자 한다면 새로운 패러다임의 주역인 인터넷 분야의 지난 20년을 연구하고 그곳에서 놓칠 수 없는 미래 20년을 되찾기를 기대해본다.

지금도 대한민국은 골든타임이 끝나지 않았다. 아직 기회는 있어 보인다. 그러나 과거를 분석하지 않고 20년 전에 내건 구호만 계속한다면 더는 기회가 없을 것이다.

IOT와 스마트폰이 몰고 온 새로운 패러다임 시대에 지난 20년은 각 분야에서 아쉬움이 있지만 충분한 퇴비가 될 수 있다. 중요한 것은 어떤 신품종 벼농사에 비료와 농약을 잘 뿌렸는지, 누가 고의로 제초제를 뿌렸는지도 찾아내야 한다. 어떤 비료와 농약을 잘못 뿌렸는지 정확히 알아야 한다. 그래야만 바른 비료와 정확한 농약으로 미래 먹거리 산업과 미래 아이템을 잘 키울 수 있을 것이다.

아쉬움이 큰 지난 20년을 분석하지 않으면 그동안 뿌린 비료와 농약은 오히려 미래에 큰 독이 될 수도 있을 것이다. 한번 놓친 농사는 다음 해에 다시 하면 되지만, 한번 놓친 산업은 일으켜 세우기가 거의 불가능하다. 지난 20년과 앞으로의 20년은 한 국가의 흥망성쇠를 판가름하기에 충분한 시간이기 때문이다. 대한민국의 미래 산업이 골든타임을 놓칠지 아닐지는 앞으로의 20년에 달린 것 같다.

마음은 30대 같은데 벌써 50대가 되었다. 우리 세대가 현재를 어떻게 사느냐에 따라 우리 세대는 주말도 없이 고생한 부모 세대에게 진 빚을 모두 갚는 떳떳한 세대가 되거나, 아니면 자식 세대에게 더 큰 시대의 빚더미를 물려주는 부끄러운 세대가 될 것이다.

나라 잃은 설움과 참혹한 전쟁의 상처를 이겨내며 오늘의 대한민국을 이룬 부모 세대, 선배 세대의 피와 땀을 잊고 우리 세대가 해야 할 시대의 숙제를 우리 스스로 외면하고 있는 건 아닌지? 과연 이 나라의 중심 세대인 50대인 우리 세대가 선배 세대 못지않게 후배 세대를 위해 한 일은 무엇인지? 우리 세대 역시 선배 세대 못지않게 열심히는 살았지만, 선배 세대가 무에서 유를 창조한 세대라면 우리 세대는 민주화를 이룬 세대라고 스스로 자부할 수 있겠지만 진정한 민주화는 상식이 통하는 합리적인 사회가 되어야 하지 않을까? 지연, 학연과 전관예우가 상식과 진실보다 우선이라면 우리 세대가 이룬 민주화는 부끄럽게도 이기적 지연, 학연과 전관예우를 위한 민주화일 뿐이다.

세월호 사태 같은 이루 말로 표현할 수조차 없는 통한의 상처를 되풀이하는 사회를 물려주지 않으려면 우리는 무엇을 해야 할까? 21세기 인터넷 시대에도 극복하지 못한 지연, 학연과 전관예우의 패거리 문화는 공권력을 강도보다 더 무서운 존재로 만들어 자식 세대를 산 채로 수장시키는 비정한 일에 공범이 될 수 있다. 이런 시대의 빚더미를 자식 세대에게 물려주지 않으려면 우리는 과연 무엇을 해야 할까? 그 시작은 바로 모든 일의 원목적이 무엇인지를 알고 그것을 지키는 것에서 시작되어야 하지 않을까?

인터넷 포털의 남의 고객 가로채기, 이대로 둬도 괜찮은가?

인터넷주소창에 기업명을 입력하면 직접 연결되는 자국어실명도메인네임 서비스는 DNS 확장 기술로 발전하는 것이 가장 바람직한 기술의 방향이다. 하지만 브라우저 제작사인 M사는 O/S의 지배적 시장 점유율을 이용하여 브라우저 주소창(도메인창)에 기업명을 입력하는 모든 기업의 고객을 모두 M사의 포털로 이동시켰다. M사는 그것의 불공정 이슈가 생기자 브라우저에서 포털 선택권을 사용자에게 주면서 포털의 카르텔을 만들었다. 이는 기술적으로 이 분야를 깊이 모르는 많은 사람을 현혹하는 일이었다.

만약 우체통을 만들어 보급한 회사가 우체통에 들어온 편지를 무단으로 가로채 편지에 있는 주소로 배달하지 않고 우체통을 만든 회사로 가져간다면 이것은 명백한 불법이다. 그리고 추가로 돈을 주면 배달해주고 그렇지 않으면 딴 곳으로 돌린다면 이중의 불법행위이다.

우체통에 편지를 넣은 이에게 주소에 있는 곳으로 직접 가지 않는 다른 주소들을 주면서 그중 하나를 선택하라고 하는 것은 남의 자산을 뺏기 위한 담합 행위이다. 가령 우체통 공급자가 불로소득을 얻고자 우체통에 들어오는 택배물을 모두 자신의 가게로 가지고 간 후 받을 사람들이 찾으러 오면 돈을 많이 낸 사람에게 주는 것이 과연 정당한가? 남의 고객을 가로챈 후 돈을 내고 찾아가라고 하는 포털의 키워드 광고는 산적 행위 그 자체이다. 다만, 온라인에서 순간적으로 일어나기에 잘 인식되지 않을 뿐이다.

| 참고 |

1891년을 회고하며: 어느 장의사의 통신기기 발명 이야기
평범한 장의사가 자동 전화 교환기를 발명하기까지

스트로저는 미국 미주리 주의 평범한 장의사였습니다. 그는 언젠가부터 자신의 사업이 기울고 있다는 걸 깨달았는데요, 정말 기가 막힌 것은 사업 쇠락의 원인이었죠. 미주리 주의 사망률 감소 같은 '어쩔 수 없는' 상황 때문이 아니라, 바로 자신의 라이벌 장의사가 마을의 '전화 교환수'와 결혼한 것 때문이었는데요.

가족, 친지의 갑작스러운 사망으로 경황이 없는 마을 주민이 전화를 걸어 장의사를 찾으면, 그 전화 교환수는 고객의 선택권을 무시한 채 자연스럽게 그녀의 남편에게 통화를 연결시켜 주었습니다. 즉, 통화자가 구체적으로 "스트로저 씨에게 연결해 주세요."라고 요청하지 않는 한, 모든 장의사 요청 관련 통화는 그녀의 남편에게 연결되는 셈이죠. 이에 분기탱천한 스트로저는 급기야 '발명'에 뛰어들었습니다.

〈중략〉

그의 아이러니와 유머 가득한 발명 비하인드 스토리도, 그가 기술적으로 인류에 기여한 바를 기억하는 것은 물론 중요합니다. 하지만 그가 발명한 '스위치'가 전화 서비스 고객들에게 최초로 '선택권'을 부여했다는 사실도 한 번쯤 상기해보면 어떨까요?

출처·인용: 시스코블로그(http://www.ciscokrblog.com/130)
유투브 한글자막 영상(http://youtu.be/wWV28Zl8Y8)
유투브 검색어: 알몬스트로우저

우체통을 만든 회사가 우편물을 불법으로 가로채어 배달을 대신하고 이를 통해 돈을 요구하는 것은 명백한 불법이다. 마찬가지로 우체통 기능을 하는 인터넷 브라우저의 인터넷주소창[URL]에 기업명을 입력한 사용자는 그 기업의 재산인 동시에 그 기업의 고객이다.

그러므로 M사가 인터넷주소창에 .co.kr이 없는 기업명만 입력한 모든 기업의 고객을 인터넷 브라우저에서 M사의 포털로 돌리는 것은 있을 수 없는 불법적 행위이다. 그들은 이것이 주소가 아니라고 하지만 도로명 주소는 아닐지 몰라도 기업명이 정확히 적힌 엄연한 한글브랜드이다. 인터넷이라는 거대한 사서함에 기업명이 정확히 적힌 한글주소다. '기업명.co.kr'은 배달해주면서 기업명은 배달을 못 하겠다는 것은 모순이다. 기업명 그 자체가 정부가 인정해준 이름이다.

다른 곳은 몰라도 인터넷주소창에 기업명을 입력한다는 것은 정확한 주소, 곧 그 기업으로 가기 위한 행위이다. 만약 M사가 자사의 전용 사서함을 원한다면 브라우저 우측에 M사 전용 사서함을 만들 수 있다. URL인 주소창은 공용의 창이다. 그래서 표준 방식을 따라야 한다. M사가 인터넷 브라우저를 만들어 보급하였다고 우체통 역할을 하는 URL창에 입력된 남의 기업의 고객을 M사만의 고객으로 만드는 것은 명백한 부당 행위이다. 그런데 피해를 본 기업들이 그냥 구경만 하고 있다. 피해자가 아무런 이의를 제기하지 않으니 가해자는 그것을 더욱 당연해 한다.

인터넷 브라우저의 주소 입력창은 이미 주소라고 정의되어 있다. 즉, 인터넷주소창은 IP주소와 모든 도메인네임을 입력할 때 인터넷주소 메커니즘에 따라 각 서버 컴퓨터(또는 그 하위)로 연결된다. IP주소와 도메인은 이미 그 소유자가 있기 때문이다. 그러므로 이 주소를 입력하는 사용자는 당연히 그 기업의 고객이다. 그런데 기업명.co.kr 또는 기업명.com에서 .co.kr 또는 .com이 없는 '기업명'만을 입력한 사용자는 누구의 고객이어야 하는가? 당연히 그 기업의 고객이다. URL(도메인네임)창은 모든 인터넷 이용자들을 위한 정형화된 위치 리소스를 입력하는 공간이지 결코 브라우저 기업인 M사만을 위한 M사 전용 검색창이 아니기 때문이다.

인터넷주소창과 인터넷 검색창의 차이는 다음과 같다.

① 주소창
삼성, 현대, 넷피아, 공정위, 금감원, 구글, 네이버, 다음, 콤피아, 아이비아이 등 각 컴퓨터의 위치를 찾아 직접 접속하는 창
(IP주소와 도메인네임이 각각 다름)

② 검색창
삼성, 현대, 넷피아, 공정위, 금감원, 구글, 네이버, 다음, 콤피아, 아이비아이 등 개별 컴퓨터에 있는 관련 자료(data)를 찾는 창
(IP주소와 도메인네임이 모두 같고, 그 하위 디렉터리 주소가 각각 다름)

즉 주소창은 특정 기업을 위한 검색창이 아니라 모든 기업과 모든 인터넷 서버로 가기 위한 공용의 입구이다. 따라서 영어식 표기는 URL(Uniform Resource Locator)이라 표기하고 브라우저의 최상단에 있다. 반면 검색창은 개별 컴퓨터 서버에서 자료를 찾는 창이다. 다시 말해 주소창은 사이버 세계로 직접 들어가는 공용 입구이고 검색창은 개별 회사의 자료를 찾는 검

주소창·검색창 비교화면

▶ 주소창
각 개별 서버(주체)를 찾아 직접 접속하는 창
즉 개별 컴퓨터에 접속하는 창

▶ 검색창
단일 컴퓨터 내의 자료를 찾는 창

색창이다. 그래서 일반적으로 검색창에서는 직접 해당 사이트로 이동되지 않고 관련 검색어가 목록으로 표시된다. 전화로 비유하면 주소창은 전화번호 입력창이고 검색창은 전화번호부 찾기 창이거나 114 안내 서비스이다.

주소창과 검색창 둘 다 브라우저 내에 자리하고 있고, 사이버 공간은 브라우저 바깥에도 있지만 대부분의 사이버 공간은 브라우저 안에 있다.

언론에서 무료 프로그램인 인터넷 브라우저를 브라우저 전쟁으로 묘사하는 것도 사실은 브라우저 전쟁이 아닌 브라우저 주소창의 남의 고객 가로채기 전쟁이다. 브라우저를 많이 보급하면 기업명을 입력하는 남의 고객을 그만큼 많이 자신의 고객으로 자동으로 만들 수 있기 때문이다. 기업명.co.kr 또는 기업명.com에서 .co.kr 또는 .com이 없는 기업명을 입력한 사람을 자신의 고객으로 만들면 천문학적으로 이윤을 창출할 수 있기 때문이다.

아직 그 어느 나라도 이에 대해 법적으로 제재하지 않는다. 인터넷에서 남의 고객을 빼앗아 천문학적인 돈을 버는 이들이 있어도 아무도 이의를 제기하지 않는다.

인터넷 입구에서 남의 고객을 가로채는 행위는 2000년경부터 시작되었는데 기업들과 사용자들의 인터넷 의존도가 급격히 커지는 것에 비례하여 그 빈도도 대폭 늘어나고 있다. 남의 고객을 포털로 돌려주고 돈을 받는 비즈니스 모델도 생겼다. 포털이 남의 고객을 싼값에 사서 비싸게 되파는 방식이 키워드 광고이다. 남의 고객을 가로채는 회사의 수익원은 남의 고객이다. 주소창에서 남의 고객을 가로채는 프로그램을 사용자 컴퓨터에 설치하기만 하면 된다. 이들 가로채기 회사의 매출은 기업이 자신의 이름을 알리면 알릴수록 자동으로 증가한다. 가로채기 프로그램으로 고객을 가로채 포털에 보내면 포털이 돈을 주기 때문이다.

이처럼 가로채기 호객꾼 기업은 포털과 포털의 광고대행사인 오버추어와 거래한다. 이들은 아무것도 하지 않고 인터넷주소창에 기업명을 입력한 남의 고객을 가로채 포털과 오버추어에 판다. 가령 사용자가 주소창에 '베이비앙'을 입력하면 그 사용자는 베이비앙의 고객이다. 이런 건수가 1,000번이면 가로채기 호객꾼은 가만히 있어도 포털의 광고 대행사인 오버추어와 포털로부터 (1건당 10원으로 계산하면) 1,000건에 대해 1만 원을 받는다. 건당 20원으로 계산하면 2만 원을 받게 된다. 돈을 버는 방법은 아주 간단하다. 가령 정수기 사업을 운영하는 한일월드가 '필레오'라는 브랜드를 인터넷에 광고했다고 가정할 때 그 광고를 본 인터넷 이용자가 '필레오'라는 단어를 인터넷주소창에 1만 번 입력하면 한일월드는 자사의 홈페이지로 고객이 1만 번 들어올 것을 기대한다. 가로채기 회사가 이 1만 건을 가로채 오버추어나 포털에 보내면, 한 건당 10~20원을 받는다. 즉, 가만히 있어도 한일월드의 홍보 덕택에 가로채기(삐끼) 매출이 자동으로 올라간다. 1만 건이면 (1건당 20원으로 계산하면) 20만 원을 오버추어와 포털로부터 받는다. 가로채기 기업은 필레오 사장이 광고한 덕택에 하루에 20만 원(20원 곱하기 1만 건)을 번다. 만약 필레오가 광고를 더 많이 하여 주소창에 필레오를 입력하는 건수가 월 5만 건이 생기면 가로채기 기업은 가만히 있어도 필레오의 브랜드 때문에 매출이 100만 원이 생긴다. 포털로 이동한 5만 건을 한 번 클릭당 최소 광고비 100원으로 계산하면 500만 원이고, 한 번 클릭당 1,000원으로 하여 검색 화면의 목록 상단에 올리면 5,000만 원을 내야한다. 자신의 브랜드를 정확히 알고 입력해 들어오는 필레오의 고객은 이미 자신의 고객이 되어 이제는 타깃 대상이 아닌 사용자가 된다. 그런 기존 고객이 영문도 모르고 포털로 이동하면 포털에서는 이른바 타깃 광고인 키 워드 광고를 하게 하며 빼앗긴 자신의 고객을 되찾아가게 하고 있다. 국내 에서만 연간 수십만 기업이 빼앗긴 자신의 고객을 되찾기 위하여 연간 1조 가 넘는 돈을 탕진한다. 잠재고객을 위해 쓴 돈이 고정고객으로 축적되지 않는 일회성 광고를 하며 속을 끓이고 있다. 자신의 고유고객을 영문도 모 르게 인터넷 산적이 모두 뺏어가니 되찾지 않고서는 기업을 영위할 수 없 는 참 고약한 환경에 내팽개쳐져 있다. 지금의 왜곡된 인터넷 구조는 중소 기업에는 참 가혹하다. 고객들이 기업명을 입력하지 않고 영문도메인네임 을 입력하면 직접 연결된다. 하지만 사용자는 편한 기업명을 입력한다. 기 업명 입력 시 직접 연결된 2007년 이전 한글실명도메인네임이 얼마나 기업 경영에 도움이 되었는지 방증한다.

기업이 주소창에 자신의 기업명을 몇 번 입력하는지 궁금하다면 브라우 저 제작사나 포털에 요청하면 알 수 있어 보인다. 만약 그래도 알려주지 않 으면 소송을 통해 법원에서 문서 제출 명령을 하는 방법도 있다.

인터넷주소창에는 그 고객을 노리는 산적이 우글거린다. 제일 먼저 그 고객을 노리는 곳은 브라우저를 제작한 회사이다. 돈이 되는 일에는 뛰는 놈 위에 나는 놈이 있다. 브라우저를 제작해 공급하는 회사는 기업명을 입 력한 그 고객이 자신들이 운영하는 포털로 가도록 브라우저에 기능을 넣어 배포한다. 컴퓨터를 사면 함께 딸려 오므로 사용자는 잘 인식하지 못한다.

브라우저를 설치할 때에도 컴퓨터 회사 직원이 부지불식간에 약관의 동 의 버튼을 누르면 설치된다. 사용자도 마찬가지다. 동의하지 않으면 설치할 수 없거나 브라우저를 쓰는 사용자가 기업명을 입력한 후 직접 가는 것이 불가능하게 설계되어 있다. 이런 방식으로 브라우저 제작사가 일차적으로 남의 기업명을 입력한 고객을 가로채기한다. 유명한 동영상 플레이어 업체와 너무도 유명한 압축 프로그램을 배포하는 회사는 브라우저 제작사보다 한 수 높은 가로채기 기술로 포털로 가는 남의 고객을 재차 가로채기한다. 돈이 되므로 남의 고객 가로채기 신기술은 곧 돈이다.

또 다른 선수가 있다. 바로 게임을 배포하는 회사다. 또 다른 회사도 있다. 보안 프로그램을 운영하는 회사다. 이 회사는 가로채기 우선 프로그램을 제작한 선두 주자다. 브라우저 단계, OS 단계를 넘어 하드웨어나 키보드 단계에서 남의 고객을 가로채기하는 고급 기술로 남의 재산권인 고객을 가로챈다. 사용자가 지우면 백도어 방식으로 자동으로 가로채기 프로그램을 다시 살리는 방식도 쓴다.

광고주가 광고를 많이 하면 할수록 이런 가로채기 부당이득 선수들의 매출은 자동으로 증가한다. 주소창에서 2003년 기준 넷피아의 한글인터넷주소 사용 빈도수를 알아보았더니 1일 2,500만 건이었다. 이것으로 가로채기 부당이득 선수들이 얼마나 큰 부당이득을 챙기는지 계산해보자. 한 건당 10원을 받으면 하루에 2억5천만 원이다. 20원을 받으면 하루에 5억 원이다. 월간으로는 150억, 연간 1,800억 원이다. 모든 기업의 광고 마케팅 효과를 이들 가로채기 부당이득 선수들이 가로챘다면, 연간 1,800억 원의 공짜 돈이 생긴다. 실제로 오버추어(키워드 광고회사)에 근무한 모 직원은 당시 오버추어가 이런 가로채기 기업 100여 개 업체에 매달 100억 원을 지급했다고 증언하였다. 자그마치 연간 1,200억 원이다. 누구의 땀인데 누구의 꿀이 되었는가?

전화번호를 입력한 사용자는 분명 그 기업의 고객이다. 만약 전화번호를 입력하여 직접 연결되는 고객을 가로채 다른 곳으로 돌리고 이에 대해 건당 돈을 받는다면 이 얼마나 매력적인 사업인가! 사용자의 전화기에서 상대편 전화기로 걸리는 전화를 중간에서 돌리는 방법은 여러 가지다. 전화기 제조사, 프로그램 제작사 심지어 통신사까지 그렇게 할 수 있다.

법에 저촉되지 않고 사회적 지탄의 대상이 되지 않으면 누구든지 그렇게 해서 돈을 벌 수 있다. 모든 전화가 이처럼 114로만 돌려진다면 과연 경제가 온전할 수 있겠는가? 전화는 이미 전화의 원래 목적을 잃게 됨은 물론이고 전화를 걸 때 일대 혼란이 일어날 것이다.

1800년 말 전화가 등장한 이후 이러한 일들이 벌어졌다. 초기 전화 시대에는 바로 교환수가 남의 고객을 다른 곳에 연결해주는 일이 빈번했다고 한다. 일반 전화 교환국이나 군대의 전화 교환국에 근무했던 사람이라면 무슨 뜻인지 금방 이해된다고 하였다.

지금은 인터넷 시대다. 놀라운 것은 인터넷 사용자 빈도수를 보면 최근 전 세계적인 경제 위기가 왜 당연한지 알 수 있다.

다음의 번호 중 어느 것을 가장 많이 이용하시나요?
① 전화번호
② IP주소
③ 도메인네임
④ 기업명(도메인에서 .co.kr이 없는 실명 및 검색어)

아마도 대부분 ①번과 ②번보다 ④번을 더 많이 입력할 것이고 ③번보다는 ④번을 훨씬 더 많이 이용할 것이다. 전화번호를 입력하는 고객은 그 전화번호를 가진 기업의 고객인 만큼 법으로 보호된다. 그런데 기업명을 입력하는 사용자는 전화번호를 사용하는 자보다 그 수가 훨씬 더 많은데 어째서 법으로 보호해주지 않는가? 넷피아가 왜 그것을 지키기 위해 혼자 싸워야 하는가?

넷피아 역시 포털 같은 하나의 인터넷 기업이다. 기자가 물었다.

"이판정 사장님, 사장님은 왜 주소창에 입력된 하루 2,500만여 건의 엄청난 쿼리를 오버추어에 팔지 않았습니까? 모두 그렇게 하고 있는데 왜 이 사장님은 그렇게 하지 않는지 참 궁금합니다."

그렇다. 넷피아도 돈을 벌기 위한 기업이다. 직접 연결되는 한글인터넷주소 서비스 대신 인터넷주소창에 입력된 한글주소를 검색으로 돌리면 간단히 하루에 5억 원의 매출이 생긴다. 연간 1,800억 원이 가능하고 순이익만 1,500억이 가능하다. 당시 이익 대비 30~40여 배수가 총주가로 형성되었다. 그럴 경우, 넷피아의 회사 가치가 무려 4~6조 원에 이를 수 있었다.

"이판정 사장님의 주식 재산은 약 2조 원에 육박하는데 왜 그것을 하지 않았습니까?"

참 기자다운 질문이었다.

포털은 주소창에 입력된 남의 고객 가로채기가 부당하다고 하면 넷피아가 자신들의 사업을 위해 포털을 비난한다고 한다. 과연 그런가? 넷피아도 도메인네임처럼 직접 연결하는 주소 사업을 하지 않고 직접 오버추어나 포털로 돌리면 손쉽게 돈을 벌 수 있음을 왜 모르겠는가? 주소창에 입력되는 기업 이름을 입력하는 사용자는 모든 기업의 고객이기에 남의 고객 가로채기를 하지 않았을 뿐이다. 넷피아도 포털처럼 할 수 없는 것이 아니라 그 기업을 위해서 하지 않은 것이다. 그것이 바른길이라고 믿기 때문이다. 지금의 포털 구조는 인터넷의 복잡한 구조를 악용하여 남의 기업 고객을 탈취하고 이를 통해 부당 이득 축제를 벌이는 구조다. 배울 만큼 배운 사람들이 할 일은 분명히 아니다. 그러나 그들은 인터넷주소창에 기업명을 입력하는 고객을 포털로 돌리는 일을 주소창 키워드 서비스라는 새로운 비즈니스 모델이라고 한다. 기업의 생존이 달린 고객을 인터넷을 통해 포털로 빼돌리는 것을 포털은 새로운 비즈니스 모델이라고 한다. 모든 기업이 흘린 땀의 가치를 그들이 잘 모르는 것을 이용하여 빼앗는 것이 새로운 인터넷 비즈니스 모델이라고 하기엔 그들을 교육시킨 그들 부모의 정성과 노력이 너무 아깝다.

사용자가 입력하는 단어(기업명/브랜드 또는 검색어)는 직접 해당 사이트로 가지 않고 대부분 포털로 간다. 그리고 거기서 비교·검색하여 정보를 얻거나 한 번 더 클릭하여 해당 사이트로 이동한다. ①, ②, ③, ④번 중 분명 ④번을 더 자주 많이 이용한다.

전화번호를 입력하면 모두 114로 돌리고 114는 전화번호를 가로채어 준 이들에게 돈을 줄 수 있다. 그리고 안내원이 연결해 주면서 연결하고자 하는 회사로부터 건당 비용을 받을 수 있다. 이에 대한 법적, 사회적 제재가 없다면 114는 천문학적 매출을 올릴 수 있음이 명백하다. 인터넷주소창에서 ④번과 같은 방식의 비즈 모델이 시작된 지도 벌써 15년이 넘었다. ①번 전화번호보다 그 빈도수가 월등히 많은 ④번 기업명 및 검색어를 입력했을 때 모두 포털로 돌려지는 것은 전화의 경우 114로 돌려지는 것과 같다. 갓 창업한 이름 없는 소기업은 포털에서 바로가기 기능이 제공되지 않는다. 포털에 키워드 광고를 하지 않으면 자신들의 홈페이지로 고객을 찾아오게 할 방법이 마땅치 않다. 그래서 하는 수 없이 울며 겨자 먹기로 키워드 광고를 한다. 포털의 마케팅 용어 중 '롱테일 법칙'은 그래서 만들어진 용어이다. 즉 '작은 매출이 많다'는 뜻이다. 작은 매출의 출처는 펜션 같은 소기업이 대부분이다.

빼앗긴 고객을 만약 원소유 기업이 되사가지 않을 때 유사한 기업이나 심지어 짝퉁에 되파는 온라인 장물 거래소가 바로 포털이다.

그것이 지금의 인터넷 구조이다.

현재 전 세계에 인터넷 전문가이 얼마나 많은가?

각국에 정부가 없는가? 각국에는 법이 없는가?

사이버 공간은 어디에 있는가?

사이버 공간의 헌법은 무엇인가?

21세기 인터넷 시대에는 사이버 공간의 헌법이 국가 헌법보다 상위에 있다. 모든 경제의 근간은 고객이다. 일자리는 근본적으로 기업이 만드는 것이 아니라 고객이 만든다. 그런 고객을 브라우저의 인터넷주소창에서 21세기 사이버 공간의 헌법이 실존법을 초월하여 악용되고 있다. 바로 무지와 방관 때문이다.

인터넷에 대한 무지와 지식인의 방관이 사이버 공간의 헌법적 역할을 낳았고 사이버 공간 헌법은 국가 헌법 위에 존재하며 지난 15년간 횡포를 부렸다. 이를 통해 얻은 부당이득은 2015년 전 세계적으로 연 100조 원에 이르는 키워드 광고에 이바지하였다. 사이버 공간이 어디에 있는지 모르니 사이버 공간의 헌법 또한 무엇인지 잘 알지 못했다.

사이버 공간은 브라우저 안에 있다. 사이버 공간의 헌법은 바로 브라우저 제작사의 약관이다. 그 약관은 사용자가 동의했다 하여 실존법 위에 존재했다. 남의 기업 재산인 남의 기업 고객도 카르텔을 만든 브라우저 제작사와 포털의 소유로 하고 있다. 중소기업들이 열심히 노력하면 할수록 그 가치에 비례하여 고객은 인터넷을 통해 포털로만 이동한다. 기업과 고객이 가장 많이 이용하는 도구인 인터넷에서는 기업의 고객이 해당 기업을 직접 만나기 쉽지 않다. 가장 편한 방법인 인터넷으로 말미암아 기업들이 자신의 고객을 포털로 빼앗기고 자신의 고객을 빼앗아간 포털에서 다시 경매 방식으로 자신의 고객을 되사와야 한다.

21세기 인터넷 시대가 만든 사이버 공간에서 사이버 전쟁이 한창이다. 사이버 공간의 입구를 쥔 몇몇 브라우저 제작 기업과 포털이 서로 모든 경제 주체가 노력한 가치를 탈취하는 전쟁을 벌이고 있다. 피해자는 사이버 공간을 통해 고객과 만나는 절대다수의 중소기업이다. 언론에서는 브라우저 전쟁이라고 한다. 과연 브라우저 전쟁일까? 브라우저는 무료 프로그램이다. 그런데 무료 프로그램이 왜 전쟁을 할까? 그것은 바로 주소창에 입력된 모든 기업의 기존 고객을 탈취하기 위해서다. 기업명과 브랜드를 정확히 입력한 사용자는 바로 그 기업의 고객이기 때문이다. 남의 고객 가로채기로 연간 100조 원에 이르는 키워드 광고 시장의 명암이 달려 있다. 인터넷 시대에 언어는 정보를 캐는 도구이다. 그중 검색 키워드는 21세기 광산과 유전에 비유된다. 검색 키워드 약 1만 개는 산업 시대의 광산이나 유전

못지않은 가치를 만들고 현금을 만드는 국가의 고유 자원이다. 따라서 브라우저 전쟁은 21세기 각국의 분야별 키워드로 된 정보 광산과 유전을 해당 국가의 승인 없이 무단 점거하여 천문학적 매출을 올리려는 사이버 전쟁 그 자체이다.

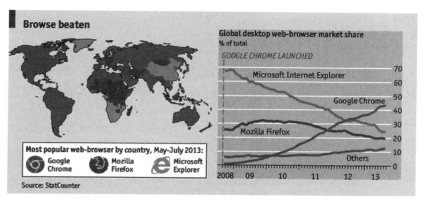

전 세계 웹 브라우저 시장 점유율 추이

※ 출처: The Economist (Browser wars Chrome rules the web) *http://www.economist.com/news/business/21583288-what-googles-browser-has-common-queen-victoria-chrome-rules-web*

각국에서 특히 사이버 공간에서 헌법 정신을 되찾아야 할 시기가 된 것이다.

그 피해자는 국가 전체의 고용률 90%를 책임지는 중소기업이다. 일자리가 늘지 않는 근본 이유는 바로 여기에 있다. 각국에서 사이버 공간이 어디에 있는지 몰라서 본 피해는 이뿐만이 아니다. 국가도 직접 큰 피해를 보았다. 왜곡된 경제 구조로 인한 소비 축소와 세수 부족뿐만 아니다. 국가 언어자원인 보이지 않은 국유 자산이 타국으로 소리 없이 이동하고 있다. 사이버 공간을 통한 국부 유출이 전 세계에서 지난 15년간 일어났다. 그런데 각국은 그것이 무언인지조차 파악하지 못하고 있다. 사이버 공간이 어디에 있는지 모르기 때문이다. 21세기 지식 정보화 시대에 국가의 최대 천연자원은 정보를 캐는 도구인 언어다.

21세기 인터넷 시대에 각국의 자국 언어는 정보를 캐는 최고의 도구이다. 각국은 자국어(national language)와 모국어(native language)가 있다. 기업의 상품과 정보를 찾을 때 가장 많이 사용하는 검색 도구는 자국어다. 언어가 없다면 인터넷은 무용지물이다. 언어는 각국에서 정보를 캐는 최고의 도구이다. 에릭 호퍼(Eric Hoffer)의 말처럼[10]언어는 질문을 하기 위해 창안된 최고의 도구이다. 인터넷 시대에 더 잘 어울리는 언어에 대한 정의이다.

정보를 캐는 언어는 크게 두 가지로 나뉜다. 하나는 소유주가 있는 기업명 같은 고유명사이고 다른 하나는 소유주가 특정되기 어려운 보통명사인 일반명사이다. 검색창에 입력되는 일반명사의 이용권은 그 검색창을 운영하는 기업의 소유이다. 특정 기업의 검색창이라고 해도 기업명 같은 고유명사는 그 소유주가 있으므로 상표법 등 실정법을 벗어나지 않는 범위 내에서 운용되어야 한다.

그러나 검색창이 아닌 주소창은 공용의 창이다. 기업명을 입력할 때 누구의 고객이고 누구의 재산권인지를 다루면 된다. 사이버 공간에서 기업명을 입력할 때 그 자국어로 된 기업명은 임자 있는 광산에 비유할 수 있다.

---

10) 에릭 호퍼(Eric Hoffer)는 그의 자서전 *Truth Imagined*에서 "언어는 질문하기 위해 창안되었다.", "대답은 투덜대거나 제스처로 할 수 있지만, 질문은 반드시 말로 해야 한다."라고 적었다. 21세기에 가장 어울리는 말이다.

언어는 21세기 자원이다. 농업 시대의 파워는 노동력이었고 산업 시대의 파워가 자본력이었다면, 지식정보산업 시대인 21세기의 가장 큰 파워는 정보력이다. 그럼 정보를 얻는 도구는 무엇인가? 그것은 각국의 언어이다. 따라서 21세기 지식 정보화 시대에 언어는 경제 자원이자 정보를 얻는 핵심 도구이다. 각국의 언어가 각 나라의 큰 자원이 되는 이유다.

사이버 공간에서 언어는 정보를 캐는 도구다. 하지만 기업명이 아닌 각국의 자국어인 일반명사, 가령 호텔, 여행, 꽃배달, 부동산, 대출 등을 검색할 때의 자국어인 일반명사는 국가 공용의 자산이다. 즉 키워드인 일반명사는 사이버 공간의 각 검색어에 맞는 정보를 캐는 도구이자 그 의미에 부합하는 인터넷 광산이다. 2017년 현재 인터넷에서 키워드 약 10만 개로 전 세계에서 연간 약 100조 원을 벌기 때문이다.

21세기 일자리는 20세기 의식과 사고방식으로는 한계가 분명하다. 각국 정부는 21세기 사이버 공간에서 국가 공식 언어를 경제적 자원으로 인식할 때 비로소 20세기 뉴딜 정책같이 21세기 대규모 일자리 정책을 만들 수 있다.

21세기 대형 일자리 창출 정책은 스크린 속 가상공간 일자리 정책이다. 스크린 세대의 일자리는 스크린에서 만들어 주어야 하는 이유이기도 하다. 새로운 패러다임에 맞는 '사이버 공간 개척 정책'. 그것은 21세기의 뉴딜 정책이 될 것이다.

각국 정부는 21세기 사이버 공간에서 국가 공식 언어를 자원화할 수 있다. 각국 언어는 정보를 캐는 최적의 도구이고 그중 주인이 없는 공용의 언어인 일반명사 약 10만 개는 21세기 국유 광산자원에 비유할 수 있다. 전 세계적으로 포털은 약 10만 개의 일반명사로 약 100조 원의 키워드 광고 매출을 올리고 있고, 그 시장 규모는 갈수록 커지고 있다.

사이버 공간은 다름 아닌 브라우저 안에 있다. 인터넷 브라우저 바깥에도 있지만, 주요한 사이버 공간은 브라우저 안에서 이루어진다. 지난 15여 년간 사이버 공간을 제공한 브라우저 제작 기업이 전 세계에서 브라우저 전쟁을 벌인 이유다. 기업명과 상표명은 사용자가 가장 입력하기 쉽다. 그래서 가장 이용 빈도가 높다. 검색어인 키워드도 마찬가지다. 가장 편하게 입력되는 기업명, 상표명은 도메인네임과 전화번호처럼 각 보유 기업의 매우 중요한 자산이다. 그것을 입력하여 그 기업과 만나고자 하는 사용자는 그 기업의 기존 고객이다. 그런데 브라우저 제작 기업이 이를 모두 자신의 자산으로 만들고자 브라우저에 기능을 넣어 기업명을 입력하는 사용자는 분명 다른 기업의 고객임을 알고도 그들을 포털로 돌려 자신의 자산으로 삼았다.

넷피아는 이를 막고자 최선을 다했지만, 사이버 공간에서 일어나는 전 세계 사이버 전쟁을 막지 못하였다. 그리고 브라우저 제작 기업과 그들의 하수인들에 의해 제2차 전 세계 경제정의 사이버 전쟁에서 초토화되고 말았다. 지난 10년간 전략적 후퇴를 하면서 시장에서 기업명 입력 시 직접 연결되는 넷피아의 존재가 기업들에 필요한지 아닌지를 함께 고민하는 시간이 되었다. 수많은 기업의 지원으로 넷피아는 다행히 제3차 전 세계 경제정의 사이버 전쟁을 준비할 수 있었다. 넷피아는 창립 20주년을 무사히 맞이했고, 새로운 20년을 기업의 고객 지키기로 모든 기업과 함께하길 다짐했다. 넷피아는 기업명을 입력할 때 전화처럼 직접 연결되게 하는 서비스를 제공하고 있다. 넷피아의 자국어인터넷주소 사업이 그것이다. 이는 비록 넷피아의 사업적 이권이지만 단지 넷피아만을 위한 것이 아니다. 전화번호를 부여하는 것이 통신사의 이권만을 위한 서비스가 아닌 것처럼 말이다.

주소창을 통해 왜곡된 인터넷 구조를 바로잡으면 인터넷은 전화의 본래 기능처럼 경제 전반에 선순환 구조를 만들 것이다. 그리고 각국 정부는 그 일반명사를 통해 상당한 예산을 마련하여 국익을 위해 사용할 수 있다.

인터넷주소창은 사이버 공간의 입구이다. 그곳에서 정보를 캐는 도구인 언어로 입력된 일반명사는 21세기에 가장 큰 언어 자원이다. 한국의 경우, 2009년 정부가 이미 만든 인터넷주소자원에 관한 법률을 대통령이 대통령령으로 시행만 해도 국가는 매년 1,000억~2,000억 원가량의 공적 자금을 시작 후 1~2년 이내에 마련할 수 있어 보인다.

없는 시장을 만드는 게 아니라 있는 시장을 바로잡기만 하면 되고 관련 법도 이미 마련되어 있으므로 충분히 가능하다. 얼마 전에 국회는 행정령인 시행령도 국회에서 재차 검증을 거치게끔 시도하였지만 이에 대해 대통령이 거부권을 행사한 적이 있다. 아마 대통령이 거부권을 행사하지 않았다면 이미 정부가 만들어 둔 '인터넷주소자원에 관한 법률'도 그 대상이 되었을 수도 있는 조마조마한 순간이었다. 그런 일은 없었겠지만, 누군가 국회에서 이를 겨냥했다면 아마도 이미 만든 '인터넷주소자원에 관한 법률'의 시행도 앞으로 만만치 않았을 것이다.

중소기업의 피해, 국부 유출을 뻔히 보고도 막을 방법이 없었다.

현재 키워드로 불리는 검색어는 약 10만 개로 그중 약 1만 개는 채산성이 높은 21세기 광산이다. 사이버 광산이 어디에 있는지 각국이 안다면 스크린 세대인 청년들의 일자리 창출은 그리 어렵지 않을 것이다. 청년들에게 21세기 광산인 약 10만 개의 일반명사형 키워드를 전문 분야별로 개척하게 하면 10만 개의 사이버 광산에서 5명만 고용이 이루어져도 무려 50만 명의 고용이 창출된다. 10만 개의 사이버 광산을 개척하는 효과가 나온다. 그중 약 3천 개는 주요 검색어로 국가에 가장 큰 언어 자원에 해당한다. 산업 시대로 비유하면 채산성이 아주 높은 광산 3천여 개가 있는 셈이다. 몇몇 포털은 이 국가 언어 자원을 독차지하면서 연간 100조 원대의 매출을 올리고 있다. 그러므로 대한민국 정부가 발의해 만든 인터넷주소자원에 관한 법률을 시행한다면 기업도 살리고 정부도 공적 자금을 매년 수천억 원을 확보할 수 있다. 사이버 공간에서 사이버 광산을 캐는 셈이다. 그리 어렵지 않다. 바로 정부 입법으로 인터넷주소관리법을 시행만 하면 된다. 행정부인 청와대가 시행만 하면 1~2년 이내에 최소 10만 개의 일자리가 생길 수 있다. 국가가 보유한 사이버 광산(농지)의 개척이다. 청년들은 스크린에서 광산을 캐는 셈이다.

포털은 그 의미로 게이트다. 사이버 공간으로 시작된 21세기에서 최대의 게이트는 포털이다. 21세기 전 세계가 가장 많이 사용하는 게이트인 포털은 21세기 전 세계의 가장 큰 이슈인 남의 기업 고객 가로채기 게이트가 되었다. 그런데 사람들은 그것이 무슨 게이트인지 잘 알지를 못한다. 알 수 있는 사람도 포털과의 관계로 침묵한다. 그리고 이 때문에 발생하는 것이 정보격차(Digital Divide)다. 정보격차는 흔히 선진국과 개도국, 정보통신 분야와 비정보통신 분야, 부자와 가난한 자 간의 정보 편차로 생각하기 쉽지만, 이는 작은 영역에 해당한다. 가장 크고 무서운 정보격차는 사회적, 국가적으로 지도자 위치에 있는 사람들 간의 정보격차다. 이는 사이버 공간이 어디에 있는지를 아는 것과 모르는 것과의 차이와 같다.

관련 이슈가 국가 경제적으로 얼마나 심각한지 이번에는 전화와 전화선을 공급한 회사를 예로 들어보자.

전화기를 공급한 A 회사가 사용자가 건 모든 전화를 자기 회사로 돌리고, 돈을 내면 연결해주고 돈을 내지 않으면 다른 곳으로 연결해 준다면 경제는 과연 온전하겠는가? 전화기가 아닌 전화선을 공급한 K 회사가 전화선을 지나는 모든 고객을 K 회사로 모두 돌리면 경제는 어떻게 될까?

고객과 기업이 전화로 만날 때가 직접 만날 때보다 그 빈도수가 당연히 많다. 또 전화로 만날 때보다 빈도수가 더 많고 이용성이 높은 것이 인터넷이다. 인터넷에서도 인터넷 번호로 만나는 방법과 도메인네임으로 만나는 방법, 기업명 그 자체로 만나는 방법 중 .co.kr 또는 .com이 없는 기업명 그 자체를 입력하는 것이 더 많고 더 쉽다. 그리고 기업명 그 자체로 만나는 방법이 전화로 만나는 방법보다 더 빈도수가 높다. 그런데 기업명을 입력하면 모두 포털로 간다.

과연 이것의 부당함을 인터넷 전문가와 정부가 모르고 있을까? 최소한 다른 나라는 몰라도 대한민국은 알고 있을 수밖에 없다. 넷피아가 무려 17년 이상 주소창의 남의 고객을 보호하려고 노력하였고 각종 칼럼, 공문, 탄원서 등을 통해 수도 없이 그 부당성을 알렸던 만큼 이를 모를 리는 없다. 다행히 2009년에는 정부가 이 병폐를 해소하고자 인터넷주소자원에 관한 법률을 개정하여 정부 주도로 정부 입법까지 하였다. 대한민국의 국회도 마찬가지다. 언론도 있다. 국가 지도자급 기관이나 언론은 가장 위험한 정보격차를 겪고 있다. 모든 기업이 노력하여 자신의 기업명을 알리면 알릴수록 인터넷상의 고객은 그 기업으로 가지 않고 다른 곳으로 간다. 전화가 그렇게 된다면 얼마나 큰 사회문제가 되겠는가?

2015년 현재 인터넷은 모르긴 해도 전화보다 기업과 고객이 더 빈번하게 만나는 방법이다. 대한민국만 그런 것이 아니다. 전 세계가 그렇다.

인터넷 분야에서 사회 지도자격 사람들이 눈뜬장님이 되었다. 그래서인지 아무도 나서지 않는다. 그것이 얼마나 큰 사회 문제인지 얼마나 큰 경제 이슈인지 아직 잘 인식하지 못하는 것 같다.

다시 한 번 더 강조하지만 내용은 간단하다. 전화번호를 입력하는 사용자는 그 전화번호를 보유한 기업의 고유 고객이다. 영문도메인네임(예를 들어, 기업명.co.kr)을 입력하는 사용자 역시 그 기업의 고객이다. 도메인네임에서 '.co.kr'이 없는 기업명만 입력하는 사용자는 과연 누구의 고객인가? 답은 간단하다.

지금의 악순환 구조에는 언론사도 큰 책임이 있다. 언론 경영진의 무관심과 인식 부족은 언론사의 미래 광고주인 절대다수의 중소기업이 키워드 광고로 늘 허덕이게 하는 미필적 고의가 되었다. 그것은 부메랑이 되어 지금 전 세계 언론사에 다시 돌아가고 있다. 언론사는 그것을 뉴미디어 발달에 따른 언론사의 위기로 자기 합리화를 하고 있다. 물론 그것도 하나의 이유이겠지만, 뉴미디어를 언론사도 똑같이 활용할 수 있다. 아니 더 잘 활용할 수 있다. 자신들이 매일 만든 신뢰성 높은 콘텐츠를 더 많이 노출할 기회가 될 수 있음에도 이를 잘 활용하지 못하고 있다. 또, 시대의 모순이 무엇인지 그 구조를 추적하고 취재하여 본질을 파악하지 못하고 그 근본 구조를 개선하지 못했다. 너무 급격한 변화의 소용돌이에서 언론이 넋을 잃고 말았다.

언론사의 위기를 뉴미디어의 등장에 따른 위기로 체념하고 있다. 포털의 남의 고객 탈취는 기업으로 직접 가는 모든 기업의 고객을 탈취하여 포털로 사용자가 몰리게 될 수밖에 없는 기형적인 구조를 만들었다. 포털의 사용자 증가는 언론이 포털에 더욱 의존하게 되는 계기가 되었다. 거꾸로 말하면, 언론사가 포털에 의존할 수밖에 없는 결정적 계기는 더 많은 콘텐츠를 공유하지 않아 뉴스 통합 서비스를 제공하는 수많은 기업에 뉴스접근 링크(연결)를 스스로 막았기 때문이고 인터넷주소창에서 기업명 입력 시 직접 연결되는 바른 인터넷 구조에 너무 안일하게 대처하여 만든 부메랑이다. 해법은 하나다. 언론사의 예비 광고주인 중소기업의 고객을 가로채는 포털의 왜곡된 구조를 정론으로 바로잡는 일이다. 왜곡된 인터넷 구조가 바로잡아지면 언론사의 예비 광고주인 중소기업들의 경쟁력이 높아진다.

고객이 전화처럼 직접 연결되기 때문이다. 모든 고객이 전화처럼 직접 연결되면 포털은 114 같은 보조적인 지위로서 원래의 목적이 된다. 지나치게 많은 고객이 길을 찾기 위하여 포털에 몰려 있는 구조가 해소되면 언론사 역시 본연의 경쟁력을 회복할 기회가 마련될 것이다.

제4장

원목적 회복으로 미래로 가자

뚫기 어려운 콘크리트 벽이 가로막혀 있지만, 누군가는 언젠가
꼭 해내야 할 일이 전 세계 자국어실명인터넷도메인네임 사업이다.
비록 지금은 잘못된 단단한 콘크리트 벽으로 가로막혀 있지만,
언젠가는 그 벽 틈에 물이 스미고 스며 수많은 생명체가
뿌리를 내린다면 그 단단하기 그지없는
콘크리트 벽은 자연스럽게 무너질 것이라 확신한다.

관폐 해결이 곧 선진국으로 가는 첫걸음

내가 생각하는 선진국은 나이와 학력 등을 떠나 한 분야에서 묵묵히 최선을 다해 일하여 그 분야에서 전문가가 된 사람이 누구보다 더 존경받는 나라다.

한국이 소프트웨어 산업 분야에서 세계적 기업을 만들지 못하는 이유 중 하나는 우리나라의 기업들은 소프트웨어 산업이 속해 있는 환경에 지나치게 많은 영향을 받기 때문이다. 아무리 경쟁력이 있는 좋은 제품이더라도 그것을 그 나라의 정책과 문화가 수용하지 않으면 결국 사장되는 것과 같은 이치다.

컴퓨터 안의 산업이라 할 수 있는 소프트웨어 산업은 누군가 전기를 공급하지 않으면 무용지물이 되는 산업처럼 환경에 무척 민감한 산업이다. 산업 시대에는 자신의 사업에만 몰두해도 성공할 수 있었을지 모른다. 그러나 지금과 같은 정보화 시대에는 소프트웨어를 중시하는 문화가 조성되지 않고는 어떤 산업도 경쟁력을 갖출 수 없다.

산업 시대를 거치는 동안 우리나라 기업인들은 가난 극복과 국가재건이라는 물리적 환경 개선에 누구보다 앞장을 섰으며 그 덕에 우리는 당시로써는 상상할 수 없는 윤택한 환경에서 살아가고 있다. 하지만 산업 시대의 선배들은 물질적 환경 개선에는 성공했지만 스스로 정신적 환경을 개선하는 데는 한계가 있었다. 그러나 그것은 그분들의 한계가 아닌, 가장 그 혜택을 많이 받는 지금 우리 세대의 책무라고 본다. 선배 세대들이 자기 세대의 기업 환경을 개선하려고 노력했듯이 소프트웨어 분야에서도 이 분야의 종사자는 물론이고 사회 지도층이 적극적으로 나서서 바람직한 소프트웨어 산업 환경을 만드는 데 노력해야 하는 이유다. 그리고 그것은 우리를 둘러싼 사회 전반적인 정신문화를 좀 더 합리적이고 풍요롭게 하는 것과도 직결되어 있다. 아무리 컴퓨터 앞에서 많은 시간을 들여 좋은 제품을 만들어도 정치적 입김에 의해, 사회적 패거리 집단에 의해 하루아침에 남의 것이 되기 쉬운 것이 지금 우리의 소프트웨어 산업이 처한 환경이기 때문이다.

회사에서 허락 없이 문서를 한 장 가지고 나가면 절도에 해당하지만, 회사 메일이 아닌 회사에서 통제할 수 없고 금지된 개인 이메일로 문서를 보내면 절도에 해당하지 않는다. 회사의 핵심적인 소프트웨어 설계도와 기획서 심지어 소스코드까지 이메일로 전송해 유출해도 본인이 집에서 일하려고 그랬다고 하면 불법이 아니다. 경계선을 구분 짓기가 만만치 않다.

회사의 메일이 아닌 포털 메일로 전송한 후 포털의 이메일 아이디와 비밀번호를 다른 사람이나 외국에 있는 제삼자와 공유하면 누가 어디서 관련 자료를 훔쳤는지 알 수 없다. 서버에서 인쇄한 자료나 해외 서버에서 내려받은 자료를 입증하는 데는 물리적 한계가 있기 때문이다. 입법 단계에서 사이버 공간이 정확히 어디에 있으며 그 각각의 구조가 어떻게 되고 있는지 파악하지 않은 결과다.

현행법은 제삼자에게 유출했다는 증거가 있어야 하고, 그것으로 부당이득을 얻었다는 것을 피해 기업이 입증하지 못하면 산업 스파이로 처벌되지 않는다. 도둑이 남의 재산을 자기 집으로 옮겨놓았는데, 그것으로 이득을 얻었다는 것을 도둑맞은 피해자가 입증해야 하는 꼴이다.

사법기관의 도움을 받기도 만만치 않지만 도움을 받아 압수해도 그것을 남에게 유출하여 이득을 보았다는 입증을 피해를 본 기업이 스스로 하지 못하면 산업스파이가 되지 않는다. 처벌해도 단순 배임죄로 벌금 몇백만 원이 고작이다. 힘들고 어려운 연구 개발보다 위장 취업으로 남의 기업 연구 자료 빼가기가 더 안전하고 수월한 이상한 나라다.

이런 사람을 해고하면 노동법상 부당해고로 홍역을 치른다. 노동위는 이런 범법자와 타협하라고 종용한다. 노동위의 결과를 따르지 않으면 과태료를 물리고 과태료를 내지 않으면 회사 통장을 모두 압류하여 열심히 일하는 직원들 급여까지 지급하지 못하게 한다. 직원 급여일이니 제발 풀어달라고 하소연하면 시간이 걸리니 기다려달라고 한다. 이것이 지금 대한민국의 현실이다. 사람들은 믿기지 않는다고 한다. 노동위에 알아보라고 해야 믿는다. 회사의 통장을 모두 압류한 근거도 있다. 이런 일을 한 번이라도 당하면 대부분 중소기업 사장은 마음이 닫힐 수밖에 없다.

고용노동부는 진정한 고용 창출을 위해서는 중소기업 사장의 닫힌 마음부터 달래주는 노력을 해야 할 것이다. 중소기업이 전체 고용의 88%를 책임지고 있는 대한민국에서 닫힌 마음을 10%만 더 열어도 고용률은 10% 더 올라가지 않을까? 대기업도 아닌 작은 중소기업이 국가가 해야 하는 일까지 스스로 하지 않으면 살아날 수 없다는 게 2015년 대한민국 소프트웨어 산업의 현실이다.

이런 환경에서 일만 열심히 한다고 회사가 발전할 수 있을까? 넷피아는 지난 1995년부터 십수 년간 각종 조찬 모임 등으로 아침 6~7시께 출근

해 새벽 1~2시까지 일한 임직원들의 피땀 어린 노력에 힘입어 연 매출액이 250억 원에 이르는 중견기업이 되었다. 그리고 자국어실명인터넷도메인네임이라는 새로운 산업을 만들어 세계화하면서 글로벌 기업으로 발전하고 있었다.

하지만 KT 등 주요 통신사가 연간 약 200억 원 이상의 매출을 넷피아에게서 빼앗아 가도 정책적, 법적으로 아무 문제가 일어나지 않았다. 통신위와 공정위에 구제 요청을 해도 소용없었다. KT와 통신 대기업의 인적 네트워크가 상식과 법 위에 존재한 탓이었다. IT 분야가 관폐를 넘어 공멸을 위한 공폐로 가고 있어도 대부분의 언론은 침묵했다. 이유야 어떻든 이런 환경에서 기업인이 사회적 문제에 관심을 두지 않고 오로지 일만 한다면 과연 그 기업은 살아남을 수 있을까? 견딜 수 없는 참담함을 경험하고도 바보처럼 컴퓨터 앞에서 일만 할 수 있을까?

이런 환경에서 소프트웨어 기업인에게 관련 사회적 문제에 관심을 기울이지 말고 컴퓨터 앞에서 열심히 일만 하라고 하는 것은 '우리는 뒤에서 패거리로 또 빼앗아 갈 테니 당신들 어리석은 소프트웨어 종사자들은 헛소리하지 말고 일만 하시오.'라는 말과 하등 다를 바가 없을 것이다.

과연 이런 환경을 우리 세대에서 끝내지 않고 우리 아이들 세대에 물려주어야 할까? 우리 사회는 언제부턴가 양심과 도덕의 신경세포가 돈에 마취된 것 같다. 마취에 취해 마취되지 않은 이가 오히려 이상하게 보이는 이상한 나라가 된 지 오래인 것 같다. 일부 공직인이겠지만 그들은 정직하고 돈에 마취되기를 멀리하는 양심 있는 이들까지도 함께 마취를 시키고 있다. 보통 시민들이 보기엔 이미 먹고 살기에 전혀 지장이 없는 이들이다. 그런데 그들은 왜 아무런 가책도 느끼지 않고 그렇게 하려는 걸까? 사회적 환경이 오랜 기간 자극의 역치와 연동되어 있기 때문은 아닐까? 양심적 가책이 오랫동안 강한 자극을 받아 암 덩어리처럼 굳어져 웬만한 자극에 아무런 감각을 느끼지 못하기 때문은 아닐까? 사람은 나이가 들면서 양심적 가책에 무감각해지는 건 아닐까? 법적인 처벌보다 더 무서운 것이 양심적 가책이다. 정해진 기간이 없는 '양심형'은 살아 있는 동안 평생 치러야 하는 종신형임에도 마취된 양심 때문에 그 반대편에서 흘릴 수 있는 피눈물을 망각하게 하는 것일까?

"지옥의 가장 암울한 자리는 도덕적 위기의 순간에 중립을 지킨 이들을 위해 예비되어 있다." - *단테*

"적선지가 필유여경(積善之家 必有餘慶: 선한 일을 많이 한 집안에는 반드시 자손에게 미치는 경사가 있다.), 적악지가 필유여앙(積惡之家 必有餘殃: 악을 쌓은 집은 반드시 자손에게 미치는 재앙이 있다.)" - *『주역(周易)』 문언전(文言傳)에서 인용*

소프트웨어 기업인이 그 주변을 둘러싼 사회 문제에 관심을 기울이지 않게 하려면 누군가는 사회와 국가의 환경을 개선해야 한다. 선배 세대는 물질적 환경을 개선하여 산업의 기반을 넓혔다. 소프트웨어 기업인은 이제 정신적 환경을 개선하여 더욱 합리적이고 성숙한 사회 속에서 후배들이 소프트웨어 산업과 연관 산업을 발전시켜 나갈 수 있도록 해야 하지 않을까?

그 후배들은 다름 아닌 우리 아이들 세대이다.

조금은 사회성이 떨어져 보여도 사회적으로 인적 네트워크가 없어도 컴퓨터 앞에서 만든 그 경쟁력으로 마음껏 도전하고 싶게 할 수는 없을까? 노력한 만큼의 보람을 남이 아닌 본인과 그 기업이 가져가는 너무도 당연한 상식적인 환경을 함께 만들 수 없을까?

한국의 소프트웨어 산업이 전개된 지 어느덧 40년이 되어 간다. 선배 소프트웨어인들은 유감스럽게도 소프트웨어 분야의 경쟁력을 다른 분야의 경쟁력보다 더 확보하지 못했다. 주요 대학의 소프트웨어 학과의 경쟁력과 다른 학과의 경쟁력이 이를 잘 대변한다. 경쟁력은 바로 학생들의 선호도로 나타나기 때문이다.

소프트웨어 분야의 경쟁력을 높이는 길은 소프트웨어 분야의 모든 종사자와 리더가 더 영향력을 발휘할 수 있도록 스스로 환경을 개선하는 데 있다. 세상은 개인이든 조직이든 스스로 노력하여 얻지 않으면 아무도 그것을 찾아주지 않는다.

한국 소프트웨어 분야는 필자가 1997년 남궁석 전 정보통신부 장관과 함께 소프트웨어 공제조합을 만들 당시와 비교해도 별반 발전한 것이 없어 보인다. 소프트웨어 분야를 발전시키자는 목소리는 거창한데 제도와 정책, 사회 인식은 크게 변화가 없는 것 같다. 하드웨어로 2만 불을 벌고 뒤처진 소프트웨어로 2만 불을 벌면 4만 불이 가능하여 우리에겐 희망이 크다고 한 20년 전 구호는 이미 물 건너 중국으로 가버렸다.

대한민국호가 이렇게 좌충우돌하고 있을 때 중국이라는 거대한 시장이 이미 스스로 자생력을 갖추고 소프트웨어 분야는 한국보다 더 큰 경쟁력을 갖고 세상의 중심으로 이동하였다. 문화대국 중국다운 모습이었다.

이제 중국의 소프트웨어 분야는 우리보다 더 선진국이 된 것 같다. 특히 모바일 분야는 이미 미국을 앞질렀다. 특히 O2O(Online to Offline)는 미국 업체들이 배우고 있다.

한국의 모바일 택시는 2015년 이제 시작하였지만, 중국은 이미 2012년 경 시작하여 정착한 모양이다. 그 까닭은 내가 중국에서 겪은 경험에서 확인할 수 있다. 올해 3월 나는 중국의 실리콘밸리로 불리는 북경 중관춘에 들렀다. 학사(学社, 간체자 배울 '학(学)'과 회사 '사(社)'의 합성어로서 신조어임)에서 커피를 마시고 업무를 보다 밤 10시경 호텔로 가기 위해 길거리에서 택시를 잡으려 했지만 그럴 수 없었다. 빈 택시임을 알리는 빨간불을 켠 택시를 타면 내리라고 하였다. 내가 택시 앱으로 호출한 사람이 아니라는 것이었다. 그런 택시 앱이 있다는 것은 알았지만, 그것을 설치하고도 택시를 부를 수 없었다. 택시를 호출하려면 통화를 통해 주변 위치를 알려줘야 하는데 대화를 할 수 없었다. 한국의 IT 분야에서 20년을 근무한 사람이 중국 베이징 중관춘에서 택시를 타지 못해 밤 10시부터 12시까지 약 2시간을 허비했다. 물론 시장을 더 분석하기 위해 이런저런 분석을 하며 시간을 보냈지만 그래도 현장은 미처 생각지도 못했던 상황으로 움직이고 있었다.

이처럼 우리가 알았던 중국은 이젠 없다. 거대 아시아는 물론 미국과 유럽을 무대로 종횡무진으로 활동하고 있으며 그 중심이 되려고 하고 있다. 서울에서 비행기로 1시간 30분 거리에 있는 북경은 이미 세계의 중심 도시가 되어 가고 있다. 10년 전 한국에 온 문명의 중심이 이미 서해를 건너가고 있는 것이다.

서울의 사대문 안에 소프트웨어 기업들이 가진 빌딩이 몇이나 될까? 오늘의 대한민국을 만든 산업 시대의 건설회사 빌딩은 많은데 소프트웨어 기업이 보유한 빌딩은 거의 없다. 서울의 사대문 안에 수십 개의 소프트웨어 기업 간판이 보이는 그 날을 기대해 본다.

　소프트웨어 리더들은 이 분야의 경쟁력을 높이는 일에 많은 관심을 기울여야 함을 알면서도 선뜻 나서려 하지 않는다. 소프트웨어 직무의 특성상 세상에 나서려 하지 않은 경향이 강하기 때문인 것 같다.

　세상에 나서지 않아도 그 향기와 문화가 해당 분야의 경쟁력을 높이면 좋겠지만, 아직 우리 사회에서는 국가를 떠날 수 없는 직군에 있는 업종이 슈퍼 갑의 위치에 있다. 그러다 보니 국가를 언제든 떠날 수 있는 직군인 소프트웨어 분야의 경쟁력은 1997년 소프트웨어 공제조합을 만들 당시와 큰 차이가 없어 보인다. 아니 그 당시가 오히려 더 큰 경쟁력이 있었던 것이 아닌가 여겨진다.

　창의적이고 무엇보다 합리적인 분야가 소프트웨어 분야다. 능력을 갖춘 이들이 떠나고자 하는 대한민국은 세월이 더 흘러도 큰 변화를 이끌 수 없을 것 같다. 스스로 변하지 않으면 혹독한 대가를 치르는 게 세상의 이치다. 이미 중국의 소프트웨어 기업이 한국 기업을 인수하여 세계적 기업이 되었고 상당수 영역에서 한국에 소프트웨어 외주를 주고 있다. 한국의 소프트웨어는 중국이나 외국의 하청 업체로 전락하고 있다. 한국이 처한 이 상황은 지난 20년간 한국의 사회문화가 만든 결과가 아닐까? 세월호의 아픔은 앞으로 다가올 사태를 미리 알려주는 지울 수 없는 아픈 신호가 아닐까?

한국이 지난 20년간 전 세계적 천운을 맞고도 그것을 스스로 차버리는 형국에 있는 것은 소프트웨어 분야에서 세계적인 경쟁력을 갖출 수 없게 하는 사회문화와 환경 때문일 것이다. 아직도 기회는 있어 보이지만 국가를 떠날 수 없는 직군이 슈퍼 갑의 위치에 있는 한 그 기회는 점차 멀어질 수밖에 없어 보인다. 그 이유는 산업화 시기에 정부가 분야별 선수발굴을 위해 몰아주기로 밀어주어 키운 대기업과 그들 대기업과 연계된 거대한 언론 조직 및 공직사회가 무엇인가에 마취되어 있기 때문이다. 그래서 마취에서 깬 후 다가올 혹독한 추위를 전혀 느끼지 못하고 있다. 창의적으로 스스로 커가려는 소프트웨어 기업의 경쟁력을 송두리째 없애는 근본 원인은 이처럼 마취된 사회 구조에서 비롯된다.

관피아라 불리는 관폐는 단순히 관에서 나온 게 아니다. 합리적 지적으로 바로 잡힐 때까지 정론으로 그 문제점을 고치지 못한 언론의 책임이 더 크다. 평생 한 분야를 취재하며 분야별로 등대를 밝힐 수 없는 언론의 구조가 관폐를 불러온 근본적인 문제로 보인다. 힘 있는 기업은 광고주여서 언론으로부터 자유롭고 전직 공직자를 채용하여 관으로부터도 더 자유롭다. 한국의 대기업은 언론의 생존권을 쥔 광고주이다. 기자들에게는 각종 그럴싸한 이름으로 만든 지원 프로그램들을 제공하므로 늘 언론에서 자유로운 편이다.

대기업 대부분은 언론사를 가지고 있어서 항상 여론에 맞대응할 수 있다. 또한, 해당 언론사는 다른 언론사와 기자들이 선후배로 얽혀 있어 그들을 관리할 수 있다. 언제든 정부의 동향과 여론의 향방을 가늠할 수 있는 정보력을 얻는 창구가 언론이다. 그래서 한국의 언론은 대기업의 이권과 관런된 분야는 정론을 펴기에는 근본적인 한계가 있다. 한국의 언론은 스스로 생존을 위해 정치권과 대기업에 깊숙이 연동되어 있다. 독립 언론이 스스로 자생하기가 참 만만치 않은 구조다. 그래서인지는 몰라도 우리나라에는 젊었을 때부터 은퇴할 때까지 한 분야를 취재하고 은퇴 후에는 그 분야 전문 기자로 진실과 산업의 등대가 되는 기자가 없다.

악화가 양화를 구축하기 쉬운 환경이다. 이 때문에 새로운 분야의 사업은 글로벌 기업에 더 의존적이게 된다. 우리 스스로 관련 첨단 분야의 큰 등대가 없다 보니 글로벌 기업의 가치관이 분야의 가치관으로 아무런 검증 없이 사회 저변에 미치기 쉽다.

공무원이 소신껏 바른 정책을 펴고 싶어도 기댈 수 있는 진실의 대변자가 없다. 그래서 늘 영혼이 없는 정치바라기에 공무원의 미래가 결정된다. 대기업에 수십 년 일군 아이템을 빼앗긴 중소기업의 목소리가 언론을 통해 공분을 만들지 못하는 이유다. 아무리 억울한 일을 당한 중소기업이 있어도 그들의 목소리를 그저 소음으로 들리게 하는 마법 같은 힘을 발휘하는 구조가 지금 대한민국의 대기업 구조이다. 대기업의 대외협력실 규모가 이를 방증한다. 그 인원만 보아도 웬만한 중소기업 전체 직원보다 많다.

대기업은 새로운 아이템을 만들지 않아도 된다. 중소기업의 핵심인력을 고액의 연봉으로 빼가기만 하면 된다. 직접 그렇게 하는 게 문제가 되면 자회사나 거래처를 이용해 그렇게 하고 법적으로 문제를 피하기만 하면 된다. 문제가 되면 전관예우를 활용하면 어렵지 않게 문제를 풀 수 있다. 힘 있고 돈 있는 기업은 참 사업하기 쉬운 곳이 대한민국이다. 그래서 한국은 대기업의 천국이다. 한국의 대기업은 창업 후 십수 년간 청춘을 바쳐 이룬 남의 성과를 1년 만에 뺏어가도 아무 탈이 없다. 대외협력팀 소속 직원 수십 명을 풀어서 아니면 말고 식의 유언비어를 만들고는 대기업이 그 사업을 직접 하는 것이 오히려 사회적으로 도움이 되는 것처럼 여론을 만든다. 이런 현상이 더 극심한 곳은 주인 없는 한국의 대기업이다. 주인 없는 한국의 대기업은 늘 그렇게 성장해 왔다.

국민의 세금으로 만든 주인 없는 한국의 대기업이 민영화되고 그 원래의 목적과 도덕성이 결여되면 공정거래와 대·중소기업 간의 합리적 상생 구조는 사치가 된다. 주주 이익이 최우선이기 때문이다. 설립 당시의 공적 목적은 변질되고 담당 책임자들은 이윤 추구에만 내몰린다. 공기업이거나 공기업이 민영화된 기업은 국가를 대표하는 브랜드를 아직도 가지고 있다. 국가의 공공적 브랜드를 바꾸지 않은 대기업이 주주 이익만을 추구한다면 관련 산업의 생태계는 왜곡될 수밖에 없다. 이럴 경우 국가는 공공적 브랜드를 회수하든지 아니면 그 브랜드에 맞게 설립 당시의 원목적에 충실한 기업으로 성장하게 해야 한다. 그것이 국가의 책임이고 국민에 대한 의무이다. 국가를 대표하는 브랜드를 만들 당시의 목적이 민영화되면서 축소되거나 변질된다면 그 브랜드는 국가가 회수해야 한다. 민영화된 기업이라면 그에 맞는 브랜드여야 한다. 그것이 공정 거래의 시작이 아닐까?

이런 구조가 합리적으로 개선되기 전에는 대기업과 연계된 ICT 등 미래 산업은 거목을 기대하기 어렵다. 기간산업을 쥐고 있고 주인이 없으며 공익보다는 사익을 추구하는 대기업은 기간산업을 활용하여 성장하는 미래 기업을 가만히 내버려두지 않는다. 자신의 플랫폼에서 자신보다 더 큰 기업으로 성장해 가는 기업을 그냥 구경만 하고 있을 리 없다. 담당 실무책임자가 자신의 자리 보존을 위해 핑곗거리를 만들고 주주 이익이라는 명분으로 성장하는 중소기업의 아이템과 주력사업을 빼앗고자 한다면 세계적 미래 기업의 탄생은 요원해진다. 특히, 우리나라는 정치적 민감성이 큰 나라여서 정권이라도 바뀌면 기간산업을 활용하여 창조적 산업을 만들어가는 기업은 거래업체 바꾸기라는 명목으로 하루아침에 위기를 맞을 수도 있다. 최초 거래한 기업이 피땀으로 이룬 성과를 거래 업체 바꾸기라는 이름으로 빼앗아 그동안 잘 키운 매출을 강탈하더라도 어느 언론 하나 정론으로 그것을 바로 잡지 못한다. 반복은 계속된다.

국가 기간산업을 민영화할 때 3~4개로 나누어 하지 않은 것에서 사회적 문제가 시작된다. 그래서 공기업의 민영화는 그 성격에 따라 회사를 복수로 나누어 민영화해야 한다. 그래야만 민영화의 장점도 살리고 공기업 설립의 목적도 살릴 수 있다. 특히 그 공기업이 통신과 같은 기간산업이라면 복수화는 더 많은 생태계를 만들 수 있다. 그래야만 창조적 미래 기업은 복수의 거래처를 두고 새로운 시도를 통해 새로운 모델을 만들 수 있다. 한국에서 구축된 모델과 사례로 세계적 기업으로 성장할 때 베이스캠프인 한국의 본사가 그 위험을 최소화할 수 있다는 장점도 있다. 국가 기간산업이 내수용 인프라의 역할을 하고 내수 인프라를 활용한 미래 신산업을 키우는 모태 산업이 될 때 국가는 더욱 희망적이다. 그렇게 하지 않고 민영화를 하면 외국에 지분을 매각할 때 그 지분과 연계된 글로벌 기업은 자사의 이익을 위한 영향력을 발휘할 수밖에 없다.

5년 단임제 구조에서 대통령은 불과 2~3년만 힘을 발휘하지만, 대기업 회장은 임기가 없으므로 수십 년간 힘을 지속한다. 그래서 주인 있는 대기업과 주인 없는 대기업은 사회적 이슈가 생길 때 그 차이가 크다.

대한민국에서 대기업은 당연히 존중받아야 한다. 오늘의 대한민국은 대기업이 아니고서는 이룰 수 없었다. 그것은 사실이다. 그래서 대기업은 늘 존중받아야 하고 창업자와 그 후손에게 국민은 존중과 경의를 표해야 한다. 그 2세, 3세가 창업자의 창업 정신을 세계화하도록 그들을 합리적으로 칭찬해 주어야 한다. 그런 문화를 만들 책임은 이미 선진 시민이 된 대한민국 국민 누구에게나 있다.

주인이 있는 대기업은 수많은 사람에게 일자리를 제공하고 수많은 협력사를 먹고 살 수 있게 하므로 사실상 국가의 역할을 하고 있다고 볼 수 있다. 국가적으로 중요한 문제를 실질적으로 담당하고 있기 때문이다. 그런 만큼 그들이 존중받아야 하는 것은 너무나 당연하다.

그러나 큰 문제가 되는 곳은 주인이 없는 대기업이다. 주인 없는 대기업에서 일하는 부장과 이사 등은 자기의 자리가 걸리면 주주의 이익을 위해 어떤 일도 마다치 않는다. 중소기업이 이룬 성과를 하루아침에 뺏어가는 일도 서슴지 않는다. 특히, 주인 없는 대기업의 사장은 자사의 직원이 중소기업 매출을 탈취해 사회적으로 문제를 일으켜도 사실상 그를 문책하지 못한다. 문제를 일으킨 해당 직원의 상사인 부장과 이사는 "회사의 주인인 주주의 이익을 위해서 없던 수익(중소기업의 아이템을 합법적으로 빼앗아 얻은 이익)을 창출했고 그것도 1년 만에 수십, 수백억 원으로 만들었는데 회사에서 칭찬과 보너스는 못 줄망정 왜 꾸지람을 하는가?" 하고 반문하고는 그 누구도 내부적으로 이에 대해 논할 수 없게 한다. 그리고 그런 곳은 유달리 대외협력팀 인원이 많다. 대외협력은 곧 자사의 이익을 위한 합리화를 만드는 조직이다. 억울한 일을 당한 중소기업의 목소리도 사회적 소음으로 만드는 마법의 힘이 바로 이곳에 있다. 그런데 이런 환경에서 창의적인 생각으로 창업하여 열심히 노력하라고 한다. 정부가 이에 각종 프로그램을 통해 돈까지 지원한다. 그렇다면 과연 창업하는 그들의 노력은 열매를 맺을 수 있을까? 이와 관련해서는 상상력이 풍부한 대한민국의 상상에 맡기고자 한다. 업계에서는 거래처 대기업 부장과 대통령이 동시에 부르면 어느 쪽을 먼저 찾아가야 하는가 하는 우스갯소리가 있다. 중소기업에는 목숨 줄을 쥐고 있는 대기업 부장이 5년 임기의 대통령보다 더 무섭고 실질적인 파워가 크다는 말이다.

국내 대표 포털의 사례를 보면 그 기업의 과거와 미래가 함께 보인다. 우리나라 대표적인 모 포털의 사장은 법원에서 부장 판사를 지낸 분이다. 부사장은 부장검사를 지낸 분이고, 본부장은 언론사의 기자 출신이다. 전직이야 어떠하든 관련 분야의 경쟁력을 위해서는 누구든 전직을 할 수 있다. 그리고 IT 기업의 수장이 될 수 있다. 하지만 법원, 검찰, 언론 출신이 포털의 최고 경영진으로 포진한 경우는 매우 드문 사례다. 중요한 것은 왜 그렇게 해야 하는가가 아닐까? 모 국회의원은 해당 지역구에 인력 채용이 많은 콜센터를 직접 구축하면 법에 저촉될 수 있어서 차로 20여 분 가면 되는 인근 지역구에 콜센터를 유치하여 포털과 거래한다. 거래 조건은 수많은 중소기업의 고객을 더 오랫동안 탈취하게 하는 잔인한 거래다. 그 국회의원은 2009년 방송통신위원회에서 인터넷주소자원에 관한 법률을 개정할 때 기업명 입력 시 직접 연결되는 한글인터넷주소 사업을 2009년 이후 지금까지 대통령령으로 시행하기 어렵게 만든 현직 의원이다. 그 덕택에 포털은 아직도 수많은 기업의 고객을 탈취하여 천문학적인 부당이익을 얻고 있다. 진실이 왜곡되면 공권력이 왜 돈의 하수인이 되는지 보여주는 대표적인 사례다. 그리고 국회의원이 진실을 왜곡하거나 이권에 개입하면 얼마나 많은 사람의 눈물과 땀이 부당이득자들의 꿀로 바뀌는지 보여주는 살아 있는 사례다.

상식과 합리를 대한민국에서 기대하기란 참 멀어 보이게 하는 사례다.

고위 관료가 퇴임 후 대기업에 취직하면, 1년 연봉이 정부(관)에서 10년 받던 연봉과 맞먹는다는 이야기가 있다. 중소기업 1년 매출에 해당하는 연봉을 받기도 한다. 왜 대기업이 관료 출신에게 이처럼 파격적인 연봉으로 자리를 주는지 그 이유가 더 중요하다. 합리적인 이유만 있으면 얼마나 좋을까? 그 때문에 누군가 피눈물을 흘리지 않는다면 또 얼마나 좋을까?

관피아(관폐)로 온 나라가 들썩인다. 정부에서 오랜 기간 몸담은 사람들은 국가적으로 소중한 자산이다. 그분들이 퇴임 후 그동안 쌓은 경력을 국가와 기업을 위해서 사용할 수 있게 하는 것은 국가적으로 중요한 자원을 활용하는 것이다.

그런데 우리는 그들이 합리적으로 일할 수 있는 사회적 규율이나 합의를 만들지 못했다. 그러다 보니 일부는 공직의 10년 연봉을 1년 만에 받으며 대기업으로 가곤 한다. 원래의 목적에 맞게 전직 공직인들의 재취업을 도울 수 있는 사회 시스템이 필요하다. 명예와 상식과 합리가 하나 된 사회적 합의가 필요하다. 퇴임 후 일정 기간은 어느 곳이나 취직은 할 수 있어야 한다. 비록 이권과 관련이 있어도 움직일 수 있는 건강한 사람이라면 누구나 일할 수 있게 하는 것은 상식이다. 다만 원래의 목적을 지킬 수밖에 없도록 규율과 시스템을 갖춘다면 사회 문제는 줄어들지 않을까?

공직에서 퇴임한 후 재취직할 경우, 연봉이나 수입을 정부에서 정한 요율로 최소한의 비용을 받게 하는 합리적 구조가 필요하다. 또 그것을 공개하게 한다면 좀 더 투명하고 상식이 통하는 사회구조가 형성될 것으로 보인다. 대기업 임원 연봉도 공개하는 시대인데 이권에 무척이나 민감한 전직 공직자의 재취업 연봉을 공개하지 않을 이유가 없다. 관폐로 인한 세월호 사태, 그 참담함을 겪고도 전직 공직자의 재취업 연봉을 공개하지 않는 것은 제2의 세월호 사태를 방치하는 것과 다를 바 없다.

위반하면 그동안 쌓아온 명예를 잃게 하고 위반한 금액의 상당 배수를 벌금으로 징수하면 합리적이지 않은 일에 동조할 사람은 없거나 줄어들 것이다. 그렇게 될 때 퇴직한 공직자는 그동안 쌓은 경력과 능력을 활용해 국가와 사회, 기업을 위해 좀 더 오래 이바지하게 될 것이고 국가 예산으로 키운 인적 자원의 합리적 활용은 좀 더 오래 지속될 것이다. 그렇게 하면 퇴임하는 공무원 누구나 공평한 대접을 받으며 국가와 사회와 기업을 위해 일할 수 있을 것이고 개인의 행복 추구에도 도움이 될 것이다. 평생을 국가를 위해 헌신한 수많은 퇴임 공직자를 몇몇 사람들 때문에 마치 잠재적 범죄자로 여기게 하는 사회적 구조는 반드시 개선해야 하지 않을까!

공직에서 묵묵히 국가를 위해서 일한 수많은 분의 명예를 위해서라도 퇴임 후 재취직에 따른 수입구조를 투명하게 관리하는 제도가 필요하다. 그렇게 된다면 대기업이나 로펌 등으로 스카우트되면서 스카우트의 원인이 되는 근본 구조를 상당 부분 합리적으로 개선할 수도 있다.

그 효과로 공직에 있을 때 유혹받지 않고 더 업무에 충실할 것이며 스카우트되는 곳의 연봉보다 공직의 연봉을 더 소중하게 여길 것이다. 무엇보다 공직에 처음 나갈 때의 마음이 변질되지 않고 공직을 천직으로 여기는 직업 정신이 공직사회를 더욱 빛나게 할 것이다.

지난 2005년 넷피아를 압수 수색하기 전에 그 자리에 있던 담당 검사는 참 합리적인 분이었다. 공직에 합리적인 공직자가 있으면 외부에 아무리 비합리적인 세력이 있어도 업계에서는 자체 경쟁력을 높이기 위해 노력하기만 하면 되는데 담당 검사는 바로 그런 사람이었고 그래서 나는 안심하였다. 그런데 그로부터 얼마 안 돼 그 검사가 모 대형 로펌에 스카우트되어 공직을 떠났다는 것을 알게 되었다. 정확히는 잘 모르지만 부모님의 수술비 때문에 어쩔 수 없이 옮긴 것 같았다.

그를 찾아가 넷피아를 압수 수색한 검사에 대해 말했더니 자신의 후임으로 왜 그 검사가 오게 되었는지 알 수 없다고 하였다. 확인되지 않은 후문에 따르면 그 검사는 지방에서 문제를 일으켜 옷을 벗어야 하는 사람이었다고 하였다. 우연히 회사의 임원이 같은 동네에서 아이의 친구 아버지를 만났는데 이야기하다 보니 지방에서 문제를 일으킨 그 검사의 수사원이었다고 하였다. 그래서 그 내막을 누구보다 잘 안다고 하였다.

세상은 참 좁다. 검찰의 첨단 수사부에서 모 검사가 부모님 수술비 마련을 위해서 하는 수 없이 모 법무법인으로 급히 이직하면서 그 자리에 옷을 벗어야 하는 검사가 왔고, 그 검사는 M사가 가장 힘들어하는 부분을 검사의 힘으로 해결한 덕분인지 대검으로 진급했다고 한다. 직접 확인해 보지 않은 부분이라 단정 지을 수는 없지만, 10년이 지난 지금 전체의 퍼즐을 맞추니 전혀 근거 없는 것은 아닌 것 같았다. 누군가 이 부분을 확인해 주었으면 좋겠다. 이 모든 것이 그들이 기획한 사건이 아닌 우연이길 바랄 뿐이다.

직원 스스로 성공을 만드는 조직

자국어인터넷주소 사업은 무에서 유를 만드는 도전적 사업이다. 그래서 나는 주변의 많은 전문가에게 곧잘 자문하곤 한다. 어떤 말이든 쉽게 듣고 단정 짓지 않는 성격이어서인지 지름길을 두고도 힘든 길을 걷는 경우가 많았다. 혹자는 사서 고생을 한다고도 하지만 잃는 것이 많은 만큼 얻은 것도 많았다. 낯설기만 한 인터넷 사업에 겁 없이 뛰어들어 지금의 넷피아를 이끌 수 있게 된 것도 사실은 주변의 많은 전문가의 의견이 있었기에 가능했다.

나는 일을 판단하고 결정할 때는 최대한 많은 전문가에게서 조언을 구하고 그것이 중요한 사안일 때는 될 수 있으면 많은 토론을 통하여 결정을 내린다. 이미 답이 정해진 경우도 치열하게 토론하고 그것이 맞는지를 재차 확인하고 공유한다. 어떤 일을 추진할 때 이런 방법은 토론자들에게 스스로 학습하게 하고 결론이 나면 좀 더 빨리 실행할 수 있게 한다. 그래서 어떤 일을 판단하기까지 매우 긴 시간이 걸리는 편이지만, 그렇게 결정된 사안에 대한 실행은 최대한 밀어붙이는 경우가 많다. 이러한 방식은 인터넷 같은 분야에서 일을 빨리 추진하는 데 효율적인 업무처리 방식이다.

나에게 좌절의 경험이 없었다면 성공을 향해 나가는 노력의 강도는 약해졌을 것이다. 누구나 그러하듯 가난 앞에서 좌절하고 가슴 아파했던 어린 시절의 경험과 20대에 해야 하는 일이 무엇인지를 고민하면서 겪었던 20

대의 크고 작은 경험은 나의 지난 삶을 위한 예방접종이었던 것 같다. 20대에 하지 않으면 경험하기 어려운 여러 경험은 행복한 삶을 위한 훌륭한 열쇠라고 믿는다.

나는 20여 년간 인터넷 소프트웨어 기업을 운영하면서 '전 세계 자국어 인터넷주소'라는 일에 청춘을 바쳤다. 내 사업이기도 했지만 전 세계 인터넷 이용자를 위해서 누군가는 해야 하는 가치 있는 일이기에 포기하지 않았다.

거금의 유혹이 있었지만, 다른 사람에게 내가 당한 이런 불합리를 다시 당하지 않게 하고 싶은 마음에 부당함에 저항하면서 그것을 바로잡고자 노력하였다. 그리고 자국어실명인터넷도메인네임의 사회적 가치를 왜곡되지 않게 하려고 회사를 매각하지 않았다. 사회적으로 바르고 옳은 일이 그 어떤 다른 이유로 인정받지 못해 성공에 이르지 못하고 자리를 잡지 못하면 악화가 양화를 구축하기 때문이다. 소비자에게 가치를 제공하고 그 대가로 받는 것이 기업의 이윤이다. 돈 때문에 사회적 고통의 씨앗이 되는 악화를 도와야 하겠는가. 자신의 분야에서 바르지 않은 가치가 시장을 왜곡하고 사회를 왜곡하게 내버려두고 돈에 눈이 멀어 눈감아 준다면 악화를 키우는 주범과 다를 바 없게 된다. 그것은 양화를 없애고 사회악을 키우는 데 한배를 탄 것과 무엇이 다르겠는가?

비록 힘든 길이지만 학벌도 좋지 않고, 든든한 배경이나 돈도 없고, 그렇다고 특별히 머리가 좋은 것도 아닌 나처럼 평범한 사람도 보란 듯이 사회에 참가치를 제공하는 세계적 벤처기업을 일궈낼 수 있다는 것을 세상에 보여 주고 싶었다. 그래서 나처럼 여건이 안 좋은 사람도 어려움에 부닥치면 도전과 희망을 버리지 않고 그것을 잘 극복하길 바랐다.

아무리 억울하고 힘들어서 포기하고 싶어도 누군가 나를 보며 희망을 품을지 모른다는 생각을 하면 쉽게 좌절할 수가 없었다. 어쩌면 그것은 나 자신을 위해 스스로 만들어낸 최면일지도 모른다. 이러한 성공에 대한 최면을 조직에도 심고 직원들에게도 심고 싶었다. 직원들이 수동적인 월급쟁이로 일하기보다는 스스로 창조하고 함께 성공을 일궈 가는 구조로 만들고 싶었다. 적어도 나를 만난 직원들은 생각의 세포 구조가 성공하지 않으면 안 되는 구조로 바뀔 수 있도록 원칙과 소신, 절차와 방법, 목적과 취지, 목표 관리 등을 공유하면서 지속적으로 교육하였다. 그리고 관련 시스템 개발을 위해 노력했다.

나를 만난 20대와 30대 임직원에게 내가 해줄 수 있는 인생의 가장 큰 선물은 성공의 생각과 세포로 자신을 변화시키는 것이라고 믿었기 때문이다. 그 때문에 나는 직원들로부터 인기 있는 사람은 되지 못하였다. 20대와 30대는 나무로 가정하면 아직 유연성이 있는 나이다. 그 형태가 돌이킬 수 없이 굳어버린 나잇대가 아니다. 그래서 누구를 만나느냐에 따라 거목으로 클 수도 있고 분재로 바뀔 수도 있다. 그들이 분재로 굳어지기 전에 바르게 생각하고 행동하는 성공 습관을 지니게 하고 싶었다.

오늘의 나는 어제까지의 생각이 축적되어 오늘의 나가 되었다. 미래의 나는 오늘부터의 생각이 축적되어 그 결과로 나타난다. 비록 인기는 없지만 언젠가 나이가 들었을 때 나의 진정성을 이해하는 사람이 한 사람만 나와도 더 바랄 것이 없다는 생각으로 성공 방정식을 스스로 익히는 교육에 힘을 쏟았다.

넷피아의 전신이었던 IBI를 설립한 후 비록 작은 조직이었지만 소사장제도를 도입했었다. 소사장 제도란 사업의 각 부문 책임자가 해당 사업에 대한 운영을 책임지면서 팀별로 수익을 극대화해 이에 대한 평가와 보상이 따르도록 한 것으로 직원들에게도 주인의식을 심어주기 위해서였다. 각 사업부서가 독립적 사업체로서 책임자는 리더십을 발휘해 팀의 융합을 끌어내고, 이를 바탕으로 팀 전체의 업무 능력이 배가되도록 하는 과정에서 팀장과 팀원 모두 자신의 능력을 최대한 발휘하게 하고 싶었다.

이러한 소사장제는 넷피아 설립 이후 독립적 팀제로 발전하였는데 평가와 보상은 팀의 실적에 따라 철저히 하도록 하였다. 이러한 팀 단위의 책임제는 2001년부터 시작하게 된 실적공유 책임제를 낳게 되었다. 실적공유 책임제란, 해당 팀의 월간 경영이 흑자일 때는 기본매출 달성 수당과 함께 추가로 인센티브를 더 지급하고 적자일 때는 페널티 개념의 수당 삭감까지 포함된 강한 책임을 동반한 경영 시스템이다. 예컨대 일일 결산 시스템을 통해 부서별 전체 실적을 당일 퇴근 전에 파악하고, 실시간 회사의 이익과 손실을 해당 팀과 부서가 알 수 있게 하는 경영 기법이다. 팀별, 본부별 실적을 평가한 후 인센티브의 가감을 결정하는 방식으로 매월 받는 인센티브가 실적에 연동되는 경영시스템이다.

투명하게 공개되는 회사와 부서의 재무 상태는 투명경영의 의미도 있지만, 회사가 일일이 직원들에게 설명해야 하는 많은 부분도 해결해 준다. 즉 우리의 미진한 점은 무엇이고 그것을 어떻게 보완해야 하며 장단기 계획은 어떻게 세워야 할지에 대한 공감대도 해당 팀과 부서 내에서 바로바로 형성할 수 있기 때문이다. 무엇보다 본부별 실적이 고스란히 자료로 남게 되므로 특정 팀이나 개인의 평가 및 보상에 대해 모두가 수긍하게 된다. 임직원들은 자신의 업무 실행 능력을 객관적으로 점검하여 자성의 기회로 삼을 수도 있다. 그 운영에는 다소 어려움이 많지만, 매우 효율적인 경영시스템이다.

비록 지금은 축소된 소수정예 조직이지만, 나는 이러한 투명함과 자기반성의 기반이 넷피아가 앞으로 더 큰 기업으로 성장하는 데 뿌리가 되리라 믿는다. 공정한 평가와 합리적 보상은 직원들에게서 창의성과 자발성을 끌어내고 직원들을 창조적 구성원으로 성숙하게 하는 원동력이 되었다.

신뢰의 힘 그리고 고마운 분들

타고난 건강 체질이라고 믿었지만, 몸 고생, 마음고생으로 10년을 달려온 터라 2003년 무렵 덜컥 몸에 탈이 나 급작스럽게 병원에 입원해야 했다. 그리고 그곳에서 받은 통보는 신장 기능이 망가져서 하루빨리 치료를 시작해야 한다는 것이었다. 나는 너무나 허무했다. 아직 할 일이 많은데 그것을 모두 중도에 포기해야 한다고 생각하니 좌절감이 밀려왔다. '돈을 잃으면 반을 잃은 것이지만 건강을 잃으면 전부를 잃은 것'이라고 하지 않던가.

'내가 건강을 챙기고 회복하지 않으면 아무것도 없다.'는 판단에 고민하고 슬퍼할 겨를도 없었다. 하루빨리 건강을 회복하고 복귀하는 길이 지금할 수 있는 최선이라고 생각했다.

그래서 당분간 대표이사직에서 물러나 치료를 받고, 나 대신 회사를 도맡아 줄 전문경영인을 영입하기로 했다. 인터넷 사업에 대한 경험과 연륜이 있는 경영자가 나의 공백을 메워 준다면 내가 복귀했을 때 어려움 없이 계속 사업을 이어갈 수 있으리라 믿었기 때문이다. 하지만 막상 물러나려고 보니 회사의 상태는 흑자였지만 재무 사정은 그리 좋은 편이 아니었다. 새로운 CEO에게 책임을 맡기면서 어려운 상황까지 떠넘길 수가 없어서 금융권의 투자를 모으려 했지만, 그 또한 여의치가 않았다. 회사가 매력적으로 성장하자 넷피아에 대한 적대적 인수 · 합병(M&A) 세력이 나타났고, 나에 대한 뜬소문까지 돌더니 유상증자를 앞두고는 아예 자금줄이 꽉 막혀 버렸다.

눈앞이 깜깜했다. 그런데 갑자기 예상 밖의 일이 일어났다. 주변에서 몇

몇 지인이 1, 2억 원씩 개인 돈을 내게 내놓으며 격려해 주어 두 달여 만에 20억 원이 넘는 거금이 마련되었다. 그중 한 분은 내가 자가용 대신 7년 동안 타고 다닌 모범택시의 기사님으로, 오랫동안 호흡을 맞춰 온 이분은 자신의 집을 담보로 1억 원을 대출받아서 내게 주셨다.

급성장기에 어렵고 힘든 시기가 또다시 닥쳤지만 그래도 그런 분들의 격정과 도움 덕분에 순식간에 자금은 해결되었고 나는 마음을 놓을 수 있었다. 아마도 내겐 타고난 인복이 있나 보다.

그 기사님과 인연을 맺게 된 건 우연이었다. 넷피아가 조금씩 자리를 잡고 내가 각종 대외 활동과 야근으로 동분서주할 무렵, 직원들은 사장 전용 자가용 기사를 두자고 내게 권유하였지만 나는 아직 젊은 나이에 기사를 둔 자가용을 타고 다니는 것이 부담스러웠고 차량 유지비와 관리비용 또한 만만치 않아 직원들의 권유에도 중요한 약속이 있으면 모범택시를 이용하곤 했다.

그러던 어느 날, 모범택시를 타고 가던 중 기사님과 이런저런 이야기를 나누었는데 이야기 도중 기사님과 무척 마음이 통하는 걸 느꼈다. 기사님은 나보다 연륜이 높은 분이었는데 손님을 대하는 정중한 태도와 서비스 정신이 남달라 '내가 이 택시를 항상 탈 수 있다면 얼마나 좋을까' 하는 생각을 하게 되었다. 그리고 매번 새로운 택시로 목적지를 설명하며 다니기보다는 마음이 통하는 기사분에게 매월 평균 수입을 보장해 주고 나와 직원들이 언제든지 이용할 수 있는 우리 회사 전용 택시로 만들면 좋겠다고 생각했다.

나는 그 자리에서 내 생각을 기사님께 말하고 명함을 건네주며 연락을 달라고 했다. 얼마 후 그분도 내 제안을 받아들이겠다며 연락을 주었다. 비록 수입 차이는 좀 있겠지만, 고정 수입을 보장받고 많은 손님을 태우려고 애 태우지 않아도 되니 그리 나쁜 조건은 아니었으리라.

회사에서도 내 전용 자가용 기사를 둔다면 인건비와 차량 유지를 위한 지출이 만만치 않을 것이었다. 그런 부담 없이 평소 교통비만으로 모든 걸 해결할 수 있으니 나쁠 것이 없었다. 더구나 그분은 평생을 천직으로 운전하셨으므로 서울 지리를 누구보다 잘 알았다. 교통체증으로 도로가 막힐 때도 지름길로 빠져나가는 기지를 발휘해 바쁜 내게는 상당한 도움이 되었다. 그리고 곳곳에 있는 택시 승차장은 임시 대기실이니 주차비용 절감 등 장점이 한둘이 아니었다. 단점이 있다면 정부 청사는 택시 출입이 안 된다는 것이었다. 이 때문에 비나 눈이 올 때는 참 난감했다.

가끔 저녁 모임 후 피곤함에 겨워서 밤늦게 회사 전용 모범택시 뒷자리에서 곤히 잠들어 있을 때 술 취한 손님이 갑자기 뒷문을 여는 바람에 깜짝깜짝 놀란 적도 있었지만 그래도 회사 전용 모범택시는 매우 편리하고 효율적인 운행시스템이 되었다.

국가적으로도 택시가 포화 상태라고 택시 숫자 줄이기에 고민이 많은 것 같다. 모범택시를 회사 전용 택시로 삼는 회사에 국가가 일정 혜택을 준다면 택시 10만여 대는 어려움 없이 줄어들 것으로 보인다.

그렇게 맺어진 기사님과 내 인연은 방송과 신문에서 이색적인 만남으로 보도되었다. 그런데 바로 그 기사님이 나를 위해서 자신의 집을 담보로 대출받은 1억 원을 선뜻 내주셨으니 그 마음은 1억이 아니라 100억 이상으로 느껴졌다. 그분은 단순히 모범기사의 역할에만 그치지 않았던 것이다. 한글인터넷주소 사업의 동반자가 되어 주셨고 개인적으로는 인생의 선배로서 나에게 조언을 아끼지 않았으며 사회에서 만난 큰형님처럼 따뜻하게 나를 도와주셨다. 그분은 우연히 나와 인연을 맺게 되었지만 넷피아의 운행팀장 역을 맡아주셨다. 회사 버스와 임직원의 차량 관리를 책임지셨던 백고현 팀장님, 28년을 무사고 운전으로 경기도 모범택시 분야에서 으뜸상까지 받으신 백고현 팀장님을 보면서 나는 정말 세상사의 많은 것을 깨닫고 배웠다.

우리 사회도 백고현 팀장님처럼 자신이 맡은 분야에서 프로답게 최선을 다하며 즐겁게 일하는 분들이 많아졌으면 좋겠다. 그런 분들이 대통령보다 더 존중받으며 행복하게 잘 살 수 있는 사회구조가 되기를 희망해 본다. 누구든지 나이와 학벌 등의 조건을 떠나 자신의 분야에서 오랜 기간 묵묵히 최선을 다해 해당 분야의 전문가가 되면 큰 어려움 없이 행복하게 잘 사는 사회, 그런 사회가 되기를 소망해 본다.

방심과 위기 속에서 다시 피어난 '넷피아'

회사에 여유 자금을 유치한 후 전문경영인에게 회사를 맡긴 나는 2005년 3월 치료를 받기 위해 대표이사직에서 물러났다. 신장 기능이 악화하여 회복 불능의 판정을 받은 상태였다. 그래서 궁여지책으로 남은 신장 기능이라도 보호하고자 선택한 것이 스테로이드 치료요법이었다. 이 치료법은 일종의 충격 요법인데, 면역 기능을 억제하는 효과 때문에 부작용과 위험도가 높아 무엇보다 절대 안정이 필요했다.

2005년 10월 초, 스테로이드 치료를 받으며 조용한 산장에서 마음을 안정시키고 있었다. 휴가도 거의 없이 10여 년을 지낸 터라 모처럼의 휴식은 달콤했지만 뭔지 모를 불안감도 있었다. 그때 회사에서 한 통의 전화가 걸려왔다. 검찰이 압수 수색 영장을 받아 회사를 전격 압수했다는 청천벽력 같은 소식이었다. 남들 얘기인 줄로만 알았던 검찰의 압수 수색이 우리 회사에서도 벌어졌다니 믿기지 않았다. 전혀 예상하지도 못한 일이었다.

당시 넷피아 고객사는 주소창의 남의 고객을 가로채 포털에 팔아 돈을 버는 D사 때문에 엄청난 피해를 보고 있었다. 넷피아 고객사는 자사의 기업명을 입력한 고객이 자사에 직접 오다가 갑자기 포털로 돌려진다며 회사에 극심한 항의를 하였다. 원하는 곳으로 전화가 바로 걸리지 않으면 전화번호를 등록받는 통신사에 항의하듯이 한글로 된 자사의 기업명과 상표를 등록한 넷피아에 항의하는 것은 너무나 당연한 일이었다. 넷피아는 전화처럼 직접 연결되던 고객사의 고객을 포털로 돌려 부당이득을 얻고 있는 D사의 불법 행위가 너무 심각하여 하는 수 없이 그것을 막는 기술적 조치를 하지 않을 수 없었다.

이런 분쟁이 벌어지고 있긴 했지만 피해를 보는 쪽은 주소창을 통해 고객을 직접 만나는 수십만의 중소기업과 대부분의 기업이었다. 넷피아의 한글인터넷주소는 이미 시장 점유율이 90%에 달해 시장의 표준이 되었으므로 넷피아에 기업명을 등록한 기업은 전화와 영문도메인네임처럼 기업명과 브랜드명 그 자체로도 자신의 고객과 직접 만날 수 있었다. 하지만 전화와 영문도메인네임과는 달리 기업명을 입력하는 고객을 다른 곳으로 돌리면 큰돈을 벌 수 있었다. 인터넷에서 남의 고객을 오버추어와 포털의 키워드 광고 페이지로 모아주면 돈을 주기 때문이다. 전화와 영문도메인네임을 그렇게 하면 불법이지만 기업명을 입력하는 사용자를 포털로 돌리는 것은 불법이 아니었다.

이 점을 악용한 D사는 주소창에서 하루에 천만이 넘는 수십만 기업의 고객을 포털로 돌리려고 불법 백도어 프로그램을 수백만이 넘는 컴퓨터에 강제로 설치한 혐의로 마포경찰서에서 수사를 받는 중이었다. 우리는 경찰이 불법 백도어 프로그램을 배포한 이들을 수사하고 있어서 우리에게 문제가 되리라고는 생각지도 못했다.

수많은 사람이 인터넷주소창에서 한글로 된 기업명을 입력하면 해당 기업으로 직접 연결되던 것이 어느 날 갑자기 연결되지 않은 것을 궁금하게 생각하였다. 주소창에서 한글 기업명을 입력하면 해당 기업으로 직접 연결되던 것이 어느 날 갑자기 포털로 연결되는 바람에 넷피아는 피해자임에도 오히려 큰 오해를 받았다.

1일 1천만 건이 넘는 사용자가 각 기업명을 입력하여 그 기업으로 연결되다가 갑자기 다른 곳으로 돌려진다는 것은 크나큰 사회 문제였음에도 당시 정보통신부는 이를 단순히 업체 간의 이권 싸움으로만 치부하였다. 1일 1천만 건에 이르는 전화가 갑자기 원하는 곳으로 연결되지 않고 114 안내로 연결된다면 보통이 넘는 큰 사회 문제가 아닐 수 없다.

그런데 이를 막을 아무런 법적 장치가 없었다. 비록 민간 서비스이지만 그것으로 1일 1천만이 넘는 사용자와 절대다수의 모든 기업이 피해를 본다면 정부는 이를 막을 대책을 마련해야 했다. 그러나 정부는 이상하게 구경만 하고 있었다. 아마도 해당 주무 부처인 인터넷정보센터가 넷피아와의 이해할 수 없는 불편한 관계 때문에 뒷짐을 지고 있구나 하는 생각이 들었다. D사는 인터넷정보센터 원장이 창립식 때 축사를 한 한글인터넷센터(HINC) 사장이 D사로 이름만 바꾼 회사였다. 그런 D사가 사용자의 동의 없이 컴퓨터에 몰래 백도어 프로그램을 설치한 것인데, 그 숫자가 무려 수백만에 육박했다. 그 결과 하루에만 1천만이 넘는 사용건수(쿼리)가 직접 연결되다가 갑자기 포털로 돌려졌다.

마포경찰서에서 중요한 수사를 하고 있던 와중에 해당 사건은 무슨 이유인지 모르지만 중앙지검으로 이관되었다. A 원장의 고향 후배인 B 검사가 그 자리에 오면서 생긴 일이다. 그 후 검찰은 피해 기업인 넷피아와 나의 집을 압수 수색하겠다는 영장을 발부받아 넷피아 주요 임원의 컴퓨터 하드웨어 50여 개와 주요 회계 장부를 압수하여 6개월가량 조사했다. 이 때문에 한창 세계적 진출을 하고 있던 넷피아는 대부분의 업무가 멈추게 되었다. 전혀 업무를 볼 수 없었다. 컴퓨터로 일하는 인터넷 회사에서 컴퓨터 저장 장치인 HD(본체인 하드디스크)를 압수해 가면 컴퓨터는 전혀 쓸 수가 없다. 새 컴퓨터를 구매해도 자료가 없어 업무를 볼 수가 없다. 공권력에 의한 명백한 업무 방해였다.

불법 백도어 프로그램을 사용자 컴퓨터에 직접 배포하는 방식으로 수십만 기업의 고객을 탈취하여 오버추어에 돌려주고 상당한 부당 이득을 취한 D사가 경찰과 검찰의 조사를 받고 있었던 중이었다. 그런 회사를 거래처로 삼고자 넷피아를 하루아침에 배제한 K통신사는 상식적으로 이해하기 어려웠다.

나중에 알려진 후문에 따르면, 그때 K통신사 사장은 과거의 약점이 있었는데, 그것을 누군가 꼬투리로 삼고 D사로 거래처 바꾸기를 하지 않으면 곤란하다는 모종의 협박을 하였다는 것이다. 그때 넷피아의 담당 변호사인 윤종수 변호사가 K통신사 N 대표를 만났는데, N 대표가 윤 변호사에게 "너무 늦었습니다. 그 이전에 왜 미리 대처하지 않았습니까?"라고 되물었다고 하였다. 알고 보면 N 대표 역시 피해자였다. 그러나 본인의 피해가 두려워 정의롭지 않은 일인 줄 알면서도 그것을 막지 못하였다. 더 큰 사회적 문제를 만들고 지켜야 할 참가치를 짓밟아 스스로 더 큰 죄를 짓게 되었다. 몇해 전 나는 모 대학교 총장으로 재직 중인 그를 찾아 이메일로 넷피아가 추진하는 자국어실명도메인네임 사업을 다시 도와달라고 부탁하였다. 마음에는 과거의 원망이 있었고 그로 말미암아 목숨을 잃을 뻔한 나였지만, 그를 용서하였다. 그는 비록 가해자였지만 또 다른 피해자였기에 그에게 잘못된 인터넷 생태계를 바꾸는 작업에 동참하게 한다면 과거의 잘못을 씻고 나와 함께 새로운 미래를 도모할 수 있으리라 생각했기 때문이다. 마음으로 도와달라고 부탁하는 메일을 써 비서실에 전달하였다.

인터넷주소창의 도메인네임 서비스는 기본적으로 DNS 시스템을 이용한다. 인터넷도메인 영역(IP주소)과 인터넷도메인네임(영문 알파벳과 숫자 등의 조합으로 된 계층적 도메인네임으로 samsung.co.kr의 형태)을 자동으로 연결해주는 시스템이 DNS(Domain Name System)이다. 즉, 도메인네임을 인터넷도메인인 IP주소와 자동으로 연결해주는 시스템이 DNS이다. 전화의 자동교환 시스템과 같은 넷피아의 자국어실명인터넷도메인네임 시스템은 실명인 기업명, 상표명만으로 서비스된다(예를 들어, 삼성.co.kr에서 .co.kr를 생략한 '삼성'만으로 됨).

이것을 넷피아는 자국어실명인터넷도메인네임 교환 시스템(자국어인터넷도메인네임 자동 교환 시스템)으로 이름 지었다. 영어로는 차세대 DNS 시스템이라는 뜻으로 next generation DNS(ngDNS)로 명명하였다. 넷피아는 ngDNS를 자체 개발해 기존 DNS에 설치함으로써 기존 DNS 기능을 포함한 자국어실명인터넷도메인네임 서비스를 제공할 수 있게 되었으며 이를 통해 시장 점유율 90%를 달성할 수 있었다. 넷피아의 시스템을 없애지 못하면 M사 등은 2015년 기준 인터넷주소창과 검색창을 통한 전 세계 100조 원대의 키워드 광고 시장에서 타격을 입을 수밖에 없었다. 100조 원대의 광고비는 대부분의 중소기업이 낸 고객 맞이 광고비였다.

넷피아의 한글주소를 허무는 방법은 두 가지였다. 하나는 사용자의 컴퓨터에 프로그램을 깔아 남의 고객을 가로채는 것이고, 다른 하나는 통신사 DNS를 D사로 바꾸어 넷피아의 기반을 없애는 방법이었다. M사와 계약을 맺은 D사는 M사가 제공한 액티브X 등을 통해 손쉽게 불법 백도어 프로그램을 사용자의 컴퓨터에 설치할 수 있었다. 이는 M사가 액티브X를 누구든지 쉽게 배포할 수 있게 환경을 제공했기 때문이었다. D사는 M사와 계약하여 주소창의 검색 서비스를 방해하는 것에 공동 대처한다는 계약을 맺었다. D사는 M사와의 계약에 근거하여 사용자의 컴퓨터에 불법 백도어 프로그램을 설치한 후 사용자가 인터넷주소창에 입력한 기업명/상표명(한글인터넷주소)을 포털로 돌렸지만 넷피아의 한글주소 허물기에는 한계가 있었다. 그래서 택한 것이 K통신사의 DNS 시스템에서 넷피아를 배제하는 전략이었다. 불법을 저지른 회사가 경찰 수사를 받던 와중에 그 사건이 검찰로 송치되었고, 이에 대한 조사는 불법을 저지른 회사를 조사하는 것이 아닌 사실상 피해기업인 넷피아를 뿌리째 흔드는 조사였다. 대한민국 검사는 전 세계 자국어(실명 인터넷)도메인네임 루트를 설계하고 그것을 전 세계에 보급하고 있는 넷피아의 주요 임직원과 연구원의 하드드라이브 수십 대를 통째로 떼어갔다. 겉으로는 M사와 계약을 맺고 넷피아의 자국어도메인네임을 허물고자 하는 D사와 넷피아를 모두 압수 수색하는 것처럼 보였지만 검찰의 증거자료는 넷피아 것이 대부분이었다. 그런 와중에 넷피아가 맺은 K통신사의 DNS 계약이 갑자기 D사로 이관되었다.

K통신사의 N 대표는 P금속의 도움으로 미국서 유학할 수 있었다. P금속은 동파이프를 만드는 회사로 군수품의 원료를 공급하는 회사다. 당연히 미국 부시 정부와 가까울 수밖에 없다. 부시 정부는 집권 시 빌 게이츠로부터 상당한 정치후원금을 받았다. 전 세계의 인터넷 빅데이터를 뽑을 수 있는 영문도메인네임 루트를 확보한 미국, 그다음으로 자국어 실명으로 된 인터

넷 도메인 네임을 만든 대한민국의 벤처기업 넷피아. 한 작은 벤처기업을 두고 왜 이런 어처구니없는 사건이 일어났는지? 글로벌 기업 M사와 K통신사가 함께 어떤 역할을 할 수밖에 없었는지 알 수 있는 대목이다. N 대표는 현재 D대학교의 총장으로 재직 중이다.

넷피아가 순수 민간 자본으로 만든 인터넷 실명 자동교환 시스템(자국어 인터넷도메인네임용 ngDNS)의 상용화에 약 7년간 동참한 K통신사는 DNS 거래업체 바꾸기라는 명목으로 주소창에 기업 이름을 입력한 모든 기업의 고객을 D사로 돌렸다. K통신사 대역에서 하루에만 1,500만 명에 이르는 넷피아 한글주소 사용자에 대한 서비스가 갑자기 중지되었다. 사용자의 현저한 이익침해가 이루어졌지만, 통신위와 공정위에서는 K통신사의 손을 들어주었다. 전 세계인이 사용할 자국어인터넷주소를 대한민국에서 개발한 것이 무슨 죄란 말인가?

그 바람에 넷피아는 250여 명의 직원이 한때 단 일곱 명까지 줄어들었다. 통신위와 공정위의 오해와 관폐가 어떤 결과를 낳았는지 잘 대변한다. 언론에서는 우리나라 공무원 중 퇴임 후 대기업에 취업하면 연봉이 가장 높은 곳이 공정위 공무원이라고 한다. 그 높은 연봉이 무엇을 위한 연봉인지 잘 보여주는 대목이다. 우리나라 소프트웨어 기업과 인터넷 기업이 세계적 기업으로 성장하지 못하는 주요 이유가 무엇인지 알 수 있는 대목이다. K통신사는 기본적으로 국내 기반 통신 사업자이다. 국내 대표 통신사가 외국에서 벌어들이는 매출이 전체 매출 비중에서 얼마를 차지할까? 국내 중소기업이 전 세계 95개국 자국어실명도메인네임 플랫폼을 구축하고 있는데 K통신사는 그것을 도와줘도 모자랄 판에 그렇게 중견 벤처 죽이기를 하였고 그것을 감시해야 하는 통신위와 공정위는 한 번 더 글로벌로 성장하는 중견기업 죽이기를 자행하였다. 약육강식의 시장에서 진 자는 말이 없어야 하지만 나 하나로 충분하기에 다른 제2, 제3의 넷피아를 방지하고자 이렇게 기록하는 것이다.

설상가상으로 K통신사의 100여 명 이상이나 되는 대외협력팀이 언론사, 정부, 국회 등에 퍼뜨리는 악성 루머가 넷피아에 점차 불리하게 작용하면서 일파만파 퍼져 나감에 따라 넷피아는 졸지에 부도덕한 기업으로 전락하게 되었고 회사 분위기는 혼란에 빠져들기 시작하였다.

그들의 의도는 당시 나와 넷피아의 지명도나 호감도가 사회적 기업으로 상당하자 이를 나쁘게 만들지 않고서는 자신들이 K통신사 대역에서 1일 1,500만여 건에 해당하는 '남의 고객'을 '가로채기'하여 발생시킨 부당이득을 합리화할 방법이 달리 없었기 때문으로 보인다.

당시 인터넷주소창에 유명한 한류 드라마의 여주인공 김○○를 입력하면 이상한 음란 사이트로 연결되었다. 넷피아는 이를 정지시키고자 법적 문제가 없는 방법을 찾고 있었다. 정부의 지침이나 가이드도 없었다. 세계 최초로 시도하는 자국어인터넷주소이기에 그 후유증이 컸다. 나중에 이 사실을 알게 된 나는 당시 대표직을 물러난 상태였음에도 이 문제는 사회적 문제이므로 바로 처리하라고 지시했지만 담당자가 등록자에게서 법적 소송을 당할 수 있다며 처리하지 못하고 있었다. 게다가 회사의 설립자이자 실질적 사주인 내가 지시를 해도 대표가 아니라는 이유로 내 지시를 따르지 않았다. 법적, 절차적으로 하자는 있지만 사회적, 정서적으로 문제가 있는 부분에 대하여 즉시 선조치하지 않았다, 이 글을 빌어 피해를 본 분들께 뒤

협 약 서

㈜한국마이크로소프트와 디지털네임즈는 양사의 공동이익을 위해 인터넷 사용자의 기대를 충분하게 반영한 안정적인 인터넷연결 키워드서비스의 제공과 관련하여 다음과 같이 제휴협약을 체결한다.

2004년 9월 15일

㈜한국마이크로소프트   디지털네임즈

대표이사   손 ▨▨▨   대표자 조 ▨▨▨

세계적인 소프트웨어 공급업체로서 고객들의 변화하는 요구를 만족시켜주는 혁신적인 제품 생산을 위해 노력하는 (주)한국마이크로소프트(이하 'MS'라 칭한다.)와 사용자의 기대를 충족시키는 인터넷 키워드 접속서비스를 제공하는 디지털네임즈 (이하 'DN'이라 칭한다.)는 아래와 같이 상호 협력하기로 합의하고 본 협력 약정을 체결한다.

1. MS와 DN은 한글 키워드 서비스가 인터넷 사용자들에게 자유롭고 공정한 방법으로 이용될 수 있고, 사용자가 기대하고 예상한 대로의 기능이 수행되는 컴퓨팅 환경을 조성하도록 협력하고, 관련 기업의 정당한 영업기회가 보장 되도록 하는데 공동 노력한다. 이를 위해서 빠른 시일내에 이를 저해하는 하이재킹등 비정상적인 행위가 근절되도록 하여 한글 키워드 검색 서비스가 정상화 되도록 상호 협력한다.

2. 이를 위하여 MS는:
   ㄱ) DN의 한글키워드 서비스가 MS를 통해 이루어 질 수 있도록 IE자등 검색 서비스 공급자로 선정한다.
   ㄴ) 한글 키워드 검색 서비스 정상화를 저해하는 각종 불법적이고 부당한 행위를 근절하는데 필요한 제반 조치를 강구하며 이와 관련된 DN의 업무를 적극 지원한다.
   ㄷ) MSN의 홈페이지에서 키워드 검색 홍보를 위하여 팝업 창을 제공하고 디지털네임즈를 실시 예로 광고한다. 홍보기간에 대해서는 상호 협의 하에 결정한다.
   ㄹ) 기존의 주소창 키워드 바로가기 서비스 사용자 보호와 편익을 위하여 앞으로 2년간 디지털네임즈의 국내 ISP 내에서 오토서치 쿼리에 판한 바로가기 서비스 제공을 한시적으로 양해한다.

3. 이를 위하여 DN은:
   ㄱ) 한글 키워드 검색 서비스 정상화를 저해하는 각종 불법적이고 부당한 행위를 근절하는데 필요한 제반 조치를 강구하여 수행함으로써, 현재 IE자등 검색 서비스 기능이 정상적으로 작동할 수 있도록 도움을 준다.
   ㄴ) 자사의 한글 키워드 검색 서비스 사업을 추진하는 과정에서 일반 소비자의 피해가 최소화 되도록 노력한다.
   ㄷ) 한글 키워드 검색 서비스가 수행되는 과정에서 공익성을 우선적으로 고려한다.

4. 본 협약서 상의 사업추진 기타활동은 각 당사자의 비용과 책임으로 하며 어떠한 경우에도 상대방에 이의 부담을 주장할 수 없다.

2371

5. 양사는 이 계약서로 두 회사의 제휴 협력을 확인하고 향후 다양한 방법을 통한
   사업 파트너 관계 형성을 위하여 적극 노력한다.

상기와 같이 합의하며, 협약서 2부를 작성하여 쌍방이 서명 날인한 후 각각 1부씩 보관
한다.

2004년 9 월 15일

"甲": 서울 강남구 대치동 892

"乙": 서울 강남구 역삼동 736-36
선영빌딩 2층

㈜한국마이크로소프트

디지털네임즈

代表理事 손 ▇

代表者 조 ▇

국민권익위원회 등 정부기관에서 어떤 것이 공익인지 면밀히 분석하여 브라
우저를 이용한 중소기업 고객 가로채기가 과연 공익적 행위인지 아닌지를 분
석해 볼 필요가 있어 보인다.

늦게나마 사과를 드린다. 담당이 소송을 당할까 두려워 그랬던 것 같다. 그것은 결국 K통신사에 핑계를 준 셈이었다.

K통신사는 이것으로 넷피아를 마녀 사냥하였다. 선접수 선등록 방식을 따르는 도메인네임의 경우 정부 산하기관이 운영하여도 이미 등록된 도메인네임에 대하여 아무 절차 없이 처리하지 못한다. 특히 .COM 등 도메인의 경우에는, 지금도 그런 사이트가 많지만 통신사들이 자신의 통신사 인터넷 회선에서 음란 사이트가 보여도 해당 .COM 도메인네임을 통신사 자신의 책임으로 사용하지 못하게 할 수 없다. 통신사는 아무런 법적 권한이 없기 때문이다. 만약 이것을 통신사의 책임으로 돌린다면 통신사는 전 세계 3억 개에 달하는 도메인네임을 일일이 점검해야 한다. 모든 도메인네임에 대하여 통신사가 책임을 지는 것은 물리적으로, 구조적으로 불가능하다. 다만, 사회적 이슈가 크기에 관련 기관 등에서 요청이 있으면 해당하는 IP 또는 도메인네임을 차단하면 해당 사이트는 더는 볼 수 없게 된다. 자국어도메인네임의 경우도 같은 방식으로 문제가 된 그 사이트 하나만 K통신사가 차단하면 되는데도 그것을 K통신사는 스스로 하지 않고 마치 넷피아가 수익을 위해 물불 가리지 않는 나쁜 회사로 만들고는 대외협력팀을 풀어 마녀사냥을 하였다. 만약 국가가 운영하는 인터넷도메인네임이 음란 사이트로 연결된다고 해서 한국인터넷진흥원이 수익을 위해 물불 가리지 않는 기관이라 할 수 있는가? 그렇지 않다. 등록기관은 그것을 알 방법이 없다.

그런 사이트가 있으면 통신망에서 그 도메인 하나만 그냥 막으면 된다. 지금은 정책이 수립되어 그렇게 대처하고 있지만, K통신사는 그렇게 하지 않고 넷피아에 등록된 모든 한글인터넷주소를 K통신사에서 사용할 수 없게 만들었다. 만약 인터넷진흥원에 등록된 모든 도메인네임을 K통신사 망에서 사용할 수 없게 만든다면 국가적으로 얼마나 큰 손실이겠는가? 당시 한글인터넷주소는 영문도메인네임 못지않게 많이 사용되어 정착의 길에 들어선 차세대 인터넷주소였다. 이런 상황에서 K통신사는 기업명 입력 시 7년여간 안정적으로 직접 연결되던 모든 기업의 고객(자국어인터넷주소를 입력한 모든 기업의 고객)을 그 자회사인 포털(파란)로 돌렸다. 인터넷주소창에서 기업명을 입력하는 그 기업의 고객이 원인도 모르게 대부분 포털로 연결되는 이유다.

인터넷도메인네임은 글로벌 정책(UDRP)을 따르고 있다. 나라마다 고유의 운영 정책이 있지만, 이런 부분을 명확히 규정하는 일이 만만치 않다. 음란 동영상이 과연 나쁜 것인가를 규정한다는 것 자체가 참 모호하기 때문이다. 물론 대부분 국가가 청소년을 대상으로 하는 것이거나 공공장소에서는 그러한 것을 선량한 풍속 등 사회상규로 금기시하고 있지만, 그렇지 않은 경우 그 경계를 구분 짓기가 만만치 않다. 또, 도메인의 경우 등록할 때는 일반적인 사이트로 보이다가 어느 날 갑자기 이상한 사이트로 보이기도 한다.

당시 통신 대기업은 이것을 빌미 삼아 인터넷주소창에 기업명을 입력하는 사용자가 개별 기업의 고객인데도 1일 약 2,000만 건이 넘는 남의 고객을 통신망에서 (남의 고객을 빼앗아) 자회사 포털로 돌렸다. 사용자가 전화번호를 입력하면 직접 연결되던 것을 가로채기하여 모두 통신사 자회사인 114로 돌리는 형국이다. 음란 사이트 차단은 명분이고 사실은 포털이 툴바를 배포하여 인터넷주소창에 기업명을 입력하는 남의 고객을 자사의 고객으로 만들어 큰돈을 벌자 통신사가 이를 바로 잡아주어야 하는데도 그렇게 하지 않고 어처구니없게도 통신망에서 각 기업의 고객을 통신사들의 자회사인 포털로 돌렸다.

인터넷주소창에 기업명, 상표명을 입력하는 모든 사용자를 포털로 돌리면 포털은 손쉽게 사용자를 늘리면서 그들을 이용하여 키워드 광고를 한다. 그 돈이 2015년 기준 연간 약 100조 원이다(한국은 약 2조 원). 수많은 기업이 만든 고객이 인터넷을 통하여 포털로만 이동하고 이를 통해 포털은 연간 약 100조 원의 매출을 올린다. 일은 기업들이 하고 돈은 포털이 번다. 인터넷시대의 구조를 가장 잘 아는 통신사의 불법적 부도덕이 만든 참극이다.

전화번호를 입력하는 사용자는 전화번호를 가진 기업의 고객인가? 그렇다면 기업명을 입력하는 사용자는 왜 그 기업의 고객이 아니라 포털의 고객인가?

M사는 주소창에 입력된 기업명/상표명이 직접 연결되지 않고 포털로 돌려지는 것을 관행화하여 전 세계 모든 나라의 M사 브라우저에서 기업명/상표명이 입력되었을 때 그것을 몽땅 M사 포털로 돌릴 수 있게 된다. 2015년 현재 M사는 이런 방식으로 키워드 광고 매출을 연간 약 4조 원 이상 올리고 있다. 전 세계의 도메인네임 개수는 약 3억 개이다. 도메인네임 가격이 미화로 약 10달러이므로 전 세계적으로 보면 3조~4조 원 규모다. M사의 포털에서 벌어들이는 매출이 전 세계 모든 도메인네임의 총매출보다 더 많다. M사가 왜 이토록 집요하게 넷피아의 자국어실명도메인네임을 전 세계로 확대하지 못하게 방해했는지 알 수 있는 대목이다.

그 피해자는 전 세계의 모든 기업이다. 전화번호를 입력하면 직접 연결된다. 전화보다 더 편하고 전화에서 발전된 인터넷에서 기업명을 입력하면 모두 직접 연결되다가 어느 날 갑자기 모두 검색으로 연결된다. 모든 기업의 땀과 노력으로 만든 고객을 브라우저를 만든 기업과 포털의 고객으로 만든다. 모든 기업의 마케팅에 도움이 되어야 할 인터넷의 편리성과 장점이 오히려 모든 기업에 독이 되는 구조이다. 인터넷주소창에 기업명을 입력하는 사용자는 누구의 고객인지 잘 모르기 때문이다. 전화번호를 입력하는 사용자는 누구의 고객인가? 도메인네임을 입력하는 사용자는 누구의 고객인가? 기업이 기업명을 알리면 알릴수록 포털로만 자신의 고객이 간다. 모바일에서는 영문도메인네임을 입력하기가 만만치 않다. 그래서 기업명 상품명을 입력하면 모두 포털로 자동으로 이동한다. 포털은 전화의 114같이 처음 찾거나 정확한 이름을 모를 때 유용하다. 그러나 전화번호를 정확히 입력해도 모두 114로만 간다면 이는 대형 사고가 아닐 수 없다. 사회·경제적으로 큰 이슈임이 틀림없다. 전화보다 더 편한 인터넷에서 기업명을 입력하면 모두 포털로만 간다. 전화의 114로 가는 것보다 더 큰 사고다. 국가적으로 대형 사고임에도 포털의 대형 미디어 파워가 그것을 당연한 관행으로 만들었다. 이러한 잘못된 불법적 행태가 오랜 기간 지속되면서 사용자와 기업들은 그것을 아무런 의심 없이 당연한 것으로 받아들이게 되었다. 기업이 자신의 고객들이 복잡한 영문도메인네임이 아니라면 직접 그 기업으로 접속할 수 없는 구조다. 이러한 이상한 구조에서 모든 기업은 포털을 위해 일하는 꼴이다. 『인터넷 난중일기』는 이런 구조를 누군가 세상에 밝혀야 하기에 인터넷 속 전쟁 같은 남의 고객 빼앗기 현장을 기록한 책이다. 전 세계 각국에서 전화번호를 입력하였는데 직접 연결되지 않고 매번 114

로만 간다면 각국의 경제가 온전할까? 이것을 10년 이상 방치했을 때 그에 따른 도미노 현상은 사회 경제적으로 아무런 문제가 없을까?

인터넷 속 남의 고객 가로채기는 이미 15년을 넘었다. 그런데 전 세계 각국은 그 심각성을 아직도 잘 몰라 머지않아 엄청난 대가를 치를 것 같다. 경제가 위기일 때 강대국은 가장 경쟁력 있는 제품의 수출에 비중을 둘 수밖에 없다. 그것은 바로 무기 수출이다. 역사적으로 보더라도 국가가 어려울 때 그것을 극복할 가장 빠른 방법은 유감스럽게도 자국 우선주의와 강력한 제품 차별화를 내재한 무기의 수출이었다. 이 책은 단 한 국가라도 그 위험성을 알고 미리 대처하여 21세기 인류에게 준 가장 큰 선물인 인터넷이 가장 위험한 선물이 되지 않기를 바라며 쓴 글이다.

영문도메인네임은 정부가 상표로 보호하지 않는다. 하지만 정부에 등록된 상표는 정부가 법으로 보호해 준다. 그런데 정부가 보호해 주는 상표가 인터넷주소창에서는 모두 포털의 것이다. 인터넷주소창에 기업명이나 상표를 입력하면 대부분 포털이 열린다. 그런데 기업들은 항의하지 않는다. 전화번호를 입력한 사용자는 그 전화번호를 가진 기업의 고객이다. 인터넷에서 상표명과 기업명을 입력하는 사용자는 그 기업의 당연한 고객이다. 자신들의 고객이나 예비 고객이 포털에 빼앗기고 있어도 기업들은 잘 모른다. 알아도 보호할 방법이 없다.

다음의 가정과 질문을 보면 이러한 구조가 왜 이상한지 명확히 알 수 있다. 만약 전화번호를 입력했는데 직접 연결되지 않고 모두 114로만 연결된다면 전 세계 경제는 과연 온전할까? 현대인이 하루 중 전화번호를 입력하는 횟수? 도메인네임을 입력하는 횟수? 기업명을 입력하는 횟수? 특히 모바일 시대인 지금 www와 같은 도메인네임을 얼마나 입력할까?

인터넷 사용자 대부분은 이미 기업명 등 키워드를 입력할 수밖에 없다. 이는 이미 영문 도메인네임보다 자국어도메인네임의 중요성이 더 커졌다는 방증이다. 전 세계 자국어실명도메인네임의 루트가 얼마나 중요하고 어떤 힘을 발휘할 수 있는지 지금의 모바일 환경이 입증하고 있다. 그것을 설계한 넷피아가 어떤 일을 했으며 왜 그들이 집요하게 이것을 허물고자 검찰까지 기망했는지 알 수 있는 대목이다. 이런 내용을 잘 모르는 사람들은 대한민국의 미래 먹거리가 없다고 한다. 없는 것이 아니라 없앤 것이다.

40~50여 년 전, 지금의 대기업은 스타트업 벤처였다. 그런 그들이 이만한 반열에 올라 지금의 대한민국을 먹여 살릴 수 있게 된 것은 가난 극복과 국가 발전이라는 원대한 목표를 향해 토요일, 일요일도 없이 일한 지금의 60대, 70대, 80대, 90대 어른들의 피와 땀 덕분이다. 그리고 시대를 읽은 용기 있는 멋진 대통령을 만났기 때문이다. 그들의 눈물 어린 노력이 있었기에 후손인 우리가 오늘날 토·일요일을 쉴 수 있다. 우리가 누리는 꿀 같은 주말 휴식은 부모 세대, 할아버지 세대인 그분들의 진한 땀 위에 있는 주말 행복임을 잊지 말아야 한다.

앞으로 20~30년 후를 먹여 살릴 벤처는 대한민국에 이미 20여 년 전에 스타트업하였다. 40~50여 년 전 스타트업으로 20~30년 후 대한민국을 먹여 살릴 수 있을까? 다만 20년 전 글로벌 헤게모니를 쥐고 시작한 그들은 지금 혹독한 성장통을 치르고 위기를 극복하고자 안간힘을 쓰고 있다. 궁즉통(窮則通)이라 했던가. 대한민국이 심은 20년 전 세상을 바꿀 혁신적 스타트업들은 이렇게 몸집은 줄었지만 맷집은 단단해졌다. 이제 다시 일어서기만 하면 전 세계에 참가치를 함께할 수 있다.

　정부가 시행한 '한글.한글'형식의 도메인에서도 '연예인이름.한국'을 입력하면 음란 사이트가 열리는 것이 상당하다. 영문도메인네임은 이런 일이 수도 없이 많다. 이 역시 K통신사 및 대부분 통신사 DNS(도메인네임 시스템)를 지나게 되어 있지만 이에 대해 통신사는 그 어떤 책임도 없다. 이것은 도메인 시스템의 특징이다. 그러나 어이없게도 통신사는 이를 자신의 책임이라고 하면서 이를 핑계로 넷피아에서 D사로 업체를 바꾸어 상당한 부당이득을 취하였다. 그와 같은 악의적인 사이트의 경우, 조사가 들어가면 해당 음란 사이트를 정상 사이트로 연결하였다가 조사를 멈추면 URL을 바꾸어 다시 음란 사이트로 연결하므로 이를 조치하기는 쉽지 않았다. 한글 인터넷주소의 경우, 도메인네임과 같이 등록자가 선점하면 기계적으로 자동으로 등록 · 처리되므로 등록 기관은 사전에 어떻게 막을 방법이 없었다.

　그 당시엔 이러한 사실에 대해 넷피아가 아무리 설명해도 통신사는 "우리가 운영하는 망이다. 업체 바꾸기로 이를 바로잡는다."라고 하였는데 세월이 지난 지금은 오히려 그러한 일에 책임이 없다며 발뺌하고 있다. 사실은 처음부터 통신사는 잘못된 도메인 운영에 대해 법적 책임이 없다. 이는 마치 전화번호를 발부한 후 해당 번호가 범죄에 악용되어도 일차적으로는 통신사 책임이 아닌 것과 같다. 이런 일에 통신사가 모두 책임을 진다면 아마도 통신사는 회사 운영에 상당한 어려움을 겪을 것이다.

　이러한 일을 책임지려 한다면 통신사는 해당 음란사이트 URL 하나만 막으면 된다. 그러나 통신사는 해당 기술적 조치는 직접 하지 않고 오히려 넷피아가 부도덕한 기업이라고 호도하였다. 그리고 D사로 업체 바꾸기를 하면서 정상적으로 연결되던 모든 기업의 한글주소를 중지시켰다. K통신사에서 1일 1,500만 건이 사용되던 넷피아의 한글주소 서비스가 하루아침에 중지된 것이다. 그리고 이 때문에 1일 1,500여만 건의 모든 기업의 고객이 되어 버렸다. K통신사의 의도가 드러난 사건이다.

 D사로의 업체 바꾸기는 사실상 K*H의 포털 파란 이용자 수 늘리기였다. K통신사 망을 지나는 1일 약 1,500여만의 통행건수(이용자)를 K*H로 돌리면 K*H는 단시일에 수많은 이용자를 확보하게 되는 것이다. 직접 그렇게 하기에는 사회적 부담이 클 수밖에 없기에 대기업이 잘하는 방식인 경쟁사를 키우거나 일부러 만들고 순차적으로 자신의 것으로 만드는 정형적인 방식을 사용하였다. D사는 당시 삼성전자와 한글자판 천지인 방식의 특허로 유명한 J씨가 대표였다. J씨는 휴대폰 한글입력 자판 특허인 천지인 특허를 가진 유명인으로 업계에서는 알고 있다. 그런데 진실은 알고 있는 사실과 달랐다.

 천지인 방식의 아이디어는 국어정보학회 소속 서울대 송기중 국어과 교수의 1991년 학회지 '등불'에 기고한 내용으로 미국에 있던 송기중 교수는 J씨와 삼성전자가 1,000억 원대 소송을 하고 있는 상황을 매우 억울해하였다. 국어정보학회에서 만난 송기중 교수는 "나는 돈 같은 것은 관심이 없지만 천지인 자판 방식을 만든 명예는 지켜주길 희망합니다."라고 하였다. 결국, J씨 특허에 무효 소송을 제기하여 J씨 특허는 최종 무효가 되었다. M사는 천지인 한글자판으로 유명한 J씨와 2004년 계약을 하여 주소창 검색서비스 계약을 하였고 K통신사는 J씨를 내세워 업체 바꾸기를 하였다. 이후 J씨의 회사는 2014년 대규모 주가조작 혐의로 검찰의 조사를 받았고 최대주주 등이 구속되고 J씨는 대표직에서 물러났다는 기사가 나왔다.

 K통신사는 M사와 같이 이런 J씨를 앞세워 편한 한글인터넷주소 서비스를 작동하지 못하게 한 것이다. 사실은 기업명과 브랜드명 등을 하루에 약 1,500만 번 이상 입력하여 직접 그 기업으로 접속하는 남의 고객을 하루아침에 K통신사 자회사의 것으로 만든 횡포이고, 통신망을 이용하는 자(모든 기업)의 현저한 이익침해로 피해기업들이 지금도 공동소송을 제기할 수 있는 불법이었다. 어떤 사람이 음란 통화를 한다고 해서 K사 대역의 모든 전화를 114로 돌려 큰 부당 이익을 얻은 셈이다. K통신사는 이를 핑계로 자사의 대외협력팀과 자회사를 동원하여 넷피아에 대한 나쁜 이미지를 지속적으로 만들어 나갔다. '도둑이 제 발 저리다.'는 말처럼 수많은 기업의 고객을 뺏기 위한 K통신사의 전략은 멋지게 통했다. 이로써 K통신사는 1일 1,500만 건을 건당 10원으로 계산하면 1일 1.5억 원, 20원으로 계산하면 3억 원(월간 기준 90억 원, 연간 기준 약 1,000억 원)의 부당이득을 챙길 수 있는 계기를 마련하였다. 당시 K통신사 자회사의 S 사장은 이런 계산으로 본사인 K사를 설득하였다고 후일 K사 이사회 멤버가 전했다.

 K통신사의 자회사인 K*H사는 그 후 얼마나 매출이 늘었는지는 알 수 없지만 명확한 것은 중소기업 넷피아가 운영하던 사업을 빼앗아 K*H사가 직접 운영하였다는 사실이다. 넷피아에 다녔던 담당 부서 직원들이 이후 K*H에 스카우트되어 갔다. K사의 횡포는 2007년 한 해만 약 100억 원을 빼앗아갔다.

 2007년 통신사들은 주소창에서 음란 사이트로 연결되는 것은 자신들의 책임이기에 이것을 바로잡겠다며 계약을 끊는다고 했다. 그리고 본인들이 문제 있는 해당 URL 하나만 막으면 되는 일은 하지 않고 인터넷주소창에서 기업명을 입력하여 직접 연결되던 남의 고객을 자회사인 K*H의 포털인 파란닷컴으로 돌렸다. 그 바람에 K*H의 포털 파란은 얼마 되지 않아 검색 사용자 수가 야후를 추월했다는 기사까지 나왔다. 이로써 연간 약 100억 원에 달하는 중소기업의 매출을 빼앗아 K*H사의 매출로 만들었다. K*H는 연간 100억 원 이상의 매출이 갑자기 생긴 것이다. 이는 통신사를 지나는 모든 기업의 고객을 가로채 부당이득을 챙긴 결과였다. 전화번호를 예로 들면, 통신사의 망을 지나는 전화번호를 입력한 남의 기업 고객을 통신사가 가로채 모두 114 안내로 보내고 돈을 낸 기업만 직접 연결해 준다면 114는 얼마나 큰 매출을 올리겠는가? 그것을 방치하면 과연 국가 경제가 온전할까? 통신위와 공정위에서는 이처럼 어처구니없는 일을 한 K통신사의 손을 들어주었다. 불공정 행위가 아니라는 것이다. 대기업이 왜 전직 공직인을 비싼 몸값으로 스카우트 하는지 그 이유가 보인다.

문제는 거기서 그치지 않았다. 그 누구도 이 문제를 해결할 수 없다는 것이었다. 회사에는 나를 대신한 국내부문과 국제부문 대표이사가 있었지만, 이 일을 앞장서서 해결하지 못했다. 그리하여 하는 수 없이 요양 길에서 돌아온 나는 아픈 몸을 이끌고 검찰 조사를 받으러 다녀야만 했고 검찰에서 당당히 잘잘못을 가리려고 했다. 하지만 원천적으로 내게 말을 못 하게 하는 검찰의 수사 방식에 부딪히자 건강이 더욱 악화하는 악순환에 놓이게 되었다. 검찰의 서슬 퍼런 기세에 아픈 내색을 하지 않고 당당하려 애썼지만, 스테로이드 치료 후 피부가 갈라지고 눈이 잘 보이지 않은 등의 여러 부작용을 겪으면서 병든 몸을 이끌고 조사를 받느라 지친 나는 현실이 너무도 억울하고 서글펐다. 한글인터넷주소 기술을 개발해 전 국민에게 보급하기 위해 30대를 다 바치고 지금은 투병까지 하고 있는데 공로나 보상은 못 해줄망정 죄인 취급을 하다니……. 검찰 조사를 받은 날이면 내 자존심은 있는 대로 다 뭉개져서 살고 싶은 생각도 나지 않았다. 한글인터넷주소 보급을 위해 오로지 한우물만 파며 최선을 다해 온 지난 10년이 허송세월인 것 같아 밀려드는 자괴감에 미칠 것만 같았다. 국가에서 도와주지는 않더라도 열심히만 하면 언젠가는 알아주리라 믿으며 맡은바 최선을 다했는데, 오히려 국가의 최고 감찰기관이 부당 이득자와 결탁한 세력은 수사하지 않고, 국민이 준 공권력으로 넷피아와 나를 죽이려 온갖 방법을 다 동원하고 있다고 생각하니 모든 것이 공허하고 나의 앞은 온통 절망의 천 길 낭떠러지처럼 느껴졌다.

'어떻게 이럴 수가 있는가? 이제 누구를 믿어야 하나? 누구를 위해 아픈 몸을 가누며 이 일을 해야 하나? 왜? 무엇 때문에?'

국가에 대한 말할 수 없는 배신감에 밤새 잠을 이루지 못한 채 울고 또 울었다.

'아하, 이래서 한국을 떠나는구나. 그것도 적대감을 품고…….'

외국에서 뿌리내린 많은 사람이 한국에 대해 분개하는 까닭을 예전에는 알 수 없었는데 이제는 그 사람들을 이해할 수 있게 되었다. 그리고 '이럴 바엔 차라리 죽음으로써 세상에 결백을 밝혀야겠다'는 생각이 들어 아내와 아이들을 향한 유서를 써 내려가기 시작했다. 마지막 마침표를 찍고 나니 지나온 삶이 주마등처럼 스치며 긴 한숨이 절로 나왔다. 그런 후 마지막으로 아이들의 얼굴을 한번 보고 싶어 아이들 방으로 갔다. 토끼 같이 웅크려

자는 유치원생 두 아들의 얼굴을 바라보는 순간 갑자기 눈이 뜨거워지면서 앞이 흐릿해졌다. 끊임없이 떨어지는 눈물은 마치 끓는 기름방울과도 같았다. 나도 모르게 흐르는 눈물과 콧물에 나 자신이 한없이 작아졌다. '이 길밖에 없는 건가? 이대로 가야 하나? 이 녀석들을 두고 내가 가야 하나?' 울고 또 울었다. 이 어린놈들을 두고 가면 누가 이 녀석들을 키워줄까? 나 같은 일을 당하면 이 어린 녀석들은 누구에게 기댈까?' 긴 한숨을 쉬었다.

'내가 여기서 죽어 버린다면 나는 과연 이기는 걸까? 지는 걸까?'

그 순간 나를 음해하는 세력들이 가장 기대하는 것은 바로 나의 죽음일 것이라는 생각이 전광석화처럼 지나갔다. 검찰 조사는 계획된 수사이고 스테로이드 주사를 맞고 있는 상황을 잘 알고 압수하였다는 의구심이 들었다. 검찰의 압수와 조사는 심리적 상태를 잘 안 상태에서 이루어진 계획된 수사일 수 있다는 생각이 스쳐 지나갔다.

'아니다. 내가 여기서 죽는 것은 바로 저들이 바라는 것이다. 저들이 원하는 일을 나 스스로 하려 하다니!'

정신이 번쩍 들었다.

'그래, 오히려 죽을 각오로 한번 해 보자. 죽을 각오로 인터넷주소를 자국어로 만들어 우리 아이들에게 물려주자.' 그렇게 다짐하며 깊은 심호흡을 하고 나니 다시 이런 결심을 하게 해 준 저들이 한편으론 고맙기도 했다. '절대 이대로 죽을 순 없다.'고 다짐하며 바로 유서를 찢어 버렸다. 그러고는 있는 힘을 다해 어금니를 꽉 깨물었다.

'적선지가 필유여경(積善之家 必有餘慶) 적악지가 필유여앙(積惡之家 必有餘殃)'이란 말이 떠올랐다.

위기의 칼날 위에 서다

압수 수색으로 넷피아의 회계장부 여섯 상자가 검찰에 넘겨지고 나니 내색은 하지 않았지만 덜컥 겁이 났다. 한 치의 부끄러움도 없이 투명하게 경영해 왔다고 자부했지만 10년 된 나무에 어찌 이끼 하나 끼지 않았겠는가. 하지만 한편으로는 믿는 구석이 있었다. 이런 일을 대비했던 것은 아니지만 우리는 2001년부터 외부 감사를 통해 재무 회계의 투명성을 확보하는 일에 무엇보다 공을 들였었다.

당시 넷피아는 외부감사 대상 법인이 아니었음에도 자청하여 연간 2,000만 원이나 들여가며 2001년부터 외부 감사를 꾸준히 받았다. 실제로 우리의 회계장부는 검찰이 한 치의 오차를 발견해내지 못할 만큼 철저했고, 검찰조차도 우리의 투명한 회계 장부는 인정했다. 그러나 그것만으로 우리의 결백이 받아들여지지는 않았다. 불행히도 내가 자리를 비운 1년 사이 검찰 조사와 분쟁을 겪으면서 회사는 경영 상태가 최악이 되어 있었다. 이제 와서 누구의 잘잘못을 따지면 무얼 하겠는가. 나는 다만 그 모든 결과를 내 불찰로 여기기로 했다. 회사의 상태는 거기서 그치지 않았다. 넷피아의 상황이 나빠졌다는 소문이 돌기 시작하면서 곳곳에서는 회사가 매각된다는 얘기까지 나돌았고 직원들은 불안해하기 시작했다. 내가 가끔 회사에 들를 때면 직원들은 삼삼오오 모여서 "회사가 넘어간다니 대체 어떻게 된 일이냐?"며 수군거렸고, 마침내는 재정까지 나빠져 직원 월급도 나가기 힘든 상황이 되고 말았다.

2006년 봄. 몇몇 부서 직원들과 지인인 주주들이 나를 찾아와 다시 대표이사직에 복귀해달라고 부탁했다. 회사 상황을 재확인한 나는 다시 한 번 어금니를 깨물었다. 몸은 많이 약해 있었지만 아픈 몸을 핑계로 회사를 등한시한 결과가 아닐까 하며 자책하였다. 그 누구 탓도 아닌 내 탓으로 여겼기에 해결도 내 몫이었다. 내가 곧 넷피아였다는 사실을 잠시 잊고 산 결과려니 생각하며 주변 지인들과 직원들의 권유에 따라 복귀를 결심했다. 그리고 이 모든 상황을 결국 내가 수습해야 한다는 결론을 내렸다. 아직 치료도 다 못 끝낸 상태였지만, '건강하던 시절의 왕성한 활동까지는 아니어도 있는 힘을 다해 다시 일으켜 세워야만 한다'는 마음뿐이었다.

창립 11주년이 되는 2006년 7월, 나는 다시 넷피아의 대표이사로 복귀하였다. 출근을 서두른 나는 다시 초심으로 돌아갔다. 은마아파트 상가의 작은 사무실로 출근하던 시절을 회상하면서, 그때의 마음으로 돌아가자고 다짐하며 회사로 향한 발걸음을 재촉했다. 조직 분위기는 침울했고 직원들은 불안해했으며 아끼던 직원들의 이직도 잦았다. 회사 재정도 바닥이 나서 직원들 급여는 밀려 있었고, 그나마 수익이 나오던 매출마저도 위협을 받고 있었다. 게다가 5년 이상을 거래해온 카드결제 대행사에서는 '보증금을 내지 않으면 더는 거래할 수 없다'는 통보까지 해왔다. 회사가 처한 위기에 세상의 인심은 참 차갑기만 했다.

살려고 하면 죽고,
죽기를 각오하고 싸우면 반드시 산다

21세기 인터넷 시대에 인터넷 브라우저와 인터넷 입구인 인터넷주소창! 그 속에 입력된 실명으로 된 모든 기업의 고객. 이를 지켜주고자 하는 넷피아와 그것(모든 기업의 고객)을 가로채려고 수단, 방법을 가리지 않는 거대 세력과의 한판 전쟁.

마치 전화가 직접 연결되면 114서비스는 전화의 보조 수단이 되지만, 전화번호를 입력했음에도 모두 114로 연결되면 114서비스는 전화의 주 서비스가 되듯이, 누가 인터넷의 보조 서비스가 되느냐 하는 전쟁이 바로 주소창의 고객 지키기 전쟁과 고객 가로채기 전쟁이다. 주소창에 기업명을 입력했을 때 해당 기업으로 직접 연결되면 사용자도 편하고 기업도 편하다. 그리고 그렇게 하는 것이 넷피아의 서비스이다. 포털은 이를 두고 사용자가 원하는 것이 정확히 무엇인지 모르기에 리스팅해 주는 서비스가 사용자에게 더 편하다고 한다. 그것은 주소창이 아닌 포털의 검색창 이야기다. 사용자는 포털에서 그렇게 원하고 있다. 그래서 포털에서 그렇게 찾는다. 사용자가 검색을 원하면 검색사 사이트로 들어가서 검색하면 되지만, 검색창이 아니라 도메인 입력창인 주소창에 기업명을 입력했을 때조차도 검색 사 사이트로 이동해 기업과 직접 연결되지 못하게 하는 것은 해당 기업으로 바로 가기를 원하는 사용자의 권리를 빼앗는 것이다.

자칫 비즈니스 모델의 충돌로 보일 수 있지만 사실은 불법과 적법, 경제

정의와 부정의의 전쟁이었다. 기업명.co.kr에서 .co.kr이 없는 기업명만 입력하는 사용자는 명확히 기업명을 가진 그 기업의 고객이다. 이 점은 기업명을 입력하는 사용자는 누구의 고객이고 누구의 경제적 가치인가를 생각해 보면 명확하다.

모든 기업과 모든 이용자를 위한 바른길이지만 보호법이 없고 정부의 인식 부족인지 포털의 로비인지는 몰라도, 정부와 검찰 그리고 대형 통신사까지도 저들 편에서 우리를 공격하였다. 그런데 우리는 왜 누구를 위해 이렇게 외롭고 힘든 싸움을 해야 하는지 그저 막막하기만 하였다. 피해자는 내용을 몰라 침묵하고 있는데, 그것을 바로잡으려는 우리의 목소리는 오히려 "넷피아가 자신의 사업을 위하면서 마치 공익을 위하는 것처럼 헛소리한다."는 비아냥거림으로 돌아왔다. 넷피아가 영문도메인네임 다음의 새로운 실명 도메인 체계를 최초로 개발하고 서비스한 것은 둘째로 해도 모든 기업의 고객이 인터넷주소창에서 가로채기 세력들의 부당이득이 되는 것은 분명한데 우리의 외침은 자사의 이익을 위한 논리로만 폄하되었다.

나는 그때 머릿속으로 갖은 모함과 모진 고문으로 온몸이 망가진 채 나라를 지키기 위해 다시 전장으로 향하던 이순신 장군의 심정을 떠올렸다.

'만약 그때 장군이 식솔을 데리고 대마도나 중국으로 가 버렸으면 우리는 어떻게 되었을까?'

시대와 상황은 다르지만 한글인터넷주소와 넷피아를 향한 내 마음은 전장에 임하는 장수처럼 나 자신을 더욱더 다잡아야 했다.

우리가 포기하면 저들은 수많은 중소기업의 고객을 탈취하여 부당 축제를 벌인다. 남의 땀과 눈물로 쌓은 연간 수조 원의 돈은 피해 기업과 광고주에게 돌려주어야 한다. 피해자가 그것이 무엇인지 모르기에 가해자인 그들은 거대 권력이 된다. 그것을 막을 기업은 넷피아뿐이다.

넷피아가 만든 자국어실명도메인네임의 직접 연결 파워를 저들은 누구보다 잘 알고 있다. 넷피아가 세계 최초로 그 모델을 만들었고 주소창에서 기업명과 브랜드명을 정확히 알고 입력하는 그 기업의 고객이 해당 기업을 직접 만나게 하였다. 전화를 걸면 직접 연결되듯이 기업명을 입력했을 때 직접 연결되는 것은 너무도 당연하다. 넷피아는 한국뿐만 아니라 무려 95개국 언어로 그것이 가능함을 보여주었다. 전 세계 중소기업은 넷피아가 존재하는 한 인터넷주소창에서 고객을 지킬 수 있다. 그 대가로 넷피아는 연간 자국어실명도메인네임 1건당 연간 6만 원을 받는다. 우리 넷피아 가족과 내가 포기하면 주소창의 자국어실명도메인네임을 포기하는 것도 되지만, 그보다 더 중요한 것은 주소창을 통해 전화보다 더 많이 더 쉽게 만나는 모든 기업의 고객이 모두 포털의 고객이 된다는 사실이다. 누가 무어라 해도 최소한 아무 영문도 모르는 모든 기업이 고객을 포털에 빼앗기고, 그 포털에 다시 돈까지 주면서 (빼앗긴 고객 되찾기) 키워드 광고를 하는 어처구니없는 일을 그냥 방치하며 모른 척할 수 없었다.

아무도 알아주지 않는 사업이지만 바람직한 일이었기에 누가 뭐라고 해도 하지 않으면 안 되었다. 수백억 원의 달콤한 유혹에도 흔들리지 않았는데, 이 정도 어려움에 딴마음을 먹을 뻔했다니 나 자신이 부끄러웠다. 중국에서 유사한 서비스를 하던 3721은 2002년 1,200억 원에 회사를 매각한 후 그 돈으로 지금 중국에서 4위 하는 인터넷 대기업이 되었는데 그렇게 큰 유혹도 견딘 내가 이 정도에서 포기할 수 있겠는가?

회사로 복귀한 나는 회사의 모든 것을 하나둘 분석하기 시작했다. 불행 중 다행으로 10년 전의 넷피아에 비교하면 우리는 너무나 많은 유무형의 자산을 가진 중견기업이 되어 있었다.

'고통의 환경은 그 고통만큼 사람을 더욱 크고 단단하게 만드는가 보다. 이제 다시 시련을 딛고 일어서야 할 때다. 그 어떤 어려움이 닥쳐와도 넷피아는 아무 내용도 모르는 선량한 중소기업의 고객을 빼앗아가는 부당한 이들과 싸워 반드시 이겨내리라. 수백억 원도 포기하고 목숨까지 위협받으며 신장 이식까지 하였는데 무엇이 두려우랴.

생명을 다시 얻게 해주고 건강을 지켜준 모든 분의 고마움에 내가 할 수 있는 것은 나의 전문 영역에서 사람들이 좀 더 행복한 삶을 살게 하는 데 도움을 주는 것이다. 그것만이 소중히 얻은 생명으로 그 참가치에 기여하는 일이다.

할 수 있는 한 그것을 막아 아무 영문도 모르고 포털의 키워드 광고비에 허덕이는 중소기업들을 조금이나마 도울 수 있다면 여한이 없었다. 그리고 그것은 우리 자신의 본연의 사업을 위한 일이니 아니 할 이유가 없었다. 자국어도메인네임과 그 글로벌 아키텍처를 설계하고 전 세계에 시범 서비스한 보람은 수많은 중소기업의 기쁨에서 찾을 수 있었다. 그것을 위해 나와 넷피아 창업 가족들은 20, 30, 40대 인생의 황금기를 모두 바쳤다.

엄마! 아빠!
어떤 회사에 다니시나요?

1. 인터넷 입구에서 **남의** 고객을 탈취해야만 성장할 수 있는 기업
2. 인터넷 입구에서 **남의** 고객을 지킬 때 함께 성장할 수 있는 기업
3. 인터넷 입구에서 **자신의** 고객을 탈취 당해도 모르는 기업
4. 인터넷 입구에서 **자신의** 고객을 탈취 당하지 않고 현명하게 지키는 기업

가. 전화번호를 입력하는 사용자는 전화번호를 가진 기업의 고객입니다.

나. 인터넷 주소창에 도메인(기업명.CO.KR 또는 기업명.COM)을 입력하는
사용자는 도메인을 가진 기업의 고객입니다.

다. 인터넷 주소창에 .CO.KR 또는 .COM 등이 없는 기업명만을 입력하는
사용자는 왜 그 기업의 고객이 아닌 포털의 고객이 되어야 하는지요?

Q 일자리는 기업이 만드나요?

A 아닙니다. 근본적으로 고객이 만듭니다.

모든 직원의 땀,
누군가의 눈물로 만든 기업생존의 근본인 고객!

아빠! 엄마! 어떤 회사에 다니시나요?

한글인터넷주소는 반드시 지키리라

망가질 대로 망가진 내 신장은 살려달라고 소리치고 있었지만 회사로 돌아온 나는 병원에 있을 때보다 더 건강해지는 기분이었다. '난 역시 넷피아 울타리 안에서 살아야 힘도 나는 체질인가 보다.' 하는 생각이 들었다.

넷피아 대표이사로 복귀 준비를 하던 나는 1년 사이에 필요 이상으로 방대해진 조직을 새롭게 짜기 시작하면서 사업부를 재조정하고 불필요한 인력과 비용 지출부터 줄였다.

업체 관리를 살펴보니 내부 조직뿐 아니라 외부 협력업체 중 넷피아 한글주소의 등록을 대행하는 업체에도 많은 문제가 있었다. 전체 협력업체 수가 1,300여 개가 넘었지만, 관리는 거의 이루어지지 않고 있었고, 몇 개인지 파악조차 안 되는 수많은 업체에서는 넷피아를 사칭하는 영업까지 일삼고 있었다.

한번은 전경련 국제경영원(IMI)에서 경영 수업을 같이 받은 동문에게서 전화가 걸려왔다. 넷피아라고 사칭하는 업체의 전화를 받고 흥분하여 전화한 것이었다. 영업 직원의 형편없는 전화 예절과 팩스로 온 서류를 받은 그는 전화해온 사람이 그동안 알았던 넷피아나 넷피아의 이판정 대표이사가 아닌 듯하여 미심쩍었다고 했다. 그래서 직접 전화를 건 업체를 찾아 진짜 넷피아가 맞는지, 넷피아 이판정 대표이사의 지시를 받고 그런 행위를 했는지를 확인했다고 했다. 그 업체는 넷피아에서 판매하지 않는 홈페이지 상품을 넷피아 한글주소와 함께 끼워팔기를 했고, 온갖 감언이설로 넷피아를 사칭하는 영업을 했으며, 입금계좌는 법인이 아닌 개인 계좌를 사용하는 등 불법성을 입증하는 증거가 수도 없이 많았다.

내가 대표이사직에서 물러나 있을 때부터 생긴 이런 일들이 아무런 조치 없이 방치되고 있어서 10년간 쌓아온 넷피아와 나의 이미지는 멍들어가고 있었다. 넷피아로 속이며 홈페이지를 고가에 파는 일이 한두 건이 아니어서 대표이사 복귀 후 이것을 어떻게 막을지 고민하던 끝에 불법 영업에 대한 제보에 거금의 현상금을 내걸고 이를 회사 홈페이지에 공개하기로 했다. 그러자 많은 제보가 있었다. 우리는 관련 건들을 경찰에 신고하여 넷피아를 사칭한 영업들을 상당수 막아낼 수 있었다.

그 후 우리는 영업적 충격을 각오하고 전국의 영업파트너 제도에 대한 근본적인 수술을 단행하여 1,300여 개 영업파트너를 일괄 정리하고 보증보험을 들거나 관련 제도에 협조하는 5개 정도의 파트너만 남겼다.

2005년에 넷피아가 파트너 계약을 해지한 K통신사를 사칭한 K○돔 영업 직원들은 자신을 넷피아 소속으로 속이고는 홈페이지 강권 영업을 하면서 수많은 기업인에게 넷피아 이미지를 나쁘게 각인시켰다. 이 때문인지 나는 종종 넷피아를 미워하거나 괘씸하게 생각하는 중소기업 대표들을 만나곤 하는데 그럴 때마다 우리의 일을 직접 해명하려고 애쓴다. 그렇게 하지 않으면 상당한 오해로 남기 때문이다. 그러나 이렇게 불만을 표출해주는 분들이 오히려 고마웠다. 그렇지 않으면 오해로 남기 때문이다.

넷피아와 전혀 관계없는 K○돔사의 영업 직원은 대담하게도 중소기업 대표들에게 직접 전화해 다음과 같이 영업하였다.

"사장님, 넷피아 이판정 사장님 아시죠? 저희 사장님은 한글을 사랑하는 애국자이신데요, 사장님의 회사 이름으로 된 한글주소를 다른 사람이 등록하려 해서 제가 먼저 등록해 두었습니다. 그런데 이것을 가지시려면 저희에게 홈페이지 제작을 맡기셔야 합니다. 금액은 300만 원에서 500만 원입니다."

너무 비싸다고 말하는 중소기업 대표들에게 강매가 통하지 않으면 갑자기 돌변하여 욕설을 퍼붓고 전화를 끊어 버리는 경우가 비일비재했다고 한다. 이럴 경우 직접 넷피아 고객센터에 항의를 접수하면 사실 여부를 알게 되고 오해도 일부 풀 수 있지만 하도 어이없고 괘씸해 항의하는 시간이나 전화비조차 아깝다고 생각하여 아예 연락도 하지 않는 기업인들도 상당하였다. 우리도 모르는 사이에 수많은 기업인에게 넷피아는 몹시 나쁜 기업이 되어가고 있었다. 이 자리를 빌려 우리의 관리 부족으로 피해를 본 수많은 기업체 대표님과 담당자분께 머리 숙여 사죄드린다.

글로벌 기업인 M사의 브라우저, 한국의 인터넷을 지원하고 진흥해야 할 정부 산하기관, 모 검사, 통신 대기업, M사의 용병, 여론을 나쁘게 하는 대형 조직들, 고객사에 넷피아를 사칭하는 고도로 조직화한 세력들……. 과연 넷피아가 무엇이기에 이들은 이토록 집요하게 우리를 괴롭히는 걸까? 그 해답은 이미 알려진 연간 약 100조 원에 육박하는 전 세계 키워드 광고 시장과 그 규모에 있었다.

추정하면 기업명을 입력했을 때 직접 해당 기업으로 접속되면 연간 100조 원대의 키워드 광고 시장이 최소한 50조 원대 이하로 줄어들 수 있을 것 같다. 그 이유는 포털의 불편한 진실이라고 할 수 있는 키워드 광고의 헛클릭만 해도 통상적으로 30~40%이기 때문이다. 이를 연간으로 따지면 100조 원 규모의 30~40%에 해당하는 30조~40조 원이다. 따라서 키워드 광고의 헛클릭만 빠지게 만들어도 키워드 광고 시장 규모가 60조~70조 원으로 줄 어들 수 있다. 당연히 기업명 입력 시 직접 해당 기업의 누리집(웹사이트) 에 접속되면 특별한 비용 없이 최소한의 고객 확보는 가능하다. 그것이 바 른 인터넷 구조이고 너무도 당연하다. 너무도 당연한 일이 너무도 왜곡된 힘에 의해 전 세계가 왜곡되어 있다. 기업이 잠재고객을 모으기 위해서 광 고를 하는 것은 일반적이다. 그런데 그 광고를 보고 직접 찾아오는 고객을 길목에서 못 가게 막고 그 고객을 되파는 구조가 지금의 인터넷 구조이다.

왜 기업명을 정확히 입력했는데도 매번 포털로만 가야 하는가?

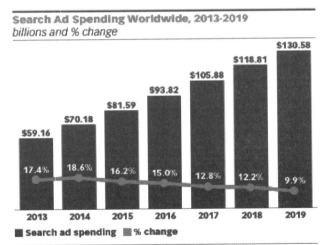

Search Ad Spending Worldwide, 2013-2019
billions and % change

2013	2014	2015	2016	2017	2018	2019
$59.16	$70.18	$81.59	$93.82	$105.88	$118.81	$130.58
17.4%	18.6%	16.2%	15.0%	12.8%	12.2%	9.9%

■ Search ad spending ■ % change

Note: includes advertising that appears on desktop and laptop computers as well as mobile phones and tablets; paid listings, contextual text links and paid inclusion
Source: eMarketer, March 2015

187370   www.eMarketer.com

※ 출처: www.eMarketer.com

기업의 마케팅에서 가장 기본은 자신의 전화번호, 홈페이지, 도메인네임 확보이다. 그러고 나서 광고를 해야 자신만의 전화번호, 도메인네임, 기업명 등이 지속적으로 광고 효과를 보기 때문이다.

클론컨설팅 이상훈 대표는 고객을 크게 기본고객, 활성고객, 단골고객, 잠재고객으로 분류한다. 중소기업이 돈 안 들이고 스스로 마케팅을 하게 하는 방법을 연구하고 자신의 연구 결과를 중소기업에 컨설팅해 주면서 될 수 있으면 적은 돈으로 마케팅을 하도록 돕는 착한 이 대표는 기업이 광고 마케팅을 하는 이유는 주로 잠재고객 때문이라고 한다. 잠재고객이 기본고객이 되면 그때는 그 기업의 이름과 상품명을 알게 되고 그 상품명을 정확히 아는 고객은 이미 기본고객이고 활성고객이 될 수 있다고 한다. 활성고객은 이미 고객이 된 고정고객인 단골이 될 수 있으며, 기본고객, 활성고객, 단골고객이 지금의 인터넷 구조에서는 다시 잠재고객으로 전환되어 악순환 구조에 내몰려 있다고 한다. 마땅한 대안이 없어 잠재고객을 위해 광고한 효과가 일회성으로 끝나기에 매번 다시 고비용의 키워드 광고를 하지 않으면 중소기업이 생존할 수 없는 구조라며 이상훈 대표는 아쉬워한다.

즉, 키워드 광고를 하는 중소기업 대표들은 한번 빠진 키워드 광고에 계속 광고하지 않으면 고객은 눈에 보일 정도로 줄어든다고 이구동성으로 이야기한다. 잠재고객을 기본고객, 활성고객, 단골고객으로 만드는 비용이 상당한데 인터넷에서 기본고객, 활성고객, 단골고객마저도 키워드 광고를 하지 않으면 다른 기업의 고객이 될 가능성이 크다.

인터넷주소창에 그 기업명을 정확히 입력한 고객은 최소한 기본고객이거나 활성고객, 단골고객이다. 그런데 매번 이미 고객이 된 기존 고객조차도 그 기업으로 직접 들어올 수 없는 모순된 현상이 바로 주소창의 고객 가로채기 현상이다. 고객이 정확히 그 기업명을 입력하면 모두 포털로 이동한다.

넷피아를 사칭하며 강매를 권하는 내용의 공문을 팩스로 발송한 사례들에 대해서도 신고가 들어왔다. 교묘히 인터넷 팩스를 사용하여 추적을 쉽지 않게 하는 경우도 있었다. 이에 방법을 강구하던 나는 넷피아를 사칭하는 영업으로 고객들이 피해를 보지 않도록 전 서울 동부지검 지검장을 지내고 우리나라 법원 전산화에 선구자적인 역할을 한 윤종수 변호사를 자문 변호사로 모신 후, 그분의 이름으로 신고하는 사람에게 포상하고자 현상금 3,000만 원을 걸었다. 그런 불법영업을 하는 회사에 다니는 직원들의 양심에 호소해 보자는 취지였다. 해당 회사에서 그런 영업을 지시하거나 방종했을 때 이를 신고하면 현상금 3,000만 원을 주겠다는 내용이었다.

보통 그런 영업을 하는 회사에는 적게는 3~5명, 많게는 수십 명이 근무하는 까닭에 영업사원들로서는 회사를 퇴사하고 나서 신고하면 1년치 연봉을 한꺼번에 벌 기회였으므로 양심적인 신고를 해주리라 믿었다. 그리고 우리에게 신고는 하지 않더라도 그런 고의적인 불법 영업을 하는 회사 사장은 언제 퇴사할지 모르는 직원의 고소를 통해 형사처분을 받을 수도 있다는 사실을 알게 해 심적 압박감을 주고 그런 영업을 못 하게 하려는 전략도 있었다.

결과는 상당한 효과로 나타났다. 그렇게 그칠 줄 모르던 부당 영업 전화가 많이 줄어들었다. 부당 영업 전화의 피해 사례가 접수되면 넷피아 사건 처리 담당이 부산, 제주, 광주 할 것 없이 모두 찾아다녔다. 그러나 해당 피해 기업에 전화 통화명세 확보에 협조해 달라고 하면 대부분은 매우 귀찮

아했다.

넷피아 이름을 팔고 송금까지 받아가는 경우도 여럿 있었는데 이 때문에 피해를 본 기업이 우리에게 항의와 함께 배상을 요구한 적도 있었다. 이를 해결하고자 우리 측 사건 담당이 직접 해당 피해 기업에서 송금한 계좌번호를 확보해 경찰에 신고하면 경찰은 "우린 당사자가 아니어서 신고를 받을 수 없다."고 하여 해당 기업 사장을 다시 찾아가 직접 신고하기를 권했지만, 상당수 고객은 십여 만 원을 되찾자고 경찰서에 들락거리는 것은 피곤하니 그냥 포기하겠다고 하였다. 이처럼 우리는 넷피아를 사칭하는 업체들과 전쟁 아닌 전쟁을 치러야 했다. 심지어는 '한글넷피아'란 회사도 있었다. 넷피아가 아니라 '한글넷피아'였다. 이들은 누구나 등록할 수 있는 한글주소는 우리 넷피아에 등록하고 홈페이지는 자신들이 직접 판매하는 방식으로 고객을 혼동시키며 영업을 했다. 이때는 내가 대표직을 사임한 상태라 신임 국내 대표에게 한글넷피아의 문제점을 지적했지만 개선되지 않았다.

이런저런 온갖 피해에 대해 사법적 조치를 해도 최종 처리까지는 상당한 시간이 걸렸으므로 오해는 또 오해를 낳았다. 고의적이고 악의적인 영업 방식은 넷피아의 좋은 기업 이미지를 훼손하고 주소창 사업을 K통신사가 직접 할 수 있도록 하는 명분을 제공하였다. 누군가 이를 기획한 게 아닌가 하는 의심마저 들었지만 어떻게 할 수가 없었다. 넷피아를 사칭한 업체를 경찰서에 신고하면 사칭업체는 문을 닫고 잠적하였다.

내가 대표이사직에 복귀한 후 위기의 넷피아를 구하기 위해 한 최우선의 조치는 고객과의 신뢰 회복이었다. 나는 고객과의 신뢰에 문제가 되면 그 어떤 것도 타협의 대상이 되지 않음을 전 직원과 파트너에게 알렸다. 그 과정에서 나는 우리의 등록 파트너의 하나인 K○돔이 고객의 한글주소를 선점한 후 홈페이지 제작 상품에 미끼상품으로 한글주소를 끼워서 수십 배의 이익을 남기고 되파는 방식의 부당 영업을 하고 있다는 사실을 알게 되었다. 그리고 이에 대한 조치로 K○돔에게 영업 방법의 시정을 요구하는 공문을 발송했다, 하지만 시정되지 않아 어쩔 수 없이 내용증명을 발송해도 그들은 전혀 달라지지 않았다. 결국, 나는 K○돔에 계약해지를 통보할 수밖에 없었다. 당시 K○돔은 넷피아 월평균 매출의 약 4분의 1에 해당하는 금액인 월 5억 원 이상을 충당하고 있었으므로 그들과의 계약 해지는 결코 쉬운 결정이 아니었다. 하지만 어려운 상황에서도 고객과의 신뢰를 바탕으로 기업을 경영했던 나로서는 고객과의 신뢰를 저버리고 회사의 이익에만 눈을 돌릴 수는 없었다.

한동안은 매출 감소로 주위의 걱정을 듣기도 했다. 하지만 저버리지 않은 신뢰가 오히려 사태 해결을 위한 전화위복으로 작용했다. 그 후 얼마 되지 않아 K○돔이 불법 혐의로 검찰에 소환된 것이다. 처음엔 우리도 공범으로 의심받았지만 다행히도 우리는 그 회사와의 계약 해지를 입증할 수 있는 통보서를 제출할 수가 있었다. 결국, 원칙을 지킨 일이 회사를 위기에 빠뜨리지 않게 하였다. 그 일을 계기로 윤리경영에 대한 내 생각은 더욱 확고해졌다. 만일 그때 넷피아가 K○돔의 불법적 행위를 알고도 계약 해지를 하지 않았다면 아마도 회사는 위기를 극복할 명분을 얻지 못했을 것이다.

> 다시 한 번 더 본의 아니게 피해를 본 모든 기업체 대표님과 관계자분께 이 책을 빌려 사과를 드립니다. 어떤 경우이든 넷피아와 연관된 일로 고충을 겪고 마음에 상처를 입은 모든 분께 깊은 사죄를 드립니다.

글로벌 기업인 M사를 비롯하여 그 자회사인 리얼네임즈, 한국인터넷진흥원 A 원장 및 그와 같은 지역 후배인 B 검사, K통신사, K통신사의 노조위원장 출신이 만든 K○돔 등의 넷피아 축출 행각은 리얼네임즈와의 전쟁 이후에 더 극심해졌다.

2002년 나는 리얼네임즈가 파산한 후 리얼네임즈 창업자인 키스 티어 회장을 넷피아의 경영 자문으로 영입하고자 실리콘밸리에 있는 그를 직접 찾아가 도와 달라고 이야기했다. 글로벌 경쟁으로 서로 너무 잘 알지만 서로 상처가 많았다. 하지만 사업의 성공을 위해서는 적장이었던 그의 도움이 필요했다.

키스 티어 회장은 흔쾌히 자문을 해주겠다고 승낙하였다. 그는 실리콘밸리 소피아 호텔에서 나에게 이렇게 첫 번째 자문을 했다.

"리얼네임즈가 파산했다고 좋아하지 마세요. 다음은 당신(넷피아) 차례이다. M사가 당신을 절대 가만두지 않을 것이다."

그의 예측은 빗나가지 않았다. 그의 말처럼 넷피아는 2003년부터 혹독한 대가를 치렀다. eMarketer.com 자료에 따르면 2015년 전 세계 키워드 광고 시장 매출은 약 81.59억 불(한화 기준 약 95조 원)이며 그중 M사는 상위 3위를 기록하고 있다. 남의 고객 가로채기라는 잘못된 길은 M사가 만들었는데 재미는 G사가 보고 있다. 부당이득 구조의 어부지리 형국이다.

2004년 M사와 계약을 맺은 D사가 M사가 제공한 액티브X를 통해 배포한 남의 고객 가로채기용 백도어 프로그램으로 1일 평균 1천만 건 이상의 기업명 등 주소창에 입력되는 남의 고객을 포털로 돌리면서 넷피아와 분쟁을 일으켰다. 서울 마포경찰서에서 이에 대한 조사가 이루어지고 있었는데 갑

Net Search Ad Revenues Worldwide, by Company, 2013-2015
billions, % change and % of total

	2013	2014	2015
Google	**$32.63**	**$38.42**	**$44.46**
—% change	16.8%	17.7%	15.7%
—% of total	55.2%	54.7%	54.5%
Baidu	**$3.79**	**$5.35**	**$7.18**
—% change	33.5%	41.0%	34.2%
—% of total	6.4%	7.6%	8.8%
Microsoft	**$2.19**	**$2.91**	**$3.45**
—% change	48.7%	33.3%	18.5%
—% of total	3.7%	4.2%	4.2%
Yahoo!	**$1.70**	**$1.78**	**$1.90**
—% change	5.5%	4.8%	6.9%
—% of total	2.9%	2.5%	2.3%
Sohu	**$0.18**	**$0.32**	**$0.52**
—% change	58.7%	78.1%	61.6%
—% of total	0.3%	0.5%	0.6%
Other	**$18.66**	**$21.40**	**$24.08**
—% change	13.8%	14.6%	12.5%
—% of total	31.6%	30.5%	29.5%
Total search spending	**$59.16**	**$70.18**	**$81.59**

Note: includes advertising that appears on desktop and laptop computers as well as mobile phones and tablets; net ad revenues after company pays traffic acquisition costs (TAC) to partner sites; includes paid listings, contextual text links and paid inclusion
Source: company reports; eMarketer, March 2015

187379   www.eMarketer.com

※ 출처: www.eMarketer.com

자기 검찰로 사건이 이관되더니 어처구니없게도 피해기업인 넷피아가 검찰의 압수 수색을 받게 되었다. 그 후 K통신사가 넷피아와 관계를 끊고 D사로 업체 바꾸기를 하였고 K통신사 노조위원장이 만든 회사인 K○돔의 넷피아 사칭 불법 영업이 그 뒤를 따랐다.

주소창에 베이비앙을 입력시

▶ 넷피아 서비스는 직접 연결

인터넷 주소창에 "베이비앙"을 입력하고 "Enter"를 치면 넷피아 서비스 환경에서는 "베이비앙" 사이트로 바로 이동하게 된다.

▶ 가로채기 환경은 포털로 이동

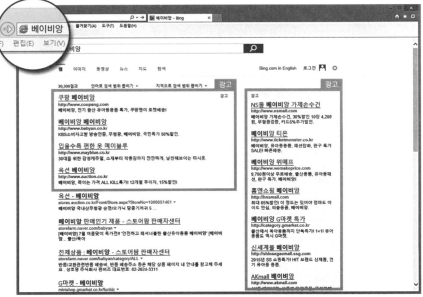

인터넷 주소창에 "베이비앙"을 입력하고 "Enter"를 치면 포털 검색 서비스 환경에서는 "베이비앙"에 대한 검색을 보여주고, 경쟁업체 또는 유사업체까지 같이 노출된다.

전 세계 키워드 광고 시장은 넷피아와 리얼네임즈가 1998년부터 만든 인터넷주소창에서 유래하였다. 주소창에 기업명을 입력할 때 직접 연결되는 리얼네임(자국어실명도메인네임) 서비스로 주소창에 입력된 고객의 입력 건수가 급증하자 이를 노린 M사(당시 전 세계 브라우저 점유율 1위)와 넷피아의 전쟁이었다. M사는 규모와 자금력으로는 넷피아가 도저히 감당할 수 없는 회사였지만, 넷피아는 사이버 공간에서 벌어진 1차 대전에서 M사의 자회사격인 리얼네임즈를 이겼다. 그리고 리얼네임즈가 전 세계에 형성

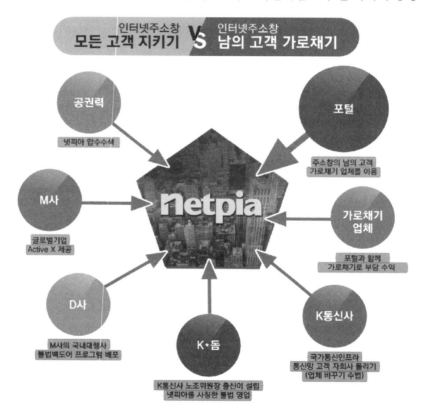

한 주소창 자국어 실명 이름 사업을 넷피아의 시장으로 만들었다. 잘 훈련된 리얼네임즈 직원들은 그 후 오버추어라는 회사로 이동하였다.

오버추어의 등장으로 주소창에서 기업 이름을 입력하여 해당 기업으로 직접 연결하고자 하는 넷피아의 서비스와 주소창에서 기업 이름을 입력할 때 기업명을 입력하는 남의 고객을 포털로 돌려 클릭당 과금을 하는 방식인 오버추어의 키워드 광고 서비스가 충돌하였다. 넷피아의 직접 연결 서비스와 포털의 검색 서비스의 충돌이었다. 넷피아의 서비스는 기업명을 정확히 입력하여 해당 기업으로 바로 연결되게 하는 서비스이다. 포털은 인터넷주소창에서 직접 연결되던 남의 고객을 가로채기 업체를 통해 자신의 고객으로 만들고 그 고객을 통해 클릭당 과금 방식인 오버추어의 광고로 노출되게 하는 검색 서비스였다. 오버추어는 이와 같은 매출을 위해 인터넷주소창에서 액티브X 등으로 남의 고객을 가로채기하여 오버추어에 돌려주는 업체에 한국에서만 연간 약 1,200억 원 이상을 지급하였다(기업의 브랜드를 입력한 고객 가로채기에 대해서는 책 맨 뒤에 첨부한 가로채기 구조도 참조).

결과는 넷피아의 참패였지만, 한국에서 검찰이 나서기 전인 2005년 10월 이전에는 브라우저 제작사와 포털, 가로채기 업체 등 규모와 자금 면에서 넷피아가 상대하기에는 상상도 할 수 없는 (넷피아 대 수만의) 사이버 대전임에도 넷피아는 절대 밀리지 않았다. 넷피아의 힘은 오로지 모든 기업의 후원이 있었기에 가능했다. 넷피아는 모든 기업의 고객을 지켜야 한다는 일념으로 수많은 포털의 공격에도 밀리지 않았지만, 대한민국 모 검사의 잘못된 개입으로 하루아침에 힘의 균형이 무너지고 말았다.

우리 모두가 지켜야 할 공공의 자산

2006년 7월 회사에 복귀한 나는 조직과 아이템 정비 등으로 과로가 누적돼 신장 기능이 최악의 상태가 되었다. 2006년 11월에는 당장 투석하지 않으면 생명이 위험하다는 의사의 경고가 있었지만 그래도 내겐 회사가 우선이었다. 그러나 두 달 뒤 더는 버틸 수 없는 상황에 이른 나는 결국 혈액 투석을 시작하게 되었다. 회사를 다시 살리고자 과로한 것이 오히려 최악의 상황을 만들었다. 혈액 투석을 결정하면서 내 마음은 한없이 복잡하고 착잡했다.

다행인 것은 글로벌 기업의 공격과 인터넷주소창에서 벌어지는 이해할 수 없는 일이 있었지만, 넷피아는 예전처럼 리얼네임즈의 공격에 한 치 앞도 내다볼 수 없는 작은 기업이 아니라는 것이었다. 수백억 원의 유혹에도 포기하지 않고 10여 년 이상을 인터넷주소창에 매달려온 이유도 인터넷주소창은 모든 웹사이트로 가는 가장 중요한 대문이라는 믿음 때문이었다.

실명을 입력하면 해당하는 곳으로 직접 연결되는 한글인터넷주소(한글 실명인터넷도메인네임)는 당시 한국에서는 90%대의 시장 점유율을 보일 정도로 사용자와 기업 대부분이 이용하는 인터넷 인프라였다. 전자상거래와 모든 기업의 인터넷상 영역을 구분 짓는 한글 실명도메인네임 플랫폼이었다. 실명을 인터넷주소로 사용하는 한글인터넷주소는 고객과 기업을 가장 편하게 연결하는 인터넷 이름 플랫폼이었다. 그런데 이를 기반으로 한국의 넷피아가 인터넷도메인네임보다 더 편한 자국어실명도메인네임을 전 세계에 보급하면 인터넷주소창인 URL창은 그 정의처럼 인터넷 입구(gate 또는 portal)가 되고 지금의 포털은 114 안내 서비스처럼 인터넷의 보조 서비스가 된다는 게 전 세계에 인터넷 브라우저를 보급하는 M사와 카르텔을 함께 만든 포털의 고민이었다. 그렇게 될 경우, 단기적으로 약 100조 원대의 전 세계 키워드 광고 시장에서 헛(fake click)클릭이 감소하고 키워드 광고 같은 간접 연결 광고가 줄어들 것이다. 하지만 장기적으로는 창업 기업의 생존율이 증가하고 전자상거래가 활기를 띠게 되는 등 인터넷상에서 선순환 구조를 맞게 되어 경제는 더욱 활성화될 수 있다.

마치 전화가 전화번호로 직접 연결되어 경제 활성화에 미친 영향이 큰 것처럼 인터넷에서는 기업명(실명인터넷도메인네임)으로 고객과 기업이 더욱 편하게 직접 연결될 것이다. 이는 곧 온라인 창업 활성화에 이바지하여 스크린 세대인 청년들이 온라인상에서 더 많은 일자리를 만들 것이다. 특히 창업 중소기업의 마케팅이 좀 더 원활해져 전체 경제 규모는 더욱 커질 것이다. 경제 규모가 커지면 광고주의 저변 또한 넓어져 포털의 키워드광고 시장 역시 더 커지게 되고 이를 통해 선순환 구조의 인터넷 경제가 도래할 것이다. 21세기 인터넷 시대에 전 세계가 원인 모를 경제 위기에 봉착하게 되었다. 이유는 여러 가지가 있겠지만, 그중 가장 큰 이유는 21세기에 가장 영향력이 큰 인터넷일 것이다. 마치 100년 전 전화가 기업 생존의 필수 도구였지만 그것이 왜곡되어 남의 고객 빼앗기 도구가 된 초기 전화 시대처럼 지금의 인터넷은 남의 고객 뺏기가 최고조에 달했다. 인터넷은 모든 기업의 고객을 합법적으로 뺏어가는 최고의 도구가 되었다. 악순환 구조이다. 그것의 원인은 바로 그 구조의 내막을 잘 모르는 무관심 때문이다. 즉 지식인의 무관심이 만든 경제 왜곡 현상이다.

키워드 광고는 한 번 클릭당 요금이 부과되는 방식으로 한 번 클릭은 몇 백 원에서 몇만 원까지 형성되어 있으며 해당 비용은 주로 미리 예치해둔 금액에서 차감된다. 누군가 호기심이나 장난으로 그 기업명이나 광고된 단어를 클릭하면 광고주가 클릭에 해당하는 돈을 포털에 지급하는 방식이다. 가령 경쟁 입찰로 한 번 클릭당 1만 원의 가격이 형성되었을 때 누군가 장난으로 한 번 클릭하면 광고주는 이유 없이 1만 원을 포털에 내야 한다. 경쟁 광고주가 할 수도 있고, 심지어 광고한 회사의 직원이나 회사에 불만이 있는 고객이 고의로 클릭할 수도 있다. 클릭당 단가가 1,000원이라면 열 번 클릭하면 1만 원이 된다. 사용한 컴퓨터의 자리를 이동하며 클릭하는 것을 구별해 낼 방법도 거의 없다. 이런 이유로 전 세계적으로 30%대가 헛클릭이라는 것은 해당 업계에서 잘 알려진 불편한 진실이다.

이처럼 주소창에서 직접 연결되는 남의 고객이 포털로 돌려지면 이와 같은 어처구니없는 키워드 광고용 고객으로 둔갑한다. 사용자는 한 번 더 포털에 들러 클릭하여 이동하면 되므로 큰 문제는 없다. 모바일에서는 바로 갈 수 있는데도 매번 포털에 들르게 되는데 여기서 발생하는 데이터 통신 비용을 사용자가 부담한다. 그러나 사용자는 왜 그런지 잘 이해하지 못한다. 사용자에게 강요된 부당함이 있지만, 사용자는 이것을 전혀 인식하지 못하며 별문제가 없다고 생각한다. 하지만 광고를 한 기업으로서는 생존이 걸린 문제이다. 광고주가 키워드 광고를 지속적으로 하지 않으면 사용자들이 도메인인 숫자로 된 IP주소를 입력하거나 숫자와 영문 알파벳 조합인 도메인네임을 입력하지 않는 한 사용자들을 인터넷에서 직접 그 기업으로 연결하는 방법이 없기 때문이다.

직접 연결하는 방식인 넷피아가 서비스하는 인터넷실명도메인네임(한글 인터넷주소)이 있지만, 법으로 보호를 받지 못해 모든 기업의 고객이 포털 의 고객이 되는 것을 모두가 방관하고 있다. 2009년 방송통신위원회가 이 를 막고자 인터넷주소자원에 관한 법률을 개정하였다. 정부가 대통령령으로 시행만 하면 되는데도 아직도 시행하지 않고 있다.

시행하지 않는 이유는 누군가 시행을 못 하게 막고 있기 때문이다. 인터 넷주소자원에 관한 법률을 방통위에서 개정할 때 인터넷주소로 정하는 것 에는 국제표준과 함께 국내표준이 된 것과 국가표준이 된 것 두 가지가 있 었다. 국내표준, 국가표준이 된 것은 두 가지 모두 인터넷주소로 지정하면 되는 일이었다. 국익을 위한 합리적인 것은 고민할 필요 없이 두 가지를 모 두 정하면 되는 것이다. 당시에 TTA에서 정한 국내표준이 이미 있었기에 국내표준을 함께 추가하면 법은 국회 통과 후 일정 기간이 지나면 자동으 로 효력을 발휘할 수 있었다. 즉 주소창에 기업명을 입력하는 모든 기업의 고객을 가로채기하면 불법이 되어 모든 기업이 드디어 인터넷주소창에서 고객을 지킬 수 있는 역사적 순간이었다. 자국어 실명 인터넷주소 관련 전 세계 최초의 모법(母法)이 될 수 있었다.

그런데 상임위에서 B 의원이 국내표준은 곤란하고 국가표준만 고집하 였다.

상임위에서 법안 심의 시 왜 검증된 전문가들로 구성된 전문위원이 없었 을까? 법원처럼 누구나 참가할 수 있는 방청석이 왜 없을까? 실시간 공유 가 가능한 SNS 시대인데, 모든 질의와 답변을 실시간으로 청취하는 시스템이 왜 없을까? 무엇이 국익인지 그 원목적이 무엇인지만 정확히 하면 모든 것이 보일 수 있는데 말이다. 위원으로 참석한 모든 국회의원이 해당 사안을 짧은 시간에도 명확히 알 수 있게 하는 그런 시스템이 참 아쉬웠다. 입법은 국회의원의 고유 권한 중 하나이지만 입법된 법은 모든 국민의 정당한 권리와 행복과 직결되는데도 그 원목적은 보이지 않고 국민을 대변하는 의원들의 특권만 보이는 지금의 국회는 분명 문제가 있었다. 입법 심의 과정을 모두 녹취하고 기록하여 SNS 등을 통하여 실시간으로 공유하고 의견을 듣는 시스템이 이미 개인 스마트폰에 모두 구축되어 있음에도 왜 그것을 활용하지 않을까? 몇몇 국회의원의 목소리가 크면 그것에 주눅이 들어 다른 의원들은 내용을 잘 몰라 말 한마디도 잘 못 하는 지금의 시스템은 분명 문제가 있다. 언제까지 그런 시스템에 국민의 안녕과 행복을 맡겨야 할까?

법은 국가표준만이 추가되어 통과되었다. 불행히도 국가표준은 2015년 7월 현재까지도 제정되지 않아 아직도 한글인터넷주소 관련 인터넷주소자원에 관한 법률이 대통령령으로 시행되지 못하고 있다. 국가표준 관련 몇 차례의 시도가 있었지만 이상한 일이 계속 생기며 국가 표준으로 제정되지 못하였다.

국내표준, 국가표준 즉 국내표준의 '내'자가 아닌 국가표준의 '가'자로 말미암아 수십만 중소기업은 땀과 눈물을 더 오랫동안 흘려야만 했다. 그런 곳이 국회였다.

당시 인터넷 생태계의 문제점을 누구보다 정확히 알고 있던 B 국회의원은 초기 인터넷주소자원에 관한 법률을 만들 당시에는 정보통신부의 고위 관료였다. 인터넷주소자원에 관한 법률을 만들 당시 국제표준만 인터넷주소자원에 관한 법률의 보호를 받게 한 당사자였다. 국내에서 만든 아무리 좋은 기술과 서비스가 국내표준이 되어도 국제표준이 되지 않으면 인터넷주소가 될 수 없게 만든 악법이었다. 우리글인 한글인터넷주소를 다른 나라에서 국제표준을 만들어줄 리 만무했다. 국제표준만 가능하다는 의미는 수입은 가능한데 수출은 불가능하다는 의미도 된다. 국내 산업에는 치명적인 악법이었다.

그 후 2009년에 그것이 개정을 하였지만 역시 국내표준은 법률로 보호를 받지 못했다. (인터넷주소창이라는) 공공의 영역에서 국내에서 검증된 기술과 서비스를 세계화할 수 있게 하는 근거법률이 만들어지면 정부는 그것을 토대로 안정적인 정책을 추진할 수 있다. 하지만 우리는 그런 기술이 이미 있었음에도 내부 이권과 글로벌 기업들의 로비에 막혀 스스로 국익을 저버렸다.

같은 시기 미국이 영문 도메인의 세계화를 위한 ICANN을 만든 것과는 너무도 대조되는 대목이었다. 그때 우리도 영문 도메인네임 다음에 반드시 찾아오는 자국어실명도메인네임에 대한 정책적 지원이 있었다면 우리가 만든 신산업이 지금은 전 세계인이 사용하는 가장 편한 자국어실명인터넷도메인네임이 되었을 것이다. 그리고 기업명을 입력하면 직접 접속되므로 새로운 산업의 출현기에 겪는 전 세계적 홍역도 대한민국의 기술과 서비스에 의하여 바른 경제생태계를 만드는 데 기여했을 것이다. 그것이 세상을 크게 유익케 하는 홍익정신의 실현인데 우리는 검증된 기술과 상용화 서비스가 이미 있었음에도 그것을 세계화하지 못했다. 더 나아가 해당 기술과 서비스가 있어도 경제의 근간인 중소기업의 고객을 지키지 못하여 국가 재정

위기 경제위기의 직접적인 원인을 제공하였다. 인터넷 입구에서 도메인네임 중 가장 빈도수가 높은 기업명 등 실명을 입력하는 모든 기업의 고객을 보호하지 못하였다.

B 의원의 국가 표준에 대한 이해할 수 없는 의도적 행동은 모든 기업의 고객을 더 오랫동안 포털에 빼앗기게 하는 결정적 계기가 되었다. 힘없고 내용을 잘 모르는 수많은 중소기업이 오늘도 자신들의 고객을 영문도 모르게 포털에 빼앗기게 하는 데 B 국회의원이 앞장섰다. 이분은 과연 국가와 국민을 위한 국회의원인가? 아니면 여론을 주도하는 포털과 친해져 재선과 정권 창출하는 데만 관심이 있는 국회의원인가?

국내 포털이 지난 2016년에 대부분의 중소기업에서 거두어들인 키워드 광고 매출은 약 2조 원에 이른다. 만약 2009년 당시에 B 의원의 의도적 공작이 없었다면 이미 만들어져 있는 국내 표준이 법안에 포함되어 법은 이미 발효되었을 것이다. 즉 법률에 의거해 인터넷주소창에 기업명을 입력하면 영문도메인처럼 직접 해당 기업 홈페이지로 연결되었을 것이다. 중소기업들이 자신의 이름을 알리면 알릴수록 고객이 점점 늘어나는 당연한 구조가 이미 정착되었을 것이고, 그 덕분에 수십만 중소기업이 연간 2조 원대의 키워드 광고비에 허덕이는 지금의 상황은 이미 해소되었을 것이다.

중소기업들이 고객을 허무하게 포털에 빼앗기는 것을 막을 수 있었지만, 안타깝게도 그것을 알고도 중소기업의 고객을 지키지 못하게 막은 곳이 국회였다. 2009년부터 현재까지 포털이 벌어들인 키워드 광고 매출(누적 약 ○○조 원. 독자 여러분이 확인해 주세요)은 B 의원이 멋지게 도운, B 의원의 작품이다.

우리나라는 아직 미국처럼 민간이 민간의 자본으로 국가적 프로젝트를 수행할 여건이 아직은 마련되어 있지 않은 것 같다. 민간이 국가가 할 일을 하면 사설업자 운운하는 나라다. 초기 인터넷진흥원이 만들어진 이후 초대 인터넷진흥원장인 송 원장이 줄곧 한 이야기다. 송 원장은 아마도 넷피아가 사설 도메인 업체라는 이유로 넷피아가 출원한 특허에도 특허청에 직접 이의를 제기한 모양이다. 송 원장이 9년에 걸쳐 인터넷진흥원장을 역임하는 동안 우리나라에서 만들어진 자국어인터넷주소는 핍박 아닌 핍박을 받으며 전 세계에 걸쳐 그 루트를 확보할 헤게모니를 놓치고 말았다. 미국이 영문도메인 루트를 확보한 것 같은 큰 국운을 잃게 되었다. 넷피아를 압수한 검사도 그 송 원장의 고향 후배이다. 모바일 시대에 새롭게 인정받는 자국어인터넷주소는 2017년인 아직도 주소창에서 그 기능을 하지 못하고 있다. 1998년 시작한 한글인터넷주소(자국어인터넷주소)는 무려 20여 년을 그렇게 공전하고 있다.

21세기 대한민국이 만든 신산업들이 왜 세계화되지 못하는지, 어떤 사람들이 그렇게 만들고 있는지 잘 보여주는 대목이다.

그런데 인터넷주소자원에 관한 법률을 개정 시 정부 고위 관료 출신의 현직 국회의원이 해당 법을 통과시키는 상임위에서 인터넷주소자원에 관한 법률을 개정하려는 통신위 고위 공무원과 언쟁이 있었다고 한다. 국사를 논하는 자리에 보이지 않는 이권이 없다면 언쟁은 있을 수 없는 일이다. 특히, 당시까지도 문제가 많았던 부분을 정부가 정부 입법으로 개정하여 왜곡된 인터넷 생태계를 바로잡고자 하였으므로 이견이 없는 줄 알았다. 정부에서는 용기 있는 모 과장이 기안하였고 형태근 방통위 상임 위원이 이를 추진하였다. 정부가 이렇게 강한 의지를 보인 데는 건국대 총장으로 있었던 오명 전 총리의 의지도 크게 힘이 되었다. 문제는 국회였다. 국회 상임위의 특징은 위원들인 국회의원들이 해당 법안에 대하여 깊은 상식을 갖추고 있지 않은 경우가 많다는 것이다. 그래서 한 사람의 국회의원이 강하게 나오면 다른 의원들은 대부분 조용히 그냥 따르기만 하는 관행이 있었다.

그 당시 왜 B 국회의원이 한글인터넷주소를 법으로 보호받지 못하게 하여 포털을 지원하고자 했는지 잘 모르겠지만, 방통위 형태근 위원은 법 개정 때 바로 시행될 수 있는 국내 표준이나 국가 표준이 있는 경우는 법으로 보호하고자 했다. 형태근 방통위 상임위원은 TTA(정보통신단체표준협회)에서 KRNIC과 리얼네임즈, 넷피아가 이미 함께 만든 단체 표준이 있으니 국내 표준이건 국가 표준이건 국내에서 만들어진 표준이 있으면 한글로 기업명을 입력한 사용자는 그 기업의 고객으로 법으로 보호하고자 했다.

그런데 고위 공무원 출신 B 의원은 본인이 정부 관료로 있을 당시 만든 인터넷주소자원에 관한 법률이 국제 표준만 법으로 보호하겠다고 만들어서인지는 몰라도 국내 표준은 안 되고 국가 표준만 되어야 한다고 반대했다. 문제는 국가 표준만을 인터넷주소자원에 관한 법률의 대상으로 보호하겠다는 것은 국가 표준을 만들어야 한다는 의미였다. 즉, 국가 표준이 만들어지기 전에는 기업명을 입력하는 남의 고객을 포털이 가로채기해도 인터넷주소자원에 관한 법률로 보호받을 수 없게 되는 법안이었다. 국내 표준만 법의 적용 대상에 포함하면 TTA 단체 표준이 이미 있기에 법의 통과 시점부터 자동으로 해당 법은 발효될 수 있지만, 국가 표준을 인터넷주소자원에 관한 법률의 적용 대상에 포함한다는 법이 국회를 통과하게 되면 반드시 국가 표준을 다시 만들어야 한다는 의미였다. 국가 표준을 만들기까지는 약 6개월이 소요되겠지만 누군가 방해하여 국가 표준을 만들 수 없다면, 대통령령으로 한글인터넷주소는 법으로 보호받을 수 없게 된다는 의미였다.

결국, B 의원의 국가 표준만 법안에 포함해야 한다는 고집으로 인하여 법안은 간신히 상임위를 거쳐 국회 본회의를 통과하여 법으로 확정되었지만 국가표준이 없어 아직도 주소창에 입력된 한글인터넷주소는 보호받지 못하고 있다. 그동안 수차례 한글인터넷주소 관련 국가 표준을 만들고자 하였지만, 이상한 이유들로 인해 아직까지 국가 표준을 만들지 못하고 있다. 시행되지도 못할 이런 법을 왜 개정을 했는지 B 의원에게 묻고 싶다. 사람들은 N 포털의 콜센터가 B 의원 인근 지역구에 생긴 것도 그 때문으로 생각하였다. 아쉽게도 아직도 수많은 중소기업이 큰 피해를 보고 있다.

정부 담당부처의 실무진에서는 이 문제를 해결하고자 법을 개정하고 왜곡된 인터넷 구조를 바로잡고자 온갖 노력을 하고 있지만 국가 주요 리더들이 일자리 창출, 창업, 경제 활성화 이 모두가 왜 이 법의 시행에 상당 부분 달려 있는지를 잘 이해하지 못하고 있는 것 같다. 그중 일부는 내용을 알고 있어도 포털의 로비에 시간만 낭비하고 있는 것 같아 안타깝다.

사람들은 그래도 주소창의 기업고객 가로채기가 그렇게 경제에 미치는 영향이 크다는 것에 대해 잘 수긍이 가지 않는다고 한다. 나도 처음에는 그렇게 생각하였다. 그런데 전화번호를 입력한 그 기업의 고객을 모두 114로 돌리고 돈을 받는 일이 법에 저촉되지 않고 묵인된다면 그리고 그것이 새로운 비즈니스 모델이라고 믿게 된다면 아마도 단 몇 개월 이내에 거의 모든 전화는 제대로 걸리지 않게 될 것이다. 이럴 경우 과연 경제가 온전할까?

다시 한 번 더 되새겨본다.

인터넷주소창에 입력된 실명인 기업명과 그 기업의 상표명 등은 모든 기업과 네티즌이 함께 보호해야 할 '공공의 자산'이다. 이렇듯, 전화번호 못지않게 중요한 공용의 자산인 인터넷주소창에 기업명을 입력한 사용자는 분명 그 기업의 고객이지만, 다른 곳으로 돌려져 해당 기업의 피해가 극심하다. 전화번호를 입력했을 때 다른 곳으로 돌려지거나, 주소창에 도메인네임이 작동하지 않거나 다른 용도로 전용된다고 가정해 보면 우리는 그 피해가 얼마나 치명적일지 충분히 짐작할 수 있다. 도메인네임을 입력한 모든 고객을 해당 기업이 아닌 포털로 보낸다면 세상은 혼동 그 자체일 것이다.

ICT 기술이 등장하면서 영역 정의역을 구분 짓는 이름이 도메인(domain)이다. 전화의 영역은 전화도메인이다. 도메인과 도메인네임을 설명하면 다음과 같다.

① 전화도메인인 전화번호

② 인터넷도메인인 인터넷번호(IP v4, v6)

③ 인터넷도메인네임(영문 알파벳, 숫자 등의 조합)

이 세 가지는 표준화 등으로 이미 법으로 보호받고 있다.

앞서 설명한 바와 같이 ③번의 인터넷도메인네임은 '기업명.co.kr' 같은 방식이다. 여기서 '.co.kr'을 뺀 기업명만을 입력하는 사용자는 그 기업의 고객임이 명확하다. 그런데 법적으로 보장된 상표와 상호는 인터넷주소창에서 보호받지 못한다. 각국에는 엄연한 자국법이 있는데도 상호와 상표가 인터넷주소창에서는 보호받지 못하고 있다. 전화번호보다 더 중요한 기업의 상표와 상호가 인터넷주소창에서는 침해되고 있다. 모든 기업의 상표와 상호를 입력하는 사용자는 명확히 그 기업의 고객임에도 포털로 돌려지고 유사기업 리스트가 나타나게 하는 것은 명백히 상표의 오용, 혼동을 일으키는 상표법 침해 행위이다.

제삼자가 정당한 권원 없이 등록 상표와 동일하거나 유사한 상표를 등록된 지정 상품과 동일하거나 유사한 상품에 표시하여 해당 상표를 오용, 혼동, 침해하는 경우는 상표법 위반이 된다. 그리고 타인의 선등록 상표(미등록 상표의 경우에도 마찬가지다)가 실제로 해당 상품이나 서비스업에 사용되어 국내 거래자나 수요자들 사이에 특정인의 상품출처표지 또는 영업출처표지로 널리 인식되었을 때 제삼자가 그와 동일하거나 유사한 상표를 사용하여 상품출처의 혼동이나 영업 출처의 혼동을 일으키는 경우는 '부정경쟁방지 및 영업비밀보호에 관한 법률'에서 규정하는 '부정경쟁행위'에 해당하여 민형사상의 법적 책임을 질 수 있다.

인터넷의 영향력은 전국을 넘어 이제 전 세계에 미친다. 그런 영향력을 가진 인터넷 입구인 인터넷주소창에서 기업의 고객이 해당 상표를 입력하면 그 기업으로 연결되다가 자신도 모르게 다른 곳으로 이동하게 되는데, 그곳에는 그 상표와 혼동되는 유사한 이름들이 포털에 의해 나열되어 있다. 이는 분명 상표법이나 부정경쟁방지법을 위반할 소지가 크다. 그런데 아무도 이를 상표법 위반으로 제소하지 않고, 포털이나 브라우저 제작사에 법 위반 중지 요청을 하지 않는다. 피해자가 권리 위에서 잠을 자니 가해자는 자신의 가해 행위를 잊고 있다. 피해를 준 기업의 소속 직원들은 남의 고객을 가로챈 대가로 급여를 받지만 피해자가 이의 제기를 하지 않으니 그들의 가해 행위가 누구의 눈에서 피눈물을 흘리게 하는지 잘 모른다. 알아도 피해자가 이의를 제기하지 않으니 굳이 그들에게 피해자라고 알려주고 싶지 않을 것이다. 그러다 보니 남의 고객을 더 많이 가로채려고 수단 방법을 가리지 않는다.

네이버의 이해진 전 사장은 남의 고객을 가로채 부당이득을 얻는 행위인 주소창 한글주소를 가로채기하지 않겠다고 나와 계약하였고 더 나아가 서약서까지 썼다. 남의 고객 가로채기가 그 기업에 얼마나 큰 피해와 충격을 주는 줄 모를 리 만무했기 때문이다. 나는 이러한 일들로 말미암아 2007년 신장 투석을 하다가 그해 말 필리핀에서 신장을 이식받고 2008년 한국으로 돌아왔다. 그리고 2009년 네이버를 찾아가 이 문제점을 지적하고 약속을 지켜달라고 하였다. 네이버의 대답은 참 대단했다. 아래 이미지는 그때 네이버에서 나에게 실력 행사한 내용이다. 네이버에 찾아가 이해진 전 사장이 계약하고 서약한 약속을 지켜달라고 요청하자 네이버는 이렇게 실력 행사를 하였다.

기업과 기관, 개인의 이름, 브랜드, 회사명 등으로 된 한글인터넷주소를 인터넷주소창에 입력하는 고객은 해당 기업의 고객이다. 그리고 그 한글인터넷주소를 입력한다는 것은 고객이 자신의 홈페이지를 방문한다는 의미다. 브랜드와 기업명을 홍보한 기업의 홈페이지를 방문하려는 고객을 다른 기업이 자신의 이익을 얻고자 가로채는 것은 일종의 범법행위이다.

브라우저 보급 기업과 포털은 브라우저에 모든 기업명을 입력할 때 사용자에게 지정한 검색사로 이동하도록 선택권을 주었다고 한다. 엄밀히 말하면 직접 가는 길은 없다. 직접 가는 선택권이 없다는 것은 사용자 선택이 아닌 카르텔을 만든 기업만 선택할 수 있게 강요하는 것과 같다. 사용자가 선

악의적인 검색결과 화면

(검색일 : 2011년 1월 7일)

A. 2009년 네이버를 찾아가 이해진 전 사장이 계약하고 서약한
약속을 지켜달라고 요청한 이후에 올려진 검색 결과 화면

정상적인 검색결과 화면

B. 평상시 '이판정'으로 입력했을 때 보여주는 검색 결과 화면

택했다고는 하지만, 기업이 자신의 상호를 알리면 알릴수록 고객서비스를 높이면 높일수록 고객은 그 기업이 아닌 다른 곳으로 연결된다. 모든 기업의 마케팅 비용과 대고객 서비스 비용을 높이면 높일수록 포털의 매출과 남의 고객을 가로챈 기업의 매출이 자동으로 증가하는 구조다. 과연 이런 구조는 아무 문제가 없는가? 중소기업이 은행에서 대출받기도 어렵지만, 간신히 자금을 마련하여 자신들이 만든 제품과 서비스를 알리면 알릴수록 포털로 고객이 몰리는 구조는 어떻게 생각하는가?

중소기업인이 아무리 홍보해도 인터넷을 통해 고객이 잘 오지 않는다. 그래서 포털에 있는 키워드 광고를 한다. 효과가 좋다. 직접 광고하고 홍보하여 자사의 이름을 알게 된 사용자가 포털에 몰려들고 중소기업의 이름과 제품을 입력하면 이동한 포털에는 유사기업이 함께 나열된 광고가 기다린다. 상단에 올리지 않으면 효과가 작아 상단에 올리려고 경쟁을 한다. 단위 클릭당 돈을 더 많이 낼수록 상단에 배치되는 구조다. 대고객 서비스와 품질이 보장된 유사기업이면 그나마 다행이다. 자체 경쟁력이 없는 기업도 상단에 올리면 광고 효과를 본다. 대고객 서비스와 제품 품질 대신 오로지 포털에 키워드 광고비만 더 내면 마케팅 효과가 더 커진다. 고객에게 신뢰를 쌓고자 노력하는 기업은 바보가 된다. 유사기업이나 심지어 짝퉁도 키워드 광고의 상단에 오르려고 경쟁을 한다. 기업명과 상표가 전화번호와 도메인 네임처럼 기업에 직접 연결되면 이런 문제는 줄어들 수밖에 없다.

포털의 키워드 광고 그 자체는 광고주가 알고도 하는 광고이니만큼 억울해도 할 수 없는 공간이다. 그러나 브라우저 제작 기업은 사용자가 좋아하는 포털을 선택하게 하여 자신들은 불공정하지 않다고 한다. 남의 정당한 재산권을 다른 이가 이용하도록 계기를 제공한 책임은 분명히 브라우저 제작 기업에 있다. 남의 정당한 재산권을 자신들의 어떤 행위로 말미암아 누리지 못하게 하고 다른 기업이 부당이득을 얻을 수 있도록 원인을 제공한 기업은 피해를 본 기업에 피해 배상을 해야 한다. 가령 휴대전화 제조사가 사용자에게 몇몇 114만 선택하게 하고 직접 그 기업으로 연결되는 선택권을 주지 않으면, 모든 기업은 고객의 전화를 직접 받을 수 없게 돼 상당한 피해를 보게 된다. 이 경우 휴대전화 제조사는 피해를 본 기업의 피해를 배상해야 할 책임에서 자유로울 수 없다. 원인 제공자이기 때문이다. 이와 관련한 이슈는 세 가지다.

첫째, 사용자에게는 기업명을 정확히 입력할 때 직접 연결되는 선택권도 함께 주어야 한다. 만약 고의로 그렇게 하지 않았다면 직접 연결되어 얻게 되는 남의 재산권을 본인들이 얻게 된다. 그것은 남의 재산적 가치를 고의로 지속적으로 침해하여 부당이득을 얻으려는 것으로 간주되어 형사처분도 면하기 어려울 것이다.

둘째, 사용자의 모든 선택권은 주소창 정의 범위 내에서 주어져야 한다. 그렇지 않으면 사용자는 손해를 보지 않아도 되는 특정 사이트를 들락거릴 수 있게 되며 이때 발생한 통신비를 사용자 본인이 물게 된다는 고지도 정확히 해야 한다.

셋째, 브라우저 제공 기업이 동의를 얻으려면 기업이 피해를 보지 않도록 그 각 해당 기업에 동의도 함께 구해야 한다. 스스로 한 행위(작위)가 남의 재산권을 부당하게 얻을 목적이고 불특정 제삼자의 피해를 알고도 자신의 이익을 위한 행위라면 고의에 의한 범법 행위일 수 있다.

기업이 고객과 신뢰를 쌓는 노력을 하면 할수록 기본고객, 활성고객, 단골고객이 짝퉁이나 다른 유사기업의 고객으로 그 기업의 의지와 관계없이 자동으로 바뀔 가능성이 큰 구조를 고의로 제공한 기업은 그에 따른 모든 책임을 져야 한다. 피해를 본 기업 스스로 그것을 막을 수 없는 불가항력의 환경을 제공한 기업은 선량한 기업에 끼친 모든 피해에 대해 책임이 있다. 이것이 개선되지 않으면 사회 전반적으로 신뢰가 무너질 수 있다. 고객을 위해 노력한 기업으로 연결되지 않고 신뢰성 없는 유사 기업이나 다른 기업으로 연결되면 선량한 기업은 신뢰를 잃을 수밖에 없고 노력하지 않은 기업은 광고한 만큼 남의 고객을 자신의 고객으로 만들 수 있다. 오늘날 수많은 기업과 기관이 특정 포털에 수많은 광고비를 내지 않으면 자신의 웹사이트 방문자가 늘어나지 않는 이유가 바로 여기에 있다. 즉 기업명으로 된 한글주소를 입력한 사용자가 포털로 돌려지고 주소창의 한글주소 기능이 불가능해지는 구조에서 모든 이용자와 기업은 그만큼의 불합리한 사회적 비용을 더 지급하게 되는 것이다.

다른 나라엔 넷피아 같은 회사가 없다. 주소창에서 기업명을 입력하는 모든 기업의 고객은 인터넷 포털의 돈벌이 표적이고 부당이득의 수단이 된 지 오래다. 그러다 보니 몇몇 검색 사이트는 이 점을 악용하여 한글로 기업명을 입력하는 고객을 중간에서 가로채는 프로그램을 배포하거나 작은 기업에 돈을 주면서 이 일을 대신하게 하는 방식으로 부당이득을 얻고 있다. 그것이 부당 이득인 이유는 기업명으로 된 한글주소를 등록한 기업이 자신의 사이트를 알리기 위해 자신의 기업명과 제품을 홍보하면 할수록 고객을 딴 곳으로 돌린 특정 검색사의 방문자가 오히려 증가하기 때문이다.

그러나 중소기업은 자신의 브랜드를 인터넷주소창에 입력한 자신의 고객을 가로챈 검색사에 항의해야 마땅하지만 항의는 고사하고 오히려 빼앗긴 자신의 고객을 돈까지 주어가며 되사오려 한다. 그렇게 하지 않으면 빼앗긴 자신의 고객을 되돌릴 방법이 마땅치 않기 때문이다. 인터넷의 구조가 어떻게 된 것인지 잘 이해하지 못해 이처럼 어처구니없는 일을 겪는 것이다.

중소기업은 울며 겨자 먹기로 빼앗긴 고객을 되사오기 위해 포털의 키워드 광고를 하지 않으면 사업을 영위하기 어렵다. 어쩔 수 없이 포털에 매출 대비 10~20%대의 높은 광고비를 지급하며 연명하는 구조다. 빼앗긴 자신의 고객을 손해배상 청구는 고사하고 돈까지 주며 되사오는 이런 부당한 구조를 방치하는 것이 과연 국가 경제와 아무런 관계가 없을까? '9988 550'이란 말이 있다. 전체 기업의 99%가 중소기업이고, 전체 고용의 88%를 중소기업이 담당하고 있으며, 그중 창업 5년 차 이하가 약 50%를 차지한다는 뜻이다.

21세기 인터넷 시대에 기업의 전화번호보다 더 많이 입력하고 사용하는 것이 기업명 검색이다. 그런데 전화를 거는 빈도수보다 많은 고객이 딴 곳으로 돌려지고 있다. 그곳에는 남의 고객을 가로채기하여 머물게 한 포털이 있다. 포털은 온라인이라 잘 이해하기 어렵지만, 오프라인에서 일어난 일이라면 명백한 남의 재산(고객) 가로채기다. 남의 재산(남의 고객) 빼앗기다. 특정 국가나 도시로 가는 공항에서 승객이 정확히 항공권에 표기된 곳이 아니라 공항이나 비행기 운영사가 지정한 몇몇 곳으로만 가게 한다면 어떻게 될까? 승객은 정확히 가고자 하는 곳으로 항공권을 구매(입력)하였는데 그 약관에 특정 공항으로만 가게 되어 있다면 어떻게 되겠는가? 시간 낭비가 발생해 승객은 항의할 수밖에 없다. 하지만 인터넷에서는 불과 1~2초만 더 걸리므로 사용자는 이에 대한 불편함은 잘 인식하지 못한다. 이는 기업도 마찬가지다. 자신에게로 오는 고객이 몇 건인지 알 수 없는 기업은 포털에 있는 '바로가기(직접가기)' 또는 자신이 비용을 지급한 키워드 광고로 고객을 되찾는 일을 반복적으로 할 뿐 그 구조를 이해하지 못한다. 고객이 주소창을 통해 자사의 사이트에 들어온 근거를 포털에 요청하면 정확히 알 수 있지만 그런 기업은 매우 드물다.

검색 포털은 사용자가 해당 기업명을 검색할 때 해당 기업으로 직접 갈 수 있게 검색 상단에 바로가기란 이름으로 링크를 달아 준다. 이를 제공하지 않으면 사용자는 검색에 대한 만족도가 낮아져서 포털을 재방문하려 하지 않게 된다. 바로가기란 사용자를 배려하는 차원에서 검색 포털사에서 사용자를 불러 모으려고 설치한 서비스인 셈이다.

검색 포털이 바로가기를 사용자 유입 용도로 포털의 상단에 배치하는 것은 각 기업으로 바로 가려는 사용자의 욕구가 그만큼 높기 때문이다. 갓 창업한 기업은 이런 바로가기가 없다. 생명줄이 없는 셈이다. 그러므로 바로가기가 없는 기업이 이를 달려면 포털에 매일 전화하여 부탁하거나 항의할 수밖에 없다. 그래도 통하지 않으면 아는 기자와 경찰 등 이른바 힘 있는 사람에게 부탁한다. 그러면 십중팔구는 통한다. 기업의 생명줄을 얻는 일이고 생존이 달린 일인데 하지 않을 이유가 없다.

포털이 주소창에서 바로 가려는 고객을 포털로 돌린 후 그들에게 바로 가기를 제공하는 것은 주소창에서 바로 가는 고객을 가로챈 부당성을 스스로 말하는 셈이기도 하다. G포털은 직접 연결하는 것을 행운이라고 하였다. 그들은 기업명을 정확히 입력한 모든 고객을 직접 연결되지 못하게 하여 모든 기업의 사용자를 불행하게 하고 있다.

한때 이런 질문이 유행했다. "네이버 검색창에서 가장 많이 입력한 검색어는?", "다음 검색창에서 가장 많이 입력하는 검색어는 무엇인가?" 네이버 검색창에서 가장 많이 입력하는 검색어는 '다음'이고, 다음 검색창에서 가장 많이 검색하는 단어는 '네이버'라고 한다. 이는 사용자가 그만큼 직접 가려는 욕구가 크다는 것을 방증한다. 네이버 검색창에서 '다음'을 입력하는 것은 과연 다음의 주가를 보기 위해서일까? 아니면 다음 관련 기사를 보기 위해서일까?

가끔 사람들은 이미 사용자가 검색을 이용하는 것에 익숙해져서 주소창을 이용할 필요가 없게 되었다는 논리를 펴기도 한다. 그러나 사용자가 주소창을 이용해 바로가기를 원하지 않는다면 검색 포털이 검색의 상단에 바로가기를 달아 둘 이유가 없다. 검색 포털 스스로 내키지는 않겠지만, 사용자가 해당 브랜드를 알면 그곳으로 직접 가려는 욕구가 강해지므로 그런 욕구를 가진 사용자를 모으기 위해서 바로가기를 제공하는 것이다. 어떤 포털은 이런 바로가기를 돈 받고 팔기도 했다.

포털에 대한 몇 가지 오해를 풀고자 한다. 포털은 비교·검색 서비스로는 참 좋은 서비스이다. 그런데 이미 아는 곳도 매번 검색하게 강요하는 구조는 모순이다. 한번 포털에서 검색하여 찾은 곳에는 직접 찾아갈 수 있어야 한다. 그러나 한번 찾은 기업이나 정보에 직접 갈 수 없게 만들고 빼돌린 고객을 해당 기업에 다시 키워드 광고로 되판다는 점에서 포털이 만든 카르텔이 문제가 되는 것이다.

수많은 광고비를 들여 단골로 만든 고객조차도 모두 포털로 매번 이동하게 하는 구조가 과연 바른 구조일까?

전화는 바로 연결하는 것이 목적이고 114 검색은 이를 보조하는 데 목적이 있듯이, 인터넷은 바로 연결하는 것이 목적이고 인터넷114(검색 포털)는 그 보조 수단이라고 할 수 있다. 아무리 보조 수단이 발달하고 사용자가 그것에 익숙해 있다 할지라도, 직접 사용자와 생산자가 만날 수 있게 하는 것이 인터넷의 목적이다. 브라우저 제작사와 포털이 직접 만날 길을 없애고 보조 수단만을 이용하게 하는 것은 사용자 후생성을 저해하는 행위이다.

사용자가 직접 갈 수 있음에도 직접 가는 길이 매번 포털에 돌려지고 그곳에서 다시 클릭해 접속하는 것은 비효율적일 뿐 아니라 모바일 사용자에게 물지 않아도 되는 포털 접속 비용을 매번 물게 한다. 이는 사용자에게 통신비를 더 물도록 강요하는 것이며, 통신망의 효율적 이용에도 반하는 것이다. 영문도메인네임을 입력하면 직접 갈 수 있지만 모바일의 작은 화면에서 영문 알파벳을 입력하는 것은 사실상 어렵다. 특히 모바일에서는 말로 직접 접속하는 것이 가장 편리하다. 말로 해당 기업에 바로 갈 수 있음에도 이를 못하게 막는 것은 사용자 후생성을 떨어뜨리는 행위이다. 브라우저 제작사와 포털은 이 부분을 반성하고 그동안 불특정 기업의 고객을 탈취하여 번 돈을 다시 그 기업에 돌려줘야 한다. 그것이 어렵다면 반드시 사회에 환원해야 할 것이다.

사용자가 가장 많이 이용하는 바로 들어가고 들어오는 시스템(기업 실명 인터넷도메인네임)과 기술이 없다면 정부가 나서서 사용자가 직접 고객을 만나는 길을 만들어 주어야 한다. 그것이 각국 정부의 책무이다.

일부에서는 인터넷주소창에 검색사 선택 기능이 있으므로 브라우저 공급 기업이 사용자에게 선택할 기회를 제공하는 것 아니냐는 반론을 제기하기도 한다. 그러나 이는 참 어리석은 반론이고 질문이다.

인터넷의 기본 목적은 참여, 개방, 공유이다. 인터넷의 주소창은 전화번호 입력창과 같다. 그래서 IP주소, 도메인네임을 입력하면 사용자가 입력한 곳으로 연결되고 잘못 입력하면 에러가 난다. 사용자가 기업명을 정확히 입력하면 그 기업으로 직접 연결되던 것을 연결되지 못하게 브라우저 주소창 기능을 변경하고 인터넷의 보조 수단인 인터넷114(검색포털)만 나오게 하는 것이 과연 소비자와 기업이 직접 만나게 하는 인터넷 정신과 목적에 부합하는 개방 구조인가? 또, URL(Uniform Resource Locator)은 그 자체가 공유의 의미를 지닌다. 모든 기업명을 입력했을 때 모든 고객이 공유하는 창이다. 그런데 왜 유독 정확히 기업명을 입력했는데도 수많은 기업의 고객은 모두 포털로 가야 하는가. 이는 근본적으로 인터넷 정신에 반하는 구조이다.

www는 보통 '항해하다'를 뜻하는 넷스케이프(세계 최초의 상용화 인터넷 웹 브라우저 서비스), 웹서핑 등을 사용한다. 그런데 기업들이 21세기 인터넷 해적을 만나 소중한 고객을 탈취당하고 고전을 면치 못하고 있어도 정치인들은 그것이 무엇인지조차 모르고 있다. 일부 공무원들 역시 그것이 경제주체인 기업과 정부에 얼마나 치명적인지를 정확히 이해하지 못하고 있다.

남의 도메인네임이나 전화번호를 입력한 고객이 법의 보호막이 없어서 중간 가로채기 게임에 이용되고 있다면 과연 피해자는 누구이고 수혜자는 누구이겠는가? 표준이냐 비표준이냐를 넘어 이들은 과연 누구의 고객이란 말인가?

몇몇 검색사는 이제부터라도 기업명을 주소창에 입력하는 기업의 고객을 해적 같은 이들을 동원해 가로채기하여 해당 기업과 경쟁 기업에 다시 고가로 되파는 키워드 광고 사업을 개선해야 한다. 그리고 고객을 빼앗겨 피해를 본 기업에는 그동안 기업명을 입력한 만큼에 해당하는 보상이나 배상을 해야 할 것이다. 포털은 주소창에 입력한 기업의 고객을 정확히 집계할 수 있는 시스템을 가지고 있기에 이는 충분히 가능하다. 포털이 자랑하는 시스템으로 그 기업명을 입력한 건수를 찾지 못할 리 없다. 법원에서 문서 제출 명령을 통해 해당 데이터를 찾고 그 건수만큼 포털은 각 기업에 배상하면 된다. 만약 그 기업이 없어졌다면 그 기업주(사장)를 찾아 배상해야 할 것이다. 포털은 스스로 노력하여 얻은 것과 남의 고객을 탈취하여 얻은 것을 구분해야 한다. 통신사도 잘못 청구한 통신비는 반환한다. 포털 역시 인터넷주소창을 통해 부당이득을 얻은 부분은 모두 기업에 배분해 주어야 한다. 그리고

① 1차적으로 직접 가지 못하게 해서 직접 피해를 준 부분

② 2차적으로 직접 가지 못하게 해서 관련 산업이 본 피해 부분

③ 3차적으로 직접 가지 못하게 해서 포털이 얻은 부당이득

등을 반환해야 한다.

주소창과 검색창의 정의와 기능이 무엇인지를 모르는 사람들이 의외로 많다. 주소창은 기업을 찾는(looking for server) 창이고, 검색창은 해당 서

버의 콘텐츠를 찾는(looking for contents) 창이다. 포털 이름을 입력한 사용자가 포털의 고유 고객이듯이 기업명을 입력한 사용자는 해당 기업의 고객이다. 이 때문에 가장 큰 피해를 보는 곳은 매일 새로운 콘텐츠를 만들어 내는 언론사, 주요 전자상거래 사이트, 마케팅력이 약한 중소기업이었다. 상표로 된 한글주소를 이용하면 단번에 이들 사이트로 접속할 수 있지만, 그런 사용자를 남의 고객인 줄 알면서도 모두 가로챈다면 인터넷에 의존해 사업하는 기업은 인터넷 해적에게 더욱 의존해야 하는 이상한 경제 구조가 되고 마는 것이다.

공직자 스스로 알 수도 있었지만 주의를 태만히 하였거나 고의로 알려고도 하지 않아 국가와 국민이 피해를 보았다면 마땅히 그 책임을 해당 공무원에게 물어야 할 것이다. 국민의 세금으로 생활하는 공직자가 선량한 관리자의 주의 의무를 게을리 하여 국가와 국민을 지켜주지 않으면 나라가 어떻게 되겠는가? 전 국민이 경제적 피해를 보는 것을 알고도 도덕적 위기의 순간에 그것을 회피한다면 이는 명백히 공직자로서 직무유기이다.

많은 중소기업체 대표들은 검색포털에 키워드 광고(경매 방식의 리스트 광고. 클릭 당 가장 높은 단가를 입찰하는 방식을 따름)를 하면 효과가 좋다고 생각한다. 그리고 실제로 다른 광고보다 효과가 좋은 것이 사실이다. 그런데 그 효과가 왜 좋은지는 알지 못한다. 원래 자신의 기업으로 오고자 하는 예비 고객이 가로채기 당하여 해당 검색 포털에 몰려 있기 때문이다. 마치 잡은 고기를 가둬둔 실내 낚시터에 낚시를 던지면 효과가 바로 오는 것처럼 그 고객은 포털에 광고하지 않아도 될 이미 자신의 고객인 것이다.

포털의 키워드 광고는 타깃 광고다. 검색어를 입력하는 고객은 그 분야를 검색하는 타깃이라는 뜻이다. 가령 기저귀를 검색하면 기저귀 회사는 그곳에 광고하면 더 효과가 있다. 그런데 기저귀 회사의 이름을 명확히 입력한 사용자도 왜 타깃 광고의 대상이 되어야 하는가? 가령 '베이비앙'이라는 기저귀 브랜드를 정확히 입력한 사용자는 이미 그 기업이 고객이다. 그래서 그 기업이름(상표)을 정확히 알고 입력한다. 그렇게 타깃이 될 필요가 없는 그 기업의 고객이 왜 매번 타깃 광고의 대상이 되도록 해야만 하는가?

그런데 베이비앙의 고객이 영문도 모른 채 포털로 돌려진다. 타깃 광고의 대상이 될 필요가 없는 이미 그 기업의 고객을 왜 매번 타깃 광고의 대상이 되도록 강제하여야만 하는가?

인터넷주소창에서 기업명을 입력하는 남의 고객을 탈취한 포털의 부당이득 구조 때문이다. 이는 분명히 경제의 선순환 구조를 왜곡하는 주범이다.

검색광고는 잠재고객을 위한 광고다. 기본고객, 활성고객, 단골고객이 해당 기업으로 찾고자 할 때 왜 매번 잠재고객이 있는 포털로 이동하여야 하는가? 이미 잘 아는 회사를 찾아갈 때도 왜 매번 그 기업의 비싼 키워드 광고를 클릭하여 찾아가야 하는가? 너무 비효율적이다. 포털 입장에서는 기존의 고객조차도 매번 찾아와 해당 키워드 클릭으로 자신들의 매출을 올려주니 최고의 방법일지 모르지만, 모든 기업은 왜 그런 부당하고 비효율적인 구조가 형성되었는지 그 구조를 잘 알지 못한다. 그래서 하는 수 없이 대안이 없는 비효율적 구조에 광고비를 탕진하고 있다.

중소기업 직원들은 온라인에서 왜 매일 남의 회사에 먼저 출근하는가? 중소기업들이 미처 인식하지 못하는 것이 하나 더 있다. 그것은 바로 '중소기

업 직원들은 온라인에서 왜 매일 남의 회사에 먼저 출근하는가?'이다. 그룹
웨어가 없는 대부분의 중소기업에서 직원들은 출근 후 컴퓨터를 켜면 대부
분 포털이 열린다. 자신이 근무하는 회사의 홈페이지나 자신의 부서 홈페
이지가 열리지 않고 대부분 포털 메인 페이지가 열리도록 설정되어 있다.

그 바람에 다음과 같은 일들이 일어난다. 자신의 회사 홈페이지에 들어
가려고 포털의 검색창에서 자신이 근무하는 회사의 이름을 입력한다. 그리
면 자신의 회사 이름이 있는 포털 페이지가 열린다. 포털 상단에 바로가기
가 있는 경우도 있고 없는 경우도 있다. 바로가기가 있으면 그래도 어느 정
도 이름이 알려진 기업이다. 대부분의 갓 창업한 기업이나 작은 기업은 바
로가기가 없다. 그 기업이 포털에 키워드 광고를 할 경우 포털의 검색창에
서 자신들이 다니는 회사명을 검색하면 키워드 광고를 한 자신의 회사 이
름이 보인다. 드문 경우이겠지만 가끔 자신의 회사가 낸 광고를 클릭하는
경우가 있다. 바로가기를 클릭하는 경우가 대부분이겠지만 무의식중에 키
워드 리스트를 클릭하면 그 직원은 자신이 급여를 받는 회사의 홈페이지에
들어가면서 회사로 하여금 인터넷을 통해 들어오는 차비(키워드 광고비)
를 포털에 지급하게 한다. 직원이 자기 회사의 홈페이지에 들어오면서 포
털에 돈을 내는 구조가 된다. 물론 이는 조금 이례적인 경우이겠지만 얼마
든지 가능한 구조다.

무엇보다 중요한 것은 출근 후 처음 컴퓨터를 켰을 때 자신이 근무하는
회사의 홈페이지나 자신이 근무하는 부서의 홈페이지가 열리지 않으면 이
는 온라인에서는 남의 회사로 출근하는 것과 같다는 것이다. 중소기업들이
이런 사소해 보이는 부분 하나만 개선해도 전체 중소기업의 경쟁력은 좀 더

나아질 것이다. 1,000만 직장인이 컴퓨터를 켰을 때, 특정 포털로 접속하면 포털은 한 번에 1,000만 페이지 뷰를 얻게 된다.

『검색마케팅 이야기』란 책에서는 "2006년 기준 모 포털의 검색창 1평당 가치는 26조 원이고 2007년 기준 100조 원의 가치"라고 하였는데 이는 과연 누구의 비용으로 만들어진 가치인지 그 문제점에 대해 입법, 사법, 행정부에서는 깊이 생각해 보아야 할 것이다.

인터넷 입구인 인터넷주소창에서 남의 고객 가로채기의 피해는 유독 작은 기업이나 창업 햇수가 얼마 되지 않아 브랜드가 덜 알려진 기업에서 더 크다. 이들 기업 대부분은 포털에 바로가기가 없는 기업이기 때문이다. 홍보나 기사 등을 통해 자신을 알리면 알릴수록 그 기업의 이름을 입력하는 사용자(고객)는 많아지게 된다. 이때 고객은 포털로 이동되는데 그곳에는 안타깝게도 바로가기가 없다. 이럴 경우, 키워드 광고를 하면 고객은 해당 기업을 바로 찾아 클릭한 후 그것으로 이동할 수 있지만, 키워드 광고를 하지 않으면 그곳에 광고한 짝퉁이나 다른 업체로 고객을 빼앗긴다. 분명한 상표(상호)의 침해, 오용, 혼동이다. 주소창에 그 기업 이름을 입력하는 사용자는 그 기업의 고객이지만 안타깝게도 기업은 이에 대한 보호를 받지 못하고 있는 것이다.

중소기업이 국가 전체 고용의 88%를 차지하고 있다. 따라서 이 기업군의 피해는 단순히 중소기업만의 피해라고 볼 수 없다. 전체 고용의 88%에 해당하는 일자리를 위협하는 것인 만큼 가볍게 넘길 문제가 아니다. 국가 재정 위기가 중소기업과 연결되지 않을 수 없는 이유다.

생산자와 소비자가 직접 만나기 편한 인터넷이 법의 미비로 말미암아 오히려 생산자가 자신의 고객을 빼앗아간 유통자에게 목매는 잘못된 구조가 지금의 인터넷 구조다.

사이버 공간에 직접 접속할 수 있게 하는 자국어실명도메인네임 체계가 얼마나 절실한지를 잘 보여주는 대목이다.

인터넷은 중소기업에 최적의 마케팅 도구이다. 하지만 인터넷의 왜곡된 구조는 오히려 중소기업을 위협하고 국가경제를 위협하고 있다. 이를 해결하고자 하는 바람직한 활동으로 최근 들어 주요 언론사들이 하나둘 주소창에 기업의 브랜드를 입력한 사용자는 해당 기업의 고유 고객임을 깨닫고 이들을 보호하는 일에 동참하고 있다. 주소창이 곧 모든 인터넷 사이트로 들어가는 대문 역할을 하는 공용의 입구임을 잘 알았기 때문이다.

첨단 기술이 얼마나 효율적으로 사회문화와 국가에 이바지하는지는 해당 국가가 그 시대의 주도국이 될지 아닐지를 결정하는 중요한 요소이다. 특히 그런 기술을 개발한 기업이 대접받지는 못할망정 최소한 불이익을 당하지 않는 국가 시스템이 형성되어야 그 기업은 기술의 해외 유출을 막고 국가 발전에 이바지할 것이다.

어떤 신기술이 나름의 질서를 만들어 어느 정도 국가 발전과 인류 발전에 이바지하는 신산업이라면 정부는 이미 형성된 이 질서가 정착될 수 있도록 해야 한다. 공공의 이익을 위해 질서를 정착시키는 것은 정부의 중요한 목적이기 때문이다.

정부가 투자해 만든 것이 아니면서도 감히 민간이 스스로 만들었다고 사설이니 꼼수니 하는 것은 조선 시대에나 있을 법한 일이다. 인터넷은 개방성을 요구한다. 이제 관(정부)의 사고도 인터넷 정신에 맞는 개방성이 요구

된다. 정부가 직접 하면 정통이고 민간이 하면 역적이 되는 시대는 봉건 군주 시대의 발상이다. 정부가 할 일은 민간이 스스로 더 잘할 수 있도록 지원하고 환경을 만들어 주는 일이다. 그래야만 국가 예산도 절약하고 세계화도 가능하다. 퇴직한 공무원의 자리를 위해서 민간이 더 잘할 수 있는 부분을 정부 산하기관이 운영하면 해당 분야의 민간은 정부와 경쟁하는 꼴이 되고 만다. 경쟁자가 글로벌 기업이 아니라 정부가 된다면 정부는 그 자체로 국내 기업의 경쟁력을 없애고 글로벌 기업을 지원하는 형국이 된다.

대부분의 기술이 그러했듯이 나노, 바이오, IT 등 첨단 기술의 개발은 항상 법보다 앞설 수밖에 없었다. 이는 필연적 현상으로 기술 발전의 특징이라 할 수 있다. 이와 같은 신기술과 서비스가 사회와 질서를 유지하는 정책이나 법과 어떻게 관계를 맺고 있는지는 해당 첨단 기술과 서비스가 그 국가 사회 발전에 이바지할 수 있는지를 결정한다.

법과 정책은 결국 정치인과 정부에 의하여 만들어지고 시행된다. 현재 우리나라에는 정치인과 싸워서라도 옳다고 생각하는 것을 강하게 추진할 수 있는 소신 있는 공무원이 몇이나 될까? 그런 소신 있는 공무원을 보호하고 뒷받침할 공직 시스템은 언제쯤 갖추어질까? 그리고 그들을 지원할 언론인은 또 얼마나 될까?

시대를 앞서가는 새로운 기술과 그것을 기반으로 꽃핀 신산업을 국가와 사회가 보호해 주지 않는다면, 신산업은 약육강식의 원리에 따라 왜곡되어 거대 세력에 이용당할 수밖에 없을 것이다. 또한, 대기업에 관련 기업을 송두리째 빼앗겨 최초 개발자와 개발 기업은 상당한 피해를 볼지도 모른다.

최초 기술개발자와 신산업을 만든 기업이 존중과 보호를 받지 못하고 새로운 도전을 통해 사회에 이바지하는 성과물을 만든 이들이 지속적으로 그 피해자가 된다면, 누가 새 길을 여는 도전을 감행할 것이며 과감한 투자를 통해 시대를 앞서가는 기술을 개발하겠는가!

지난 20여 년간 우리가 떠나보낸 석학들과 고급엔지니어들이 얼마나 되는지 그 통계를 만들어 보면 의미가 있을 것 같다. 아마 나라를 떠날 수 없는 직군에 있는 이들이 무엇을 어떻게 해야 미래가 있을지 알게 되는 계기가 될 것이다.

소프트웨어 인력 부족 현상은 17여 년 전이나 지금이나 마찬가지이다. 정부의 정책은 그때나 지금이나 비슷하다. 정부 관계자의 인터뷰 내용을 비교해보면 비슷한 내용이다. 소프트웨어 인력 부족 현상은 소프트웨어적 사고의 부족에서 온 것이다. 나라를 떠날 수 없는 슈퍼 갑의 직군이 소프트웨어적 사고를 하지 않아도 잘 먹고 더 잘살 수 있는 환경이다. 그러니 나라의 리더 직군에서 굳이 소프트웨어적 사고가 필요하겠는가? 15년 전이나 지금이나 나라를 떠날 수 없는 직군은 그렇지 않은 직군보다 경쟁력이 더 크다. 그래서 나라를 떠날 수 있는 직군인 소프트웨어의 고급 인력들이 한국에 있고 싶지 않아 하는 것이 소프트웨어 인력 부족 현상의 더 큰 이유가 된다. 소프트웨어의 특징은 하드웨어보다 한 사람의 고급 인재가 더 큰 힘을 발휘한다. 그들이 한국에 다시 오고 싶어 하는 환경을 만드는 일에 더 힘써야 한다. 돈 들여 교육하고도 다른 나라로 떠나게 하는 구조를 개선하지 않고는 소프트웨어 강국은 공염불이다.

미래를 예측한다는 말은 남이 만들어 우리에게 다가온 것을 따라 한다는 의미도 된다. 미래는 만드는 것이다. 우리가 만들어가야 하고 만든 뒤 이끌어 가야 한다. 그러기 위해서는 지금 우리 곁에 없지만 있으면 더욱 유익한 그 무엇에 대한 도전을 해야 한다. 그런 시도를 하는 사람들이 미래를 만들고 미래를 이끌어 갈 수 있다. 나이가 적고 많고, 많이 배우고 덜 배우고를 떠나 그런 사람들을 존중하지는 않더라도 최소한 방해하거나 괴롭히지는 않아야 한다. 그런 사람이 진정한 시민이요, 성숙한 국민이다. 누군가 새로운 분야에 도전하는 그들을 괴롭히면 그들을 자식같이 함께 보호하는 아름다운 문화가 필요하다. 제도적으로는 국가 최고 지도자인 대통령과 국가 리더인 정치권의 고유임무가 아닐까?

현재 도메인네임 종주국인 미국은 인터넷이라는 신산업을 세계 최초로 만들고 세계화하였다. 도메인네임 역시 초기에는 여러 업체가 난립하여 주소의 유일성이 보장되지 않은 탓에 인터넷 이용자의 혼란을 예상한 미국 정부에서 발 빠르게 나서서 공개 입찰을 통해 관리 회사를 선정하고 관련 산업에 질서를 부여한 것이다. 이런 미국 정부의 노력에 힘입어 미국은 전 세계 영문도메인네임 루트 대부분을 관리하게 되었고 인터넷 빅데이터를 뽑을 수 있는 루트 국이 되었다.

빅데이터는 21세기 유전이라고 한다. 미국은 이미 도메인네임 루트를 확보하여 21세기 최대 유전을 1998년경에 확보하였다. 1998년경 대한민국의 넷피아는 도메인네임 다음의 차세대 인터넷도메인네임 체계인 자국어실명인터넷도메인네임을 구현하였다. 웨어러블 컴퓨팅과 사물 인터넷 시대를 대비한 자국어실명인터넷도메인네임 루트를 구현하는 데 성공하였다. 사물 인터넷 시대와 웨어러블 컴퓨팅과 스마트폰 시대는 계층형 도메인네임 체계로는 분명 한계가 있기 때문이다. 계층형(예를 들어, samsung.com)으로 된 도메인네임은 자판 입력에 잘 맞지만, 스마트폰과 웨어러블 컴퓨팅에는 자판이 아니라 음성 입력용이 필요하기 때문이다. 자국어실명인터넷도메인네임은 자국어 실명이어서 음성 입력이 더욱 편하다. 주소창에 도메인을 입력하는 빈도수보다 실명과 검색어를 입력하는 빈도수가 도메인네임보다 월등히 많다.

스마트폰과 말로 접속하는 인터넷 시대가 도래하였다. 넷피아가 만든 자국어실명인터넷도메인네임의 루트는 21세기 최대의 원유가 될 수 있었다. 그러나 그것을 파괴한 곳은 어이없게도 대한민국의 공권력과 국민의 세금으로 세운 통신사였다.

도메인을 관리하는 미국 회사는 세계적 기업으로 성장할 수 있었다.

그리고 도메인네임은 후방산업에도 커다란 영향을 미치고 있으며 미국이 인터넷 중심국이 되는 데 결정적인 역할을 했다. 미국의 도메인네임 사례에서 볼 수 있는 것처럼 우리나라에도 새로운 분야를 먼저 개발하고 서비스를 개척하여 사회적으로 일정 부분 가치를 창출한 이들에게 피해가 없게 하는 국가 시스템이 마련되기를 바란다. 국가 기관이나 민간 연구소에서 넷피아의 사례를 잘 분석하면 국가 산업 발전을 위한 좋은 연구 자료와 정책 자료가 나올 것 같다. 넷피아가 비록 전 세계 자국어실명인터넷도메인네임 루트를 여러 이유로 세계화하지는 못했지만, 단군 이래 가장 큰 국가적 프로젝트임은 틀림없는 사실이기 때문이다.

후발 주자가 추격하는 것은 시장 원리상 당연한 일이지만 그것 역시 법과 상식이 통하는 범위 안에서 이루어져야 할 것이다. 특히 검찰은 새로운 가치 창조를 위해 땀 흘리며 노력하는 사람과 기업을 면밀한 분석 없이 정치

논리로 단면만 보고 섣불리 압수 조사하는 일은 삼가야 할 것이다.

십 년이 넘는 희귀종 나무를 검사 한 명의 판단에 맡겨 자르는 것은 국가 시스템상 허점이 너무 크지 않은가? 그리고 되돌릴 수 없는 전 세계 자국어실명인터넷도메인네임 루트의 꿈은 어찌하면 좋은가? 미국이 1998년 도메인 루트를 확보할 때 우리는 그다음 세대의 인터넷도메인네임 루트를 전 세계에 깔고 있었는데 그 사라진 꿈은 해당 검사가 어떻게 책임을 질 것인가? 초기 대검찰청 중수부장은 그것의 중요성을 알고 전국의 모든 검찰청의 한글주소를 등록하여 자국어인터넷도메인네임의 세계화를 도왔지만 2005년 한 검사가 그 값진 뜻을 한 방에 허물었다. 법원의 최종 판결이 나오기까지는 무려 6년이 걸렸다. 그리고 그 후 4년이 더 흘렀다. 검찰 압수 후 지난 10년 인터넷의 특성상 그 기간은 우리가 전 세계에 자국어실명인터넷도메인네임을 충분히 보급하고도 남을 기간이다.

인류 역사는 새로운 가치를 만들기 위한 도전을 통해 발전하였고, 온갖 위험을 감수하고 남보다 먼저 새로운 분야에 도전하여 새로운 가치를 창조하는 이들의 노력으로 국가 경쟁력은 향상하였다. 부디 대한민국에서 이런 창조적 도전자들이 더는 바보가 되지 않는 한국 사회가 되었으면 한다. 그런 바보는 나 하나로 충분하다.

한국의 이공계 기피 현상은 우리나라에 매우 위험한 신호이다. 나는 이 책에서 법학을 전공한 자가 자국어실명인터넷도메인네임이라는 이공계적 서비스를 개척한 사례를 소개하였다. 넷피아의 사례가 그동안 우리 사회가 겪거나 시도해 보지 못했던 '특정 분야의 리더가 되는 길'을 위한 하나의 길잡이가 되기를 희망한다. 더불어 세계화로 가는 길에서 아직 덜 준비되었거나 왜곡된 분야가 조금이나마 개선되기를 바란다. 혹시 발굴되지 못하고 누군가에게 폄하되고 있는 제2, 제3의 넷피아가 있다면 이들이 마음껏 자신의 역량을 펼칠 수 있도록 국가와 사회 환경이 좀 더 정비되어 나갔으면 한다. 그리하여 이 땅의 산업화와 민주화를 위해 목숨을 바친 선배 세대분들에게 진 시대의 빚을 조금이나마 갚고 싶다.

뚫기 어려운 콘크리트 벽이 가로막혀 있지만, 누군가는 언젠가 꼭 해내야 할 일이 전 세계 자국어실명인터넷도메인네임 사업이다. 비록 지금은 잘못된 단단한 콘크리트 벽으로 가로막혀 있지만, 언젠가는 그 벽 틈에 물이 스미고 스며 수많은 생명체가 뿌리를 내린다면 그 단단하기 그지없는 왜곡된 콘크리트 벽은 자연스럽게 무너질 것이라 확신한다.

에이브러햄 링컨의 말처럼 한동안 일부 사람을 속일 수는 있겠지만, 수많은 세상 사람을 영원히 속일 수는 없을 것이다. 지난 10년간 브라우저 제작 기업과 카르텔을 만든 포털은 세상 사람을 속여 남의 고객을 자신의 고객으로 삼았다. 그 덕분에 수많은 기업의 피눈물로 거대한 부를 축적했지만, 영원히 피해 기업들을 속일 수는 없을 것이다. 지난 10년이면 충분하기 때문이다. 2015년 7월 10일은 넷피아가 창립한 지 20주년이 된 날이다. 전 세계를 향해 자국어실명인터넷도메인네임 사업의 첫발을 내디딘 이 뜻깊은 날을 계기로 세계 경제의 희망을 막은 지난 10년의 왜곡된 구조에 한 줄기 희망의 물줄기가 솟구치기를 기대해 본다.

오늘도 기업 현장에서 수많은 중소기업 사장님들이 영문도 모르고 고객을 빼앗기고 있을 안타까움을 생각하면 잠을 이룰 수 없다. 땀 흘리며 노력하는 그분들이 왜곡된 인터넷 구조로 말미암아 더는 피해를 보지 않기를 소망해 본다.

　이 책은 과거의 이야기이기도 하지만 현재 진행되고 있는 사실이고 미래의 이야기이다. 될 수 있으면 최대한 이른 시점에 왜곡된 인터넷 구조가 바로잡히기를 바라는 앞으로의 이야기이다. 과거의 일이라 폄하하며 덮이기를 바라는 이들의 마음은 알겠지만, 그냥 덮기에는 그 피해자와 그 규모가 너무 크다. 그리고 지금 이 순간에도 그 피해 규모가 증가하고 있다. 부디 이 부족한 글이 이 순간에도 피해를 보고 있는 이들에게 작은 위안이 되었으면 좋겠다. 그리고 피해자들이 지금 무엇이 그들에게 피해인지 알고 그 피해를 막기 위해 노력하여 하루빨리 피해가 사라졌으면 더욱 좋겠다. 나름 쉽게 글을 쓰고자 노력했지만, 부족한 필력으로 인해 이해하기 어려운 부분이 많아 부끄럽게 생각한다. 수많은 분의 도움을 받으며 '인터넷주소의 자국어화'를 위해 힘썼지만, 아직 이를 이루지 못해 수많은 전 세계 중소기업인과 그 가족들에게 희망을 찾아주지 못하여 죄송하기 그지없다.

글을 정리하며

한글인터넷주소 성공했는가?

한글인터넷주소는 우리나라가 세계 최초로 기업명과 상표명 그 자체를 인터넷공간에서 우리글인 한글실명으로 식별할 수 있게 하고 사용자가 일상에서 편하게 이용할 수 있게 체계화한 새로운 자국어도메인네임 산업이다.

www 같은 영문도메인네임만 있던 시절 자국어로도 인터넷도메인네임이 가능함을 전 세계에 보여 주었고 그것이 계기가 되어 전 세계의 자국어 인터넷도메인네임으로 발전을 하고 있다.

다른 나라 그 어디에도 없는 새로운 산업을 한국의 작은 기업 넷피아가 대한민국에서 최초로 모델을 만들었고 그것을 각국의 자국어(National Language)로 발전시켜 세계화하고 있다.

세상에 없던 영문도메인네임은 학자들이 시작을 하였다. 그것을 미국정부의 지혜로 전 세계 영문도메인네임의 루트(ROOT)를 확보하고 영문도메인네임의 세계화를 위하여 미국 정부기관인 미국 상무성이 국제민간기구인 ICANN을 만들었다.

미국 정부가 영문도메인네임의 루트를 확보한 1997~1998년 한국에서는 운이 좋게도 영문도메인네임 다음에 사용될 자국어도메인네임이 개발되어 그 루트를 만들고 시범운영을 하였다. 민간 벤처기업인 넷피아가 여러 석학의 도움으로 시도하였고 한국에서 1999년 9월 1일 한글도메인네임 중 계층형[삼성전자.한국]이 아닌 실명[삼성전자] 방식 한글도메인네임의 상용화에 성공하였다. 계층형[삼성전자.한국]도 상용화하고자 하였지만 전길남 박사의 조언으로 .(점)이 있는 계층형은 기존 도메인 체계인 ICANN의 영역으로 존중하며 계층형[삼성전자.한국]은 상용화는 하지 않고 무료로 서비스를 개통하였다.

한국에서는 계층형[삼성전자.한국] 방식과 실명[삼성전자] 방식의 두 가지 방식이 시장에서 검증을 받게 되었다.

한글도메인네임에 이어 각국에서 사용될 각국의 자국어도메인네임도 개발하는 데 성공했다. 그리고 더 나아가 자국어도메인네임뿐 아니라 자국어 이메일(이름@자국어) 주소 시스템도 개발을 하여 상용화하였다.

상용화한 한글실명도메인네임과 95개국 자국어실명도메인네임 시범서비스는 2007년까지 무려 8년간 한국에서는 전 인터넷 이용자의 약 90%가 사용하는 편한 서비스로 자리 잡았다. 한국에서는 한글뿐만 아니라 95개국 자국어도메인네임 시범서비스도 운영되었다. 한국은 95개국 자국어실명도메인네임을 전 국민의 90%에게 시범서비스한 세계 최초의 국가였다.

2002년 넷피아와 경쟁하던 글로벌 기업 리얼네임즈가 파산 후 리얼네임즈의 핵심자원을 확보한 오버추어가 키워드 검색광고 솔루션으로 포털의 키워드광고를 대행하는 비즈니스 모델을 가지고 한국에 왔다.

사람들은 주소창과 검색창을 잘 구별하지 못하였다.

오버추어는 인터넷주소창에 기업명 입력 시 그것을 오버추어와 제휴된 포털로 돌리면 건당 10~20원을 주는 포털사용자(쿼리)를 모으는 사업을 시작하였다.

포털의 검색사용자 수는 곧 오버추어의 매출과 연결되기 때문이었다. 인터넷주소창에 기업명을 입력하는 사용자는 해당 기업의 고객임에도 그것을 포털로 돌리면 천문학적 돈이 되는 시대가 되었다.

기업명.CO.KR을 입력하는 사용자는 해당 기업의 고객이다. 그런데 .CO.KR이 없는 기업명만 입력하는 사용자는 분명 그 기업의 고객임에도 수많은 남의 고객을 포털로 가로채어주면 포털과 오버추어가 돈을 주었다. 남의 재산을 가로채어 주는 대가로 연간 무려 약 1,200억 원(월간 약 100억 원)의 큰돈이었다. 사용자 컴퓨터에 설치된 선량한 프로그램(동영상 플레이어, 압축 등 컴퓨터 유틸리티 등)에 사용자가 잘 인식하지 못하는 이 기능을 부지불식간에 넣어, 사용자가 인터넷주소창에 기업명을 입력 시 해당 기업으로 직접 연결되던 그 고객을 포털로 돌려주고 지금까지도 돈을 받고 있다. 큰 기업들이 이렇게 하여 돈을 벌자 작은 기업들이 너도나도 할 것 없이 남의 고객 가로채기 눈먼 돈 사업에 뛰어들었다. 그것을 도운 것이 M사의 액티브X였다. M사는 리얼네임즈를 통하여 넷피아를 인수하고자 했다. 리얼네임즈는 파산 이전에 한국에서는 M사의 브라우저에서 나오는 쿼리(기업명을 입력하는 남의 고객인 사용자)를 모두 넷피아로 주겠다는 메일을 보내 왔다.

그 조건으로 글로벌 사업을 하지 못하게 제안을 하였다. 이유는 M사가 한국은 포기하더라도 전 세계에서 주소창에 입력되는 남의 고객을 자신의 고객으로 만들고자 했기 때문으로 보인다.

넷피아가 글로벌 사업을 하면 주소창에 입력되는 모든 기업의 고객은 넷피아 서비스인 기업명 자동연결 시스템을 통하여 포털로 가지 않고 바로 그 기업의 고객이 되기 때문이다. 전화처럼 직접 연결되는 구조이다.

당시만 해도 전 세계에서 브라우저 시장 점유율이 가장 높았던 M사는 주소창에서 모든 기업의 고객이 그 기업명을 입력 시 직접 해당 기업으로 연결이 되면 M사가 운영하는 포털에서 키워드 광고 사업을 제대로 할 수 없기 때문이었다.

사실은 천문학적 매출인 수조 원의 매출이 나오게 하는 주소창의 남의 기업 고객 가로채기가 피해를 입는 그 기업이 잘 모르기에 그것을 노린 M사의 숨은 의도였다.

브라우저 제작 기업과 포털이 이런 엄청난 욕심에 빠져들게 한 이유는 바로 그것을 보호하는 법이 없기 때문이다.

인터넷주소창에 기업명 입력 시 그 사용자는 해당 기업의 고객임에도 오프라인이 아닌 온라인에서는 그 구조를 명확히 알 수 없는 단점이 이런 사태를 만들었다.

방통위가 2009년 이것을 개선하고자 정부입법으로 인터넷주소자원에 관한 법률을 개정하였지만 대통령령으로 그 시행이 아직 되지 않고 있다.

한글인터넷주소는 성공하였는가?

고속도로에 비유하면 이미 성공하여 8년간 운영이 된 한글인터넷주소 이기에 당연히 성공하였다고 할 수 있다.

경부고속도로를 과연 성공시킬 수 있을까? 하며 수많은 반대가 있었지만 이루어 내었듯이 한글인터넷주소도 수많은 의구심과 갈등, 전쟁 아닌 전쟁이 있었지만 정부 예산 1원 들이지 않고 대한민국 젊은이들의 열정과 집념으로 그 엄청난 일을 이루어 성공시켰다. 그리고 무려 8년 여간 전 인터넷 이용자의 약 90%가 이용하는 사이버 공간의 고속도로 역할을 하였다. 서비스 개통과 개발뿐 아니라 무려 8년의 운영이고 1일 이용 건수가 2,500만 ~ 3,000만 건이라면 성공하였다고 말해도 좋을 것 같다. 고속도로에 하루 통행 건수가 2,500만 ~ 3,000만 건이라면 대단한 통행량이다. 경부고속도로가 개통에 된 후 8년간 도로로서의 가치를 국민에게 주었다면 이미 성공한 것임이 틀림없다.

한글인터넷주소도 마찬가지이다. 정부 예산 1원도 들이지 않고 이룬 '대단한 성공을 거두었다 해도 손색이 없을 것이다.

전 국민의 약 80%가 인터넷 이용자이다. 그중 약 90%의 인터넷 이용자가 한글인터넷주소를 이용할 수 있었다.

경부고속도처럼 잘 다니던 인터넷 고속도로였다.

성공한 프로젝트다. 그러나 인터넷 이용자의 90% 이상이 다니던 민간이 만든 인터넷 고속도로가 정부가 도로로 지정하지 않아 도로교통법으로 보호받지 못하면 그 고속도로를 누구든지 무단 점거하여도 법적으로 처벌할 수 없다.

그 고속도로는 도로로서의 기능을 잃는 데 얼마의 시간도 걸리지 않을 것이다. 한글인터넷주소도 마찬가지이다. 비록 정부의 개발(공사) 자금 투입 없이 순수 민간 자본을 투자하여 만든 사이버 공간의 한글인터넷주소(한글 도로)였지만 정부의 전 부처가 등록하여 직접 사용하며 연간 수십억 원을 이용료로 지불하였다. 정부가 직접 그 이용료로 연간 수십억 원을 지불한 사업이 법으로 보호를 받지 못하는 것이 더 이상하다. 그리고 이미 인터넷 이용자가 약 90% 이상 사용하는 전 국민과 경제주체의 인터넷 인프라임에 틀림이 없었다.

새로운 산업의 도래기인 21세기, 사이버 공간의 개척은 정부가 미처 생각지도 못하는 와중에 전 세계적으로 형성된다. 그래서 전적으로 시장의 원리인 민간의 영역으로 맡기되 무엇이 더 공익적인가를 판단하여 미국 정부처럼 현명한 정책적 지원을 하여야 한다. 새로운 산업은 정부가 천문학적 예산을 들여 만들어야 하는 큰 프로젝트이지만 정부의 예산 지원 없이 민간 스스로 만드는 일이라면 당연히 장려하고 제2, 제3의 공익적 가치 창조적 사업체가 나오게 하는 정책이 정부가 해야 할 일이다.

새로운 신산업은 늘 민간이 앞서가기에 그것을 바른 방향으로 정책을 잡는 일이 가장 중요한 정부의 일이다. 여기서 조심해야 할 일은 '정부가 하지 않으면 아니 되는 일'에만 개입을 하여야 한다. 모든 일에 '정부가 반드시 하지 않으면 아니 되는 일인가?'를 되묻고 정책을 정하면 최선의 정책이 될 것 같다.

새로운 일이기에 정부와 정치권에 협잡꾼이 끼일 가능성이 크다.

아무도 모르는 새로운 길을 가기에 누가 협잡꾼인지 아닌지 알 수 없는 단점이 있지만 세월은 말을 하여 시간이 그들을 걸러낸다.

정부는 이런 이들을 솎아내는 일만 하여도 일의 반은 성공할 수 있다. 그것이 정부가 정부의 이름으로 하지 않으면 아니 되는 최우선의 일이다.

한글인터넷주소에 대하여 아쉬운 부분은 오랜 기간 인터넷주소로 지정하거나 인터넷주소자원에 관한 법률의 보호를 받지 못하고 있기에 지금은 약 10%대로만 인터넷주소 기능을 한다. 즉 사이버 공간의 한글 고속도로가 이미 완성된 후 무단 점거되어 약 10%밖에 그 기능을 수행할 수 없는 상황이다. 한글인터넷주소는 무에서 유를 이미 창조하고 시장에서는 이미 성공하였다. 다만 정책적 지원이 이권과 협잡꾼의 힘에 밀리고 있을 뿐이다. 미국 정부가 1998년 영문도메인네임 루트를 확보하여 얼찬 정부가 될 때 한국에서는 이미 그다음에 올 입는 컴퓨터와 스마트폰에서 말로도 실행할 수 있는 실명자국어도메인네임 루트를 확보할 수 있었지만 한국 정부는 그것을 못하게 하는 협잡꾼들을 막지 못하여 얼찬 정부가 되지 못하였다. 그 바람에 우리는 시대의 천운인 새로운 세기 초기 10년을 놓치고 말았다. 금세기 초 10년은 시대가 만든 글로벌 플랫폼이 견고해지는 10년이었다. 영문도메인네임 루트는 인터넷의 안정성을 내세우며 미국 정부가 멋지게 관리하고 있다. 전 세계의 빅데이터를 뽑을 수 있는 핵심을 쥐고 있다(2016년 미국 상무부가 관리하던 ICANN이라는 국제기구는 2016년을 기점으로 완전히 민간에 이관되었다. 하지만 인터넷도메인네임 루트는 여전히 미국이 그 핵심을 관리하고 있다). 미국 정부가 인터넷 초기 영문도메인 네임을 지혜롭게 고착화하여 인터넷도메인네임은 이제 바꿀 수 없는 인터넷의 플랫폼이 되었다.

말로 접속하는 미래 인터넷 시대에 넷피아가 설계하고 전 세계에 보급한 실명자국어도메인네임(일명 키워드)은 분명 영문도메인네임보다 사용 빈도수가 더 많다. (이 글을 읽은 독자분은 오늘 영문도메인네임을 몇 번 입력하셨습니까?) 분명 영문도메인네임의 다음에 올 실명자국어도메인네임과 그 루트를 확보할 수 있었던 대한민국이었다. 그러나 대한민국의 한 검사와 한 국회의원이 국가의 미래 먹거리이자 미래 인터넷 플랫폼이 될 실명 자국어도메인네임의 루트(Root)를 잘랐다. 그것은 대한민국에서 단군 이래 가장 큰 프로젝트가 될 수 있었는데, 한 검사와 한 정치인의 이권에 의해 회생불능이 되고 말았다. 인터넷의 거대 플랫폼을 확보할 사이버 대전에서 대한민국은 IOT 시대 인터넷상에서 실명으로 검색하는 IOT Name 서비스를 제공하는 인터넷 허브국이 될 기회를 날리고 말았다. 왜곡된 진실이 검찰을 움직여 혼자 힘으로도 지탱하기 어려운 넷피아를 초토화하였다.

정부는 반드시 '정부가 하지 않으면 아니 되는 일'에 아직도 손을 놓고 있다. 수백만 중소기업을 위하고 전 인터넷 이용자를 위하는 일에 이제는 뜻 있는 분들과 정부가 바르게 나서 주었으면 한다.

국제표준, 국가표준, 국내표준을 떠나 대통령이 지명한 1~2명이 자리를 걸고 임한다면 무엇이 어렵겠는가? 작은 중소기업인 넷피아가 지속하기엔 이 일은 너무나 막중하고 너무나 큰 프로젝트다. ICANN처럼 정책 영역, 루트 영역, 서비스운영 영역을 구분하여 미국 상무부가 했던 것처럼 용기 있게 추진한다면 아직도 기회는 있어 보인다. 루트를 어디에 두느냐가 문제된다면 도메인네임처럼 주도권을 특정 국가가 아닌 각국에 두고, 각국이 자국의 언어 주권이 있는 루트를 운영하게 하면 된다.

전 세계 경제 활성화와 직결된 이 문제는 각국이 더는 방치할 수 없는 시대의 큰 숙제다. 대한민국 정부가 그것을 세계 각국에 전하고 각국과 함께 공조한다면 그리 어려운 문제가 아닐 것 같다. 중소 벤처인 넷피아가 지난 20여 년을 포기하지 않고 유일하게 할 수 있는 기록을 남겨 진실과 비전을 공유하는 것만으로도 우리나라는 아직 기회가 있다.

정부가 해야 할 일은 2009년 방송통신위원회가 개정한 사이버 공간의 도로교통법에 해당되는 '인터넷주소자원에 관한 법률'의 시행령에 한글인터넷주소를 인터넷주소로 지정하는 일이다.

비록 민간이 시도하고 만들었지만 그 도로 이용률이 높고 국가 경제 발전을 위한 소중한 사이버 공간의 인프라라면 대통령령으로 시행령을 시행하여 협잡꾼들과 사이버 공간의 산적을 몰아내어야 할 것이다.

시행령을 통하여 '인터넷주소창에 한글로 입력되는 한글 인터넷 이름도 인터넷주소다.'라는 것을 명기만 하면 기업명과 상표명을 입력하는 해당 기업의 고객이 엉뚱한 포털의 고객으로 빼앗기지 않게 된다. 전화번호를 입력할 때처럼 고객이 직접 해당 기업으로 연결되기에 중소기업들이 더는 고객을 포털에 빼앗기지 않게 된다.

인터넷 입구인 브라우저 주소창에 기업명을 입력하면 직접 해당 기업으로 연결되므로 기업들은 정상적인 경영이 가능해진다. 전화처럼 정상적인 경제구조가 된다.

개정된 인터넷주소자원에 관한 법률의 대통령령 시행은 사이버 공간에서 경제 정의를 지키는 법이 된다. 그것은 인터넷 등장 이후 일어난 알 수 없는 경제위기를 극복하는 데 일조할 것이다. 인터넷 없이 사업하기 어려운 세상에서 왜곡된 인터넷 구조는 경제의 선순환을 왜곡시켰다. 그것을 바로잡는 (각국의) 대통령령은 왜곡된 (자국의) 경제를 정상화할 단초를 마련할 것이다.

무엇보다 키워드 광고비에 허덕이는 수많은 중소기업 사장들의 한숨 소리를 줄어들게 하여 노력하는 이들이 정당히 보상받는 바른 경제사회를 만들게 된다. 전화가 고객과 기업을 직접 연결함으로써 산업발전의 주요 수단이 되었듯이, 인터넷에서 기업명을 입력했을 때 전화번호를 눌렀을 때처럼 직접 해당 기업으로 연결되게 하는 것은 산업발전과 기업경영의 필수 요건이다.

인터넷주소창에 기업명을 입력했을 때 해당 기업으로 직접 연결되게 하는 법의 제정이 시급하다. 표준, 비표준을 떠나 기업명을 입력하는 사용자는 누구의 고객인지에서 모든 논의는 다시 시작되어야 한다. 그것은 산업 간 융합인 제4차 산업에서 공급자와 소비자를 연결하는 가장 중요한 인터넷 식별 체계이다.

제4차 산업, 그 속에는 엄청난 규모의 새로운 일자리가 있다. 일자리는 바른 도구로 운영되는 바른 경제 구조 속에서 생긴다. 농업 시대의 농지 개척처럼 사이버 농지를 개척하는 일, 그곳에 21세기 일터가 있다.

청년 세대는 잘 훈련된 스크린 세대이다. 그들이 스크린 속 사이버 농지에서 살아갈 제4차 산업을 이끌 수 있도록 우리 이제 힘써 그들을 돕자!

'살아가는 법을 배우십시오.

그러면 죽는 법을 알게 됩니다.

죽는 법을 배우십시오.

그러면 사는 법을 알게 됩니다.

훌륭하게 살아가는 최선의 방법은

언제라도 죽을 준비를 하는 것입니다.'

- 모리 슈워츠(Morrie Schwartz) 교수의 마지막 메시지 중에서 -

나는 주어진 하루하루에 최선을 다하는 것으로 내 삶에 예의를 표하고 있다. 2007년 1월부터 같은 해 11월까지 이틀에 한 번꼴로 네 시간씩 힘겹게 혈액 투석을 받아야 했다. 하지만 뜻한 바를 이루기 위한 열정이 남아 있었기에 오히려 투석을 받을 수 있음에 감사했다.

그 덕분에 나는 이 책의 초고가 된 『도전, 그 멈출 수 없는 소명』이란 비매품을 투석을 받는 10개월 동안 기록할 수 있었다. 소변이 나오지 않아 핏속의 이물질을 걸러내지 않으면 단 사나흘도 제대로 살 수 없는 절박한 환경 속에서도 나는 책을 써야만 했다. 죽기 전에 반드시 기록을 남겨야 했기에 하루하루 절박한 마음으로 글을 써야만 했다. 혈액 투석을 하루 받고 다음 날 업무를 보고 그다음 날 다시 혈액 투석을 받으면서 살아야겠다는 의지로 글을 썼다. 그런 절박함이 하늘의 마음을 얻었는지 초고를 탈고한 후 2007년 11월 필리핀 마닐라에서 신장을 이식받을 수 있었다.

'한글인터넷주소'로 시작한 넷피아의 꿈은 어느덧 전 세계 모든 사람이 자국의 언어로 '자국어인터넷주소'를 만들어 사용할 수 있는 현실이 되었다. 이 출판의 자리를 빌려 넷피아의 꿈을 실현하게 도와주신 모든 분께 감사의 인사를 드린다.

큰 어려움을 겪었던 넷피아는 많은 분의 도움이 있었기에 아픈 시련을 이겨내고 다행히 살아남아 20주년을 맞이하게 되었다. 그리고 새로운 20년을 향한 도전을 할 수 있게 되었다.

지난 20년이 '인터넷주소의 자국어화'를 위한 20년이었다면, 앞으로의 20년은 전 세계의 모든 사물에 사람이 인식하는 이름(관리 및 제어를 위한 이름)을 붙이는 20년이 될 것이다.

인터넷에 실명을 입력하는 사용자가 누구의 고객인지를 밝히고 남의 재산을 탈취한 이들이 부당이득을 얻지 못하게 하여 이를 통해 인터넷에서 전 세계 모든 기업이 자신의 고객을 영문도 모르고 엉뚱한 기업에 빼앗기지 않게 하는 제4차 산업의 태동기, 미래 20년이 되게 하고 싶다.

As Is: 인터넷주소의 자국어화

To Be: Real name Domain for Everyone, Everything.
　　　　(모든 사람과 사물을 위한 실명도메인네임을!)

세계적 프로젝트인 이 프로젝트를 돕는 과정에서 직간접적으로 피해를 본 공직인과 한글단체 선생님, 후학을 가르치는 수많은 선생님, 정론으로 세상의 진실을 전한 참 언론인, 기업인, 정치인, 사법부 관계자, 경찰, 군인 등 수많은 분의 참뜻을 헤아리고 이분들의 뜻에 조금이나마 보답하고자 이 책을 쓰게 되었다. 그리고 창업 후 20년이 지난 지금 그 뜻을 이루지 못한 것에 엎드려 사죄드리는 마음으로 이 책을 발간하게 되었다.

부디 이 책이 못난 저와 이 프로젝트를 돕다가 알게 모르게 불이익을 당한 분들의 마음을 조금이나마 달래주기를 희망한다. 일일이 그 고마움을 다 표현하지 못해서 늘 마음속으로 아쉬워했었는데, 이렇게나마 지면을 통해 감사의 인사를 드리게 되어 마음은 한결 가볍다. 지난 20년간 새로운 패러다임의 일선에서 전 세계 30여 국가를 다니며 느낀 소감과 생각을 정리한 부족한 이 책이, 이 땅의 모든 사람에게 좀 더 행복한 삶을 사는 데 조금이나마 도움이 되기를 바라는 마음 간절하다.

이 책이 나올 수 있도록 곁에서 도와준 넷피아 가족들과 더불어 나와 함께 넷피아에서 17여 년을 함께한 경제 정의 실천의 인생 동지이자 전 세계 자국어인터넷주소 개척자인 배진현 및 여러 동지에게 감사의 인사를 드린다.

또한, 늘 아낌없는 자문으로 바른길을 걷게 해주신 전 시스코코리아 대표 김윤 회장님과 카이스트 문화기술대학원 전 원장이신 이동만 원장님, 우리나라에 인터넷을 도입하시고 아시아 인터넷의 발전을 위해 평생을 일하신 전길남 박사님을 비롯한 수많은 국내외 인터넷 전문가와 국제기관의 모든 분께도 감사를 드린다. 그리고 신체적 죽음의 위기에 의사인 며느리를 통해 생명을 구해 주시고 잘못된 후배 검사와 6여 년간 끝까지 싸워 무죄를 입증해준 우리나라 법률 전산화의 선구자이신 윤종수 변호사님께 진심으로 깊은 감사를 드린다. 아울러 이 책을 탈고할 수 있도록 조언을 아끼지 않은 이상현 자문, 롤프 옌센을 만나게 해준 정남진 자문, 교정·편집·출판을 헌신적으로 도와준 참글과디자인의 이용선 실장, 책의 초판을 정리해준 김종숙 자문, 그리고 자료 정리와 사실관계 확인을 맡아 준 박영옥 이사, 방현근 팀장, 자료 디자인을 맡아준 유행률 팀장, 당직 시간에 오·탈자를 찾아준 상명대 박기열 군에게도 함께 감사를 드린다.

마지막으로, 이 책이 담고 있는 이야기가 '자국어인터넷주소'라는 신산업을 개척하여 세계화하는 한 작은 기업가의 이야기로 읽히길 바라며, 왜곡된 인터넷으로 말미암아 영문도 모른 채 매일 자신의 고객을 잃고 있는 수많은 지구촌의 중소기업과 그 속에서 삶을 일구며 고생하는 직원들의 땀의 가치가 더는 탈취당하지 않는 바른 인터넷 구조가 하루빨리 오기를 기원한다. 이 책을 통해서 새로운 사업 창출에 도전하는 사람들이 더욱 많아졌으면 한다. 불가능해 보이는 일에 도전하고 누구도 시도한 적이 없는 새로운 아이템을 개척하느라 좌절과 어려움을 겪는 사람들에게 희망과 도전의 힘이 되어 주었으면 하는 마음이다.

지난 20여 년간 자국어실명인터넷도메인네임이 지구촌에 좀 더 유익하기를 바랐지만 능력의 부족으로 아직 이를 이루지 못한 것에 대해 엎드려 용서를 빌며 앞으로 이 꿈을 이루기 위해 더욱 분발할 것을 다짐한다.